QINHEFENGYUN WENYUNLIUSHANGHAIHUISI

沁河风韵系列丛书 主编|行 龙

文韵流觞海会寺

孙 杰|著

山西出版传媒集团 山西人民出版社

图书在版编目（CIP）数据

文韵流觞海会寺 / 孙杰著. —太原：山西人民出版社，2016. 6
（沁河风韵系列丛书 / 行龙主编）
ISBN 978 - 7 - 203 - 09614 - 6

Ⅰ. ①文… Ⅱ. ①孙… Ⅲ. ①文化史 - 研究 - 阳城县
Ⅳ. ①K292. 54

中国版本图书馆 CIP 数据核字（2016）第 123504 号

文韵流觞海会寺

丛书主编：行　龙
著　　者：孙　杰
责任编辑：薛正存

出 版 者：山西出版传媒集团 · 山西人民出版社
地　　址：太原市建设南路 21 号
邮　　编：030012
发行营销：0351—4922220　4955996　4956039　4922127（传真）
天猫官网：http：//sxrmcbs. tmall. com　电话：0351—4922159
E — mail：sxskcb@ 163. com　发行部
sxskcb@ 126. com　总编室
网　　址：www. sxskcb. com

经 销 者：山西出版传媒集团 · 山西人民出版社
承 印 者：山西出版传媒集团 · 山西新华印业有限公司

开　　本：720mm × 1010mm　1/16
印　　张：15. 5
字　　数：220 千字
印　　数：1—1600 册
版　　次：2016 年 6 月　第 1 版
印　　次：2016 年 6 月　第 1 次印刷
书　　号：ISBN 978 - 7 - 203 - 09614 - 6
定　　价：55. 00 元

风韵是那前代流传至今的风尚和韵致。
沁河是山西的一条母亲河。
沁河流域有其特有的风尚和韵致，
那悠久而深厚的历史文化传统至今依然风韵犹存。

这里是中华传统文明的孵化地，
这里是草原文化与中原文化交流的过渡带，
这里有闻名于世的北方城堡，
这里有相当丰厚的煤铁资源，
这里有山水环绕的地理环境，
这里更有那独特而深厚的历史文化风貌。

由此，我们组成“沁河风韵”学术工作坊，
由此，我们从校园和图书馆走向田野与社会，
走向风光无限、风韵犹存的沁河流域。

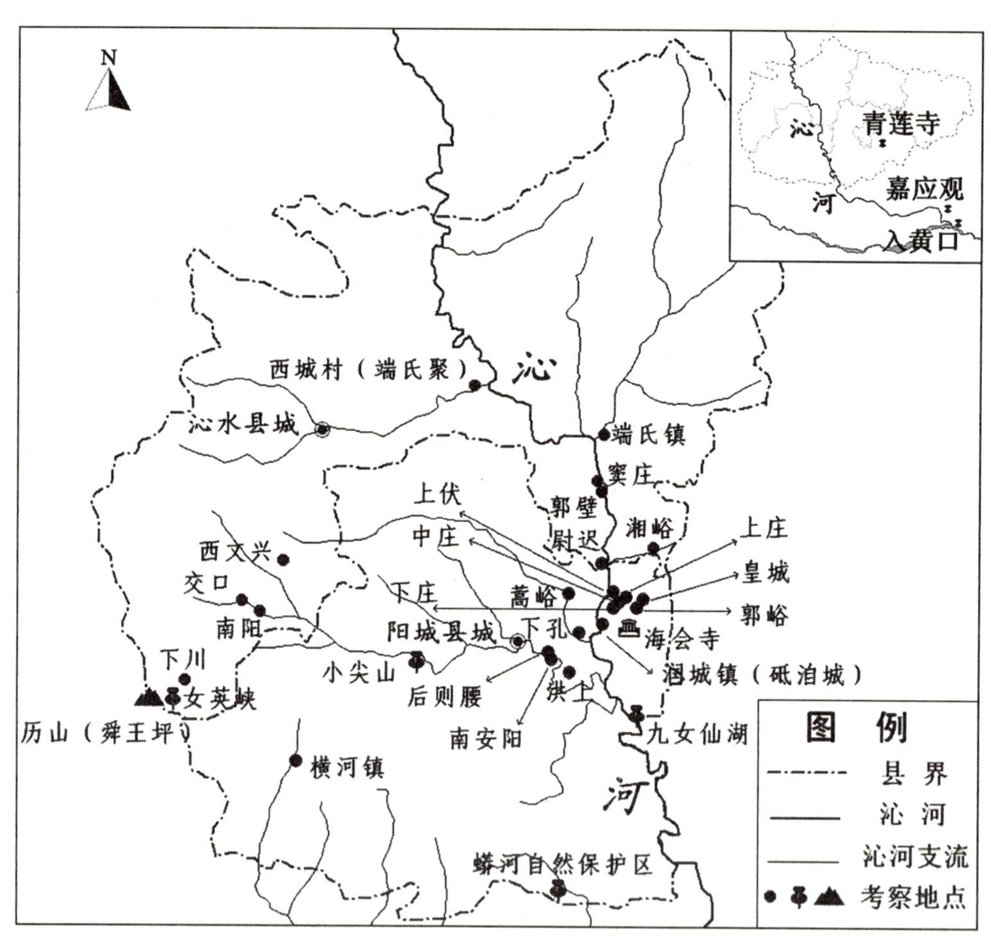

“沁河风韵学术工作坊”集体考察地点一览图（山西大学中国社会史研究中心　李嘎绘制）

三晋文化传承与保护协同创新中心

沁河風韵 学术工作坊

一个多学科融合的平台
一个众教授聚首的场域

第一场

鸣锣开张：

走向沁河流域

主讲人：行龙

中国社会史研究中心 教授

时间：2014年6月20日晚7：30
地点：山西大学中国社会史研究中心（鉴知楼）

“沁河风韵学术工作坊”海报

田野考察

会议讨论

总　序

行　龙

“沁河风韵”系列丛书就要付梓了。我作为这套丛书的作者之一，同时作为这个团队的一分子，乐意受诸位作者之托写下一点感想，权且充序，既就教于作者诸位，也就教于读者大众。

“沁河风韵”是一套31本的系列丛书，又是一个学术团队的集体成果。31本著作，一律聚焦沁河流域，涉及历史、文化、政治、经济、生态、旅游、城镇、教育、灾害、民俗、考古、方言、艺术、体育等多方面，林林总总，蔚为大观。可以说，这是迄今有关沁河流域学术研究最具规模的成果展现，也是一次集中多学科专家学者比肩而事、“协同创新”的具体实践。

说到“协同创新”，是要费一点笔墨的。带有学究式的“协同创新”概念大意是这样：协同创新是创新资源和要素的有效汇聚，通过突破创新主体间的壁垒，充分释放彼此间人才、信息、技术等创新活力而实现深度合作。用我的话来说，就是大家集中精力干一件事情。教育部2011年《高等学校创新能力提升计划》（简称“2011计划”）提出，要探索适应于不同需求的协同创新模式，营造有利于协同创新的环境和氛围。具体做法上又提出“四个面向”：面向科学前沿、面向文化传承、面向行业产业、面向区域发展。

在这样一个背景之下，2014年春天，山西大学成立了“八大协同创新中心”，其中一个是由我主持的“三晋文化传承与保护协同创新中心”。在2013年11月山西大学与晋城市人民政府签署战略合作协议的基础上，在征求校内外多位专家学者意见的基础上，我们提出了集中校内外多学科同人对沁河流域进行集体考察研究的计划，“沁河风韵学术工作坊”由此诞生。

风韵是那前代流传至今的风尚和韵致。词有流风余韵，风韵犹存。

沁河是山西境内仅次于汾河的第二条大河，也是山西的一条母亲河。沁河流域有其特有的风尚和韵致：这里是中华传统文明的孵化器；这里是草原文化与中原文化交流的过渡带；这里有闻名于世的“北方城堡”；这里有相当丰厚的煤铁资源；这里有山水环绕的地理环境；这里更有那独特而丰厚的历史文化风貌。

横穿山西中部盆地的汾河流域以晋商大院那样的符号已为世人所熟识，太行山间的沁河流域却似乎是“养在深闺人不识”。与时俱进，与日俱新，沁河流域在滚滚前行的社会大潮中也在波涛翻涌。由此，我们注目沁河流域，我们走向沁河流域。

以“学术工作坊”的形式对沁河流域进行考察和研究，是由我自以为是、擅作主张提出来的。2014年6月20日，一个周五的晚上，我在中国社会史研究中心学术报告厅作了题为“鸣锣开张：走向沁河流域”的报告。在事先张贴的海报上，我特意提醒在左上角印上两行小字“一个多学科融合的平台，一个众教授聚首的场域”，其实就是工作坊的运行模式。

“工作坊”（workshop）是一个来自西方的概念，用中国话来讲就是我们传统上的“手工业作坊”。一个多人参与的场域和过程，大家在这个场域和过程中互相对话沟通，共同思考，调查分析，也就是众人的集体研究。工作坊最可借鉴的是三个依次递进的操作模式：首先是共同分享基本资料。通过这样一个分享，大家有了共同的话题和话语可供讨论，进而凝聚共识；其次是小组提案设计。就是分专题进行讨论，参与者和专业工作者互相交流意见；最后是全体表达意见。就是大家一起讨论即将发表的成果，将个体和小组的意见提交到更大的平台上进行交流。在6月20日的报告中，“学术工作坊”的操作模式得到与会诸位学者的首肯，同时我简单介绍了为什么是“沁河流域”，为什么是沁河流域中游沁水—阳城段，沁水—阳城段有什么特征等问题，既是一个“抛砖引玉”，又是一个“鸣锣开张”。

在集体走进沁河流域之前，我们特别强调做足案头工作，就是希望大家首先从文献中了解和认识沁河流域，结合自己的专业特长初步确定选题，以便在下一步的田野工作中尽量做到有的放矢。为此，我们专门请校图书馆的同志将馆藏有关沁河流域的文献集中在一个小区域，意在大家“共同分享基本资料”，诸位开始埋头找文献、读资料，校图书馆和各院系及研究所的资料室里，出现了工作坊同人伏案苦读和沉思的身影。我们还特意邀请对沁河流域素有研究的资深专家、文学院沁水籍教授田同旭作了题为“沁水古村落漫谈”的学术报告；邀请中国社会史研究中心阳城籍教授张俊峰作了题为“阳城古村落历史文化刍议”的报告。经过这样一个40天左右“兵马未动，粮草先行”的过程，诸位都有了一种“才下眉头，又上心头”的感觉。

2014年7月29日，正值学校放暑假的时机，也是酷暑已经来临的时节，山西大学“沁河风韵学术工作坊”一行30多人开赴晋城市，下午在参加晋城市主持的简短的学术考察活动启动仪式后，又马不停蹄地赶赴沁水县，开始了为期10余天的集体田野考察活动。

“赤日炎炎似火烧，野田禾稻半枯焦。”虽是酷暑难耐的伏天，但“沁河风韵学术工作坊”的同人还是带着如火的热情走进了沁河流域。脑子里装满了沁河流域的有关信息，迈着大步行走在风光无限的沁河流域，图书馆文献中的文字被田野考察的实情实景顿时激活，大家普遍感到这次集体田野考察的重要和必要。从沁河流域的“北方城堡”窦庄、郭壁、湘峪、皇城、郭峪、砥洎城，到富有沁河流域区域特色的普通村庄下川、南阳、尉迟、三庄、下孔、洪上、后则腰；从沁水县城、阳城县城、古侯国国都端氏城，到山水秀丽的历山风景区、人才辈出的海会寺、香火缭绕的小尖山、气势壮阔的沁河入黄处；从舜帝庙、成汤庙、关帝庙、真武庙、河神庙，到土窑洞、石屋、四合院、十三院；从植桑、养蚕、缫丝、抄纸、制铁，到习俗、传说、方言、生态、旅游、壁画、建筑、武备；沁河流域的城镇乡村，桩桩件件，几乎都成为工作坊的同人们入眼入心、切磋讨论的对象。大家忘记了炎热，忘记了疲劳，忘记了口渴，忘记了腿酸，看到的只是沁河流域的历史与现实，想到的只是沁河流域的文献与田野。我真的被大家的工作热情所感染，60多岁的张明远、上官铁梁教授一点不让年轻人，他们一天也没有掉队；沁水县沁河文化研究会的王扎根老先生，不顾年老腿疾，一路为大家讲解，一次也没有落下；女同志们各个被伏天的热火烤脱了一层皮；年轻一点的小伙子们则争着帮同伴拎东西；摄影师麻林森和戴师傅在每次考察结束时总会“姗姗来迟”，因为他们不仅有拍不完的实景，还要拖着重重的器材！多少同人吃上“藿香正气胶囊”也难逃中暑，我也不幸“中招”，最严重的是8月5日晚宿横河镇，次日起床后竟然嗓子痛得说不出话来。

何止是“日出而作，日入而息”，不停地奔走，不停地转换驻地，夜间大家仍然在进行着小组讨论和交流，似乎是生怕白天的考察收获被炙热的夏夜掠走。8月6日、7日两个晚上，从7点30分到10点多，我们又集中进行了两次带有田野考察总结性质的学术讨论会。

8月8日，满载着田野考察的收获和喜悦，“沁河风韵学术工作坊”的同人们一起回到山西大学。

10余天的田野考察既是一次集中的亲身体验，又是小组交流和“小组提案设计”的过程。为了及时推进工作进度，在山西大学新学期到来之际，8月24日，我们召开了“沁河风韵学术工作坊”选题讨论会，各位同人从不同角度对各选题进行了讨论交流，深化了对相关问题的认识，细化了具体的研究计划。我在讨论会上还就丛书的成书体例和整体风格谈了自己的想法，诸位心领神会，更加心中有数。

与此同时，相关的学术报告和分散的田野工作仍在持续进行着。为了弥补集体考察时因天气原因未能到达沁河源头的缺憾，长期关注沁河上游生态环境的上官铁梁教授及其小组专门为大家作了一场题为“沁河源头话沧桑”的学术报告。自8月27日到9月18日，我们又特意邀请三位曾被聘任为山西大学特聘教授的地方专家就沁河流域的历史文化作报告：阳城县地方志办公室主任王家胜讲“沁河流域阳城段的文化密码”；沁水县沁河文化研究会副会长王扎根讲“沁河文化研究会对沁水古村落的调查研究”；晋城市文联副主席谢红俭讲“沁河古堡和沁河文化探讨”。三位地方专家对沁河流域历史文化作了如数家珍般的讲解，他们对生于斯、长于斯、情系于斯的沁河流域的心灵体认，进一步拓宽了各选题的研究视野，同时也加深了相互之间的学术交流。

这个阶段的田野工作仍然在持续进行着，只不过由集体的考察转换为小组的或个人的考察。上官铁梁先生带领其团队先后七次对沁河流域的生态环境进行了系统考察；美术学院张明远教授带领其小组两赴沁河流域，对十座以上的庙宇壁画进行了细致考察；体育学院李金龙教授两次带领其小组到晋城市体育局、武术协会、老年体协、门球协会等单位和古城堡实地走访；政治与公共管理学院董江爱教授带领其小组到郭峪和皇城进行深度访谈；文学院卫才华教授三次带领多位学生赶去参加“太行书会”曲艺邀请赛，观看演出，实地采访鼓书艺人；历史文化学院周亚博士两次到晋城市图书馆、档案馆、博物馆搜集有关蚕桑业的资料；考古专业的年轻博士刘辉带领学生走进后则腰、东关村、韩洪村等瓷窑遗址；中国社会史研究中心人类学博士郭永平三次实地考察沁河流域民间信仰；文学院民俗学博士郭俊红三次实地考察成汤信仰；文学院方言研究教授史秀菊第一次带领学生前往沁河流域，即进行了20天的方言调查，第二次干脆将端氏镇76岁的王小能请到山西大学，进行了连续10天的语音词汇核实和民间文化语料的采集；直到2015年的11月份，摄影师麻林森还在沁河流域进行着实地实景的拍摄，如此等等，循环往复，从沁河流域到山西大学，从田野考察到文献理解，工作坊的同人们各自辛勤劳作，乐在其中。正所谓“知之者不如好之者，好之者不如乐之者”。

2015年5月初，山西人民出版社的同志开始参与“沁河风韵系列丛书”的有关讨论会，工作坊陆续邀请有关作者报告自己的写作进度，一面进行着有关书稿的学术讨论，一面逐渐完善丛书的结构和体例，完成了工作坊第三阶段“全体表达意见”的规定程序。

“沁河风韵学术工作坊”是一个集多学科专家学者于一体的学术研究团队，也是一个多学科交流融合的学术平台。按照山西大学现有的学院与研究所（中心）计，成员遍布文学院、历史文化学院、政治与公共管理学院、教育学院、体育学院、美术学院、环境与资源学院、中国社会史研究中心、城乡发展研究院、体育研究所、方言研究所等十几个单位。按照学科来计，包括文学、史学、政治、管理、教育、体育、美术、生态、旅游、民俗、方言、摄影、考古等十多个学科。有同人如此议论说，这可能是山西大学有史以来最大规模的、真正的一次学科交流与融合，应当在山西大学的校史上写上一笔。以我对山大校史的有限研究而言，这话并未言过其实。值得提到的是，工作坊同人之间的互相交流，不仅使大家取长补短，而且使青年学者的学术水平得以提升，他们就“沁河风韵”发表了重要的研究成果，甚至以此申请到国家社科基金的项目。

“沁河风韵学术工作坊”是一次文献研究与田野考察相结合的学术实践，是图书馆和校园里的知识分子走向田野与社会的一次身心体验，也可以说是我们服务社会，服务民众，脚踏实地，乐此不疲的亲尝亲试。粗略统计，自2014年7月29日“集体考察”以来，工作坊集体或分课题组对沁河流域170多个田野点进行了考察，累计有2000余人次参加了田野考察。

沁河流域那特有的风尚和韵致，那悠久而深厚的历史文化传统吸引着我们。奔腾向前的社会洪流，如火如荼的现实生活在召唤着我们。中华民族绵长的文化根基并不在我们蜗居的城市，而在那广阔无垠的城镇乡村。知识分子首先应该是文化先觉的认识者和实践者，知识的种子和花朵只有回落大地才有可能生根发芽，绚丽多彩。这就是“沁河风韵学术工作坊”同人们的一个共识，也是我们经此实践发出的心灵呼声。

“沁河风韵系列丛书”是集体合作的成果。虽然各书具体署名，“文责自负”，也难说都能达到最初设计的“兼具学术性与通俗性”的写作要求，但有一点是共同的，那就是每位作者都为此付出了艰辛的劳作，每一本书的成稿都得到了诸多方面的帮助：晋城市人民政府、沁水县人民政府、阳城县人民政府给予本次合作高度重视；我们特意聘请的六位地方专家田澍中、谢红俭、王扎根、王家胜、姚剑、乔欣，特别是王扎根和王家胜同志在田野考察和资料搜集方面提供了不厌其烦的帮助；田澍中、谢红俭、王家胜三位专家的三本著述，为本丛书增色不少；难以数计的提供口述、接受采访、填写问卷，甚至嘘寒问暖的沁河流域的单位和普通民众付出的辛劳；田同旭教授的学术指导；张俊峰、吴斗庆同志组织协调的辛勤工作；成书过程中参考引用的各位著述作者的基本工作；山西人民出版社对本丛书出版工作的大力支持，都是我们深以为谢的。

序言：樊山之阳 海会别院

白兔携经，孤僧顿悟；樊山金谷，禅院蒙恩。
龙泉慧根，流觞情韵；雁塔青霄，禅语儒声。
天衢兰阶，诗歌词赋；国光廷敌，修齐治平。
碑碣古堡，镌刻烟云；沁樊奥壤，荫泽后人。

——笔者《海·慧韵》

题解暨序言：海会寺在樊山之阳裹金谷之中，海会别院就在海会寺之中，《海·慧韵》燃情于此中……

“白兔携经，孤僧顿悟”：海会寺源始于一个美好的传说。据传在现今海会寺数十里的黄砂古祠之内，一无名高僧枯坐悬想之际，忽然一神秘白兔衔走其所捧之经，逍遥而去。高僧追经而感悟，故因性而建刹，开启龙泉禅院的历史。因为白兔的灵性以及古僧的顿悟，再加上禅理深奥的魅力而使得海会寺从创建之始，就被披上了一层神秘的不可捉摸的外纱。正所谓：“月中白兔老而顽，潜背蟾蜍逃空山。老僧诵经兔前伏，杖锡逐之投崖

孤僧·白兔·龙泉·双塔

间。瑟瑟珍珠溅僧面，一眼碧泉垂飞练。月精化水僧不惊，一瓢自酌当风嚥。月明团圞望正中，脱在秋水摇碧空。精气相感呼吸通，人间乃有广寒宫。月波西流带新水，水亦作势迎山觜。泛泛琼花十顷田，摩荡忽动波中天。水自澄澜月留魄，上下其间初不隔。捣药老兔功不磨，肯以老泉逛过客。”（延君寿《白兔泉》）

“樊山金谷，禅院蒙恩”：海会寺坐落于郭峪的金裹谷之中。在海会寺建寺之前，郭社（郭谷村，即今郭峪村）已经存在，海会寺因依邻郭社，故在没有获得官方的敕额之前被称为郭谷院。曾经在郭峪东侧苍龙岭的一块巨大的岩石峭壁上刻有“金裹谷”三个遒劲有力的大字，故人们又将樊溪河称为“金裹谷”。龙泉禅院从隋唐初建，两蒙帝王赐额，如果说迷人的白兔为海会寺的创建布满了禅机，那么官方的两次恩赐则彻底树立了海会寺的历史地位。《大周泽州阳城县龙泉禅院记》和《龙泉禅院田土壁记》两块碑碣，金石铭记了大周和北宋时期海会寺两次蒙圣恩获赐匾额的历史事实，两次蒙恩引证了海会寺在阳城乃至泽州寺庙中的政治地位，同样也成为其躲避历史灾难的护身符。海会寺于唐乾宁元年（894）得到官方“龙泉禅院”匾额称号，后又在太平兴国七年（982）得名海会寺，无论是“龙泉禅院”还是“海会寺”都是古禅院的官方称呼。

“龙泉慧根，流觞情韵”：龙泉禅院得名于古禅院之龙泉。海会寺经白兔引导依泉而建，泉为水，除具有水的所有物质特性之外，海会寺的泉为龙泉。龙泉为充满禅理之泉，特别是在张慎言《海慧院藐泉慧泉铭》的诗文之中，“藐泉”、“慧泉”的称号加上张慎言本人的个人魅力，使得海会龙泉超出了一般的禅理本身，历经时代变迁而演绎成为一个神秘的文化符号——既充满禅理又暗含功名，既是海会龙湫阳城景观又是九曲流觞诗雅风情之场所。“九曲流觞”起源于诗情雅兴。海会寺之中位于龙涎池的流觞曲水亭，就是明清时期阳城文人饮酒赋诗雅玩之地。龙泉胜景、曲水流觞、文人墨客、车水马龙，海会寺之过往历史，随文人笔墨而跃然纸上——从金元开始（甚至以前）至清末，关于海会寺的诗词歌赋层出不穷。这些诗词作品从历史发展线索来看，历经金、元、明、清各个时代；

从作品的作者来看，既包括泽州、阳城乃至与阳城历史人物有关的历代官吏，又包含阳城本土的历代普通文人墨客；从作品的内容来看，既包括体现海会寺胜景的诗歌佳作，又包含大量游览海会寺的观后遐想，还包含后人对前人在海会寺事迹的仰慕和留恋；从作品的形式来看，五言七言、灵活多样，寄古托今、借物抒情；从作品的收集情况来看，既有现今仍留存于海会寺的碑碣及金石记，又有保存于县志、州志、市志以及地方志的艺文之中。

"雁塔青霄，禅语儒声"：琉璃双塔为海会寺之标志景观。琉璃双塔建成于不同时期，一丰腴古朴一瘦削玲珑，一低一高，各具风情。其中低塔为舍利塔，六角十级，建于后梁。如果你地处河南，如果天高云轻，那么你矗立河南边境远眺定能看到海会寺的双塔。佛塔摩天历来受文人膜拜，特别是登临佛塔远眺更是另一番风情，"萧寺浮图百尺余，崔巍直上接清虚。苍烟黯霭迷三界，紫气氤氲隘八区。绝顶忽惊超幻世，凌空疑是驾云车。与君随喜诸天境，扪手层霄意自舒"，雁塔沧桑铭记着海会寺的历史过往，双塔傲立见证着海会寺的佛理禅机。海会寺从明朝初年开始，除进行常规的佛事活动之外，还从事与佛法、佛理研究及普通民众进行宗教教化的事宜。海会寺进行研究佛法的办寺传统，必然使其不同于一般的、只进行简单佛事的寺院。同样，僧人对佛法的研读，也使得海会寺之内充满着浓浓的文化气息。从有确切的记载的阳城科举代表人物王国光开始，再到张慎言创立海会别院之后，海会寺特别是海会别院从一定程度上成了科考福地。我们完全可以大胆地推测和深深地相信，明清时期的阳城士子们在参加科举考试之前，必到海会寺祈福以获得先人荫佑。海会寺的香火之中，又多了几分功名利禄的味道。

"天衢兰阶，诗歌词赋"：杨天衢开阳城文学之端，其后裔杨兰阶编撰《阳城金石记》铭记阳城文学的辉煌。阳城文学发端于金元时代，下庄村杨氏始祖杨天衢（注：其后裔杨朋翼、杨荣序、杨庆云、杨丽云、杨叔雅、杨伯朋、杨念先、杨兰阶等皆工诗文）可谓代表。《金元诗》中只收录了一首杨天衢的诗作——《海会寺得禅字》，其中的禅理也许只有白兔知晓。清代阳城北音人延君寿在《樊南诗抄第一集》序文中，对阳城诗人活动情况进行了简要介绍，“阳城诗人，前明以王疏庵先生为之冠，张藐山、杨沁湄两先生继之。同时羽翼之者，有无未可知。而传者不一二数，或亦后起者无以辑之故屿！国朝陈午亭先生出，以燕许之笔垂江汉之文，允为一代宗工，不仅式一乡一邑而已。一时陈氏诗人林立，其裔明轩，汇刻传家集行世。乾隆初年，田退斋先生工诗，刻有《依园诗抄》。四十年来，继起尤多”。其后，延君寿在《阳城诗人》文中指出，“吾阳城诗人，午亭是天下士，不仅一式一乡邑。前代之王疏庵、张藐山非专门难与抗衡。后来田退斋工诗，却未多见。继之者为郭冀一、田楚白、张芝庭、王青甫、卫容山、樊梅轩、王鲁亭、陈明轩。余会刻八人诗，为《樊南诗抄》，再稍后则为隽三、金门、礼垣与余后起少年，余曾与之结樊南吟社，多年不归里，闻诸生忽作忽辍，多不认真，午亭之香危乎几息”。阳城文学自杨天衢发端之后，有明一代疏庵率意承其绪、藐山沁湄光其大，有清一代午亭先生倡新范、樊南诗钞汇佳作、骚坛四逸创辉煌，稍后七逸承续四逸风范、樊南之阳落魄吟唱，民国杨兰阶所撰《阳城金石记》收集从后周至清代，海会寺中名人活动的历史身影与文字碑刻，为我们进一步更加深入地走进海会寺历史活动现场，提供了必不可少的金石记忆。同样，也为阳城古代诗文活动画上了一个圆满的句号。

“国光廷敬，修齐治平”：王国光与陈廷敬是明清时期阳城文化名人的代表，王国光曾读书于海会别院，陈廷敬夫人为王国观玄孙女，与海会寺也结下了不解之缘。海会别院作为文化交流的圣地，从明代一直延续到清代。清代阳城知县徐璈曾有诗作《早秋偕诸子集海会院藐山方丈，即事述怀》，诗中对海会院的情形描述为“杰阁厂虚明，精庐资诵读”，表明海会院仍然是读书人读书的最好场所。“精庐”即指学舍，读书讲学之所，“盗闻而感悔，后乃就精庐，求见徵君”（《后汉书・姜肱传》，李贤注：“精庐即精舍也。”），“乃别构精庐，并置经籍于其中”（《魏书・儒林传・平恒》）；又指佛寺、僧舍，“众岫耸寒色，精庐向此分”（贾岛《宿山寺》）。故此，我们有理由认为，海会寺中的别院就是寺院为学子们提供的优美读书场所。阳城在明清时期共出过两位阁老和四位尚书，其中，两位阁老为：康熙年间的文渊阁大学士陈廷敬，清雍正年间的文华殿大学士田从典；四位尚书为：明朝的吏部尚书王国光、张慎言，工部尚书白所知，清朝的刑部尚书白胤谦。在这六人当中，王国光、张慎言、白胤谦三位都有明确的史料记载，他们曾经在海会寺或读书或讲学。王国光诗作的名称《自昔读书于此，垂老归田，复此游览，感而赋此，兼增心昂上人》，就表明其曾在海会别院读书；张慎言曾经在海会别院读书的文献资料更是比比皆是，特别是张域在《〈海会别院种松铭〉跋》中写道，“海会别院者，张藐山先生读书讲学地也”，更加明确地表明海会别院就是张慎言的读书讲学之地；白胤谦同样也有以“过龙泉旧读书处”为题的诗作，也表明其曾在海会别院读书。除以上三人之外，其余的三人也与海会别院结下了不解之缘。阳城明清时期六位分量最重的、官位最高的人物，明清时期阳城科举考试的旗帜人物，都曾与海会别院有不解之缘。他们所产生的明星效应可想而知，海会别院必然是那时候阳城的读书圣地、科考福地、文化重地。

“碑碣古堡，镌刻烟云”：海会寺的文化基因蕴藏在阳城的山水之中，铭刻于金石之上、留存于古堡之间。从现存关于描写海会寺的作品中不难发现，科举名人也是诗词达人，王国光、张慎言、白胤谦、陈廷敬等阳城进士都留下了大量诗作，并都有关于描写海会寺的诗作。同样，从四逸到七逸或聚会饮酒或诗词歌赋，海会寺之中至今都能嗅到他们的身影。文人雅致就成为宣扬海会寺的最佳名片。禅院墙壁青苔之中，“竹径通幽处，禅房花木深”十个字就曾引得无数诗人跨朝代附和，海会盛况可想而知！海会寺就在沁樊文化圈的中心，屯城离海会寺最远也不过十里的距离，无形之中就成为各大家族的文人墨客们读书、交流、赏景的最佳之处。这些家族的成员大都参观过海会寺，并留下了大量的诗作，现在依然铭刻于海会寺的石碑之上。尤其是海会寺的海会别院，成为无数阳城文人准备参加科举考试的读书所在地。王国光、张慎言、白胤谦、延棠等都曾在海会别院苦读经书，并通过参加科举考试而获得功名利禄光宗耀祖。举人、进士在此地区的大量涌现，促进了沁樊文化圈内的文化兴盛，带动了明清之际诗歌的繁盛。此外，各个家族为了维护自身的利益，同样也为了抵御农民军的骚扰和破坏，在此文化圈建造了大量的古堡寨，成为文化圈的物质文化的最佳代表。所以，沁樊文化就是在阳城范围之内沁水和樊溪交汇的三角地带，所形成的以七个大家族为代表的文化现象。它包括家族文化、科举文化、诗歌文化、民俗文化、建筑文化等，既是明清时期阳城文化的典型代表，也是沁河奥区文化的典型代表。

“沁樊奥壤，荫泽后人”：沁樊文化圈是沁樊奥壤的文化佳地诠释。明清时期的阳城文化已经随着历史融入了阳城的每一寸土地，熏陶并造就了阳城人的文化性格，表露在每个阳城人社会生活的方方面面。阳城人在今天生活中所呈现的一切，无不是受其文化因素影响的结果。当历史成为过往、文化融入生活之时，我们很难具体而真实地展现曾经的文化影响。也许只有矗立在沁水河畔的古堡，用它自己桀骜不驯的性格向我们讲述曾经的历史；也许只有当我们静下心来，用手触摸历史的时候，我们才能真实地感受文化的力量。山水交融、古堡矗立的文化圈，为阳城士子们成长和成才提供了必要的文化保障；父辈们的文化影响以及家族的文化遗传，为阳城士子们取得更大的成就奠定了文化平台和文化力量。阳城的士子们通过自身的努力，借助科举考试的平台，较为成功地实现了修、齐、治、平的人生抱负。他们或为官，或做经师，或为文学家，或为诗人，等等，在更高、更为宽广的舞台上向他人展示自己的文化才能的同时，也传播和交流了祖籍地域文化；当他们荣归故里之时，他们的文化经验就成为当地文化发展的重要文化来源。他们或著书，或讲学，用他们自己的方式表达对故乡的热爱，无形之中就成为地方文化的象征物和膜拜物。我们已经罗列和再现了沁樊文化圈的文化成就和文化贡献，同样我们也把聚焦点——海会寺及海会别院置于沁樊文化平台之上，即：海会寺及海会别院为处于沁樊文化圈之中的学子们提供学习场所的同时，变身成为明清时期沁樊文化的精神膜拜地和文化象征物。

《海·慧韵》：偶然中之必然……

我的爱人祖籍阳城，我自然就是阳城婿，我应该是半个阳城人。

我在教育科学学院工作，因刘庆昌先生提携，参与了泽州一中的课程改革，“螺旋式”课堂让我三年陶然其中之时，流觞之中滋嚼了泽州民俗风情。

我的专业是教育史，恩蒙行龙先生不弃，得以身进中国社会史研究中心，沐师门浩荡之学恩，与中心同仁共沐“沁河风韵”，行走田野与社会之中感悟沁水流域大晋城。

我游荡海会寺、抚摸碑碣，叹沁樊奥壤人才辈出，悟功名利禄过往烟云，儒生情怀跃然纸上之余，与学院前辈杨兰阶先生隔时神交，神往、情往，好似自己就是海会科举中式人。

海会一段情，虽自己生无慧根，但知受益匪浅；

师生一世恩，虽自己才疏学浅，但懂羔羊跪恩。

目　录

CONTENTS

一、濩泽古城　沁樊文化

裹金谷里水悠悠，一脉樊川控上游。

唤起山灵深吊古，冷烟空翠不胜愁。

——（清）王炳照

樊山·樊溪

1. 濩泽滥觞　古城风翔

樊山望析城，雉堞俨可见。
迤逦接王屋，车盖形非幻。
两山面目真，豁乃逢一旦。
百里亘云烟，千峰矗霄汉。
——延赏《登樊山绝顶望析城王屋诸山》

（1）**嶕峣濩泽　固隆泽城**

《隋书·地理志》记载："濩泽，有嶕峣山、濩泽山。"嶕峣、濩泽、阳城，由此拉开了一段美丽的过往……

阳城县从濩泽县开启建置的历史沿革。

濩泽为阳城境内一条自西至东横贯的河流，其源头在今固隆乡的白涧岭下。据《阳城县志》记载：

濩泽水出县东西北四十里白涧岭，东流经固隆村南，又东经濩泽故城，南汉濩泽故县也。元魏兴安中，徙治今县城，而故县废。及孝昌中，于故城置西濩泽县，至隋又废，或云北齐时废也。

墨子曰："舜渔濩泽。"《穆天子传》，"天子四日休于濩泽"、"甲寅，天子作居范宫以观桑者，乃饮于桑林"即此。

相传濩泽在今阳城县城西面的嶕峣山上，其水深阔盈万丈，从来不会枯竭。濩泽的位置旧志认为因"泽久废，其畔岸不可复识考"，却又推断"在城西北"，"考其地望当在四侯山南，固隆村一带"，由清溪水、清渊水、南河水、上涧水、濩泽水汇聚而成大片湖泽而给周围百姓带来诸多不便，故有大禹用神斧劈石门的传说。至今，阳城民间还流传"人留姓名草留根，大禹神斧劈石门"的谚语。

濩泽故县因濩泽水而得名，“濩泽在嶕峣山下。《水经注》曰：‘濩泽水出泽城白涧岭下。’墨子曰：‘舜渔濩泽。’其源潴水一泓，澄清不竭。县名濩泽以此，州名濩泽亦以此”（康熙《阳城县志》），“泽州因濩泽水为名”（《通典》）。其旧址在“四侯山南，固隆村一带”。据《晋城百科全书·古城·古墓》中记载，“濩泽故城遗址位于阳城县城12公里的固隆乡泽城村北，旧城基尚存”，在现今府底村村委旧楼背面墙上还依然镶嵌有“古濩泽”三个大字。据《阳城县志》记载：唐虞夏禹贡冀州之域，析城、王屋并在县境。商冀州之域，相传为畿内地，曰桑林汤祈雨处。《吕氏春秋·顺民篇》记载：“昔者汤克夏而正天下，天大旱，五年不收。汤乃以身祷于桑林，曰：‘余一人有罪，无及万夫，万夫有罪，在余一人；无以一人不敏，使上帝鬼神伤民之命。’于是剪其发，枥其手，以身为牺牲，用祈富于上帝。民乃甚悦，雨乃大至。”商汤以身体为祭祀用品，而求得干露，也许这正是阳城自古以来形成商汤信仰的由来。

秦汉时期，建濩泽县，隶属于河东郡。濩泽县城即在固隆乡的泽城村，泽城村名乃由濩泽城简化而来。泽城村现仍然保留着“城墙岭”、“衙道”等有关古城池和古衙署的地名。南北朝时期，北魏兴安二年（453），濩泽县移治凤凰城，即今县城。从秦朝建立的公元前221年起，至县治迁移的公元453年止，濩泽城置县的历史至少有674年。固隆在明清时期被称为“西乡驿站”，经商者多以坐商为主。他们坐地经营货物，有着固定的店铺、商行、商号。清末民初，固隆有五大商号：“川兴元”（五金杂货铺）、“天兴魁”（经营丝绸）、“天兴贤”（布匹服装）、“庆元号”（百货批发）、“天寿堂”（药铺诊所）。从饮食服装、典当银号到皮货干果，一应俱全，店铺林立。明清时期，阳城一带流传有“热不过泽城会，闹不过固隆集”的俗话。每当集期，人山人海，商贾如云，大至骡马牛羊，小到斗粟尺布，四方的货四方的人，都汇合到固隆。近的是城西各村，县内城东的北留、章训，远的有晋城周村、河南济源以及沁水、垣曲车载驴驮前来进行商业交易的，可见明清时期固隆在阳城县的历史地位。正所谓：

安定为固，昌盛为隆；一方宝地，四海难逢；
遥想先民开拓，艰苦卓绝；信知濩水流泽，广远深弘。
嶕峣山旧石器遗址，印证两万年前文化；
朝圣山与黄龙白龙，又见五千年后峥嵘。
泽城为濩泽县治所，本泽州首府之地；
北齐白涧置冶铁局，彰斯乡铁业之丰。
泽城村汤庙梁架，构建匠心独具；
老鹳岭摩崖造像，雕刻鬼斧神工。
……
来此乡也，如入瑶池胜境，流连忘返；
进斯园也，若登海外仙山，不厌重来。
面古思今，叹沧桑之巨变；承前启后，抒豪迈之情怀。
归去来兮，报效乡梓之赤子；喷薄出兮，簇新天地之英才。
——刘伯伦《固隆赋》

（2）凤凰古城　今曰阳城

濩泽县改为阳城县，正式开启今日阳城的建置历史。阳城县唐朝天宝元年（742），改泽州为高平郡，改濩泽县为阳城县（唐玄宗李隆基于当年九月，“改天下县名不稳及重名一百一十处”，阳城县即为新改县名之一）。阳城县城之所以被称为凤凰城，是在于从城的地貌来看，北部隆起，东西长，南北狭窄，形如凤凰举头展翅，故有“凤凰城”之美誉。在濩泽县改为阳城县之前，曾出现过濩泽县和阳阿县二县并置的情况。我们知道濩泽县来源于濩泽县，那么阳阿县的来历又是什么呢？阳阿故城原设在今阳城西北45里阳泉里（一称阳陵村，即今羊泉），沁河支流阳泉水（今芦苇河）绕城南流过，以城当阳泉水之阳故名阳阿。到唐末天祐二年（905），又将阳城县改为濩泽县。后历经五代、北宋、金等朝代三百多年的历史长河，县名屡经变迁。直至元朝中统元年（1260），县名固定为阳城县，延续至今。值得一提的是，金宣宗元光二年（1223）至元中统元年（1260），阳城曾升为勣州。在明代，阳城全县分为十都、九十九里，其中：十户为甲，十甲为里。在城曰坊，在关曰厢，在乡聚落曰村，附于村者曰庄，有商贾集市曰镇。各都首里与都共名。清初承明制，编户九十九里，总为十都。后都、里数量发生过不同程度上的变化。至民国6年（1917），始设编村制。在明清时期，润城都驻润城，下设六个里，分别为：润城、上佛、下佛、虎川、白巷和两孔；章训都驻章训，下设十个里，分别为：章训、东石、崇上、北留、封村、郭谷、王村、沁渡、南石、南留。海会寺的大致范围就在润城都和章训都之间，准确地说应为章训都的郭谷里。

阳城自古为关隘要道。明末清初延嵩寿在《山西形胜险要今古异同论》中言："山西于古为晋，东枕太行，西带黄河，南通孟津，而析城、王屋皆隘阻，北控沙漠，而雁门、三关皆樊篱。"阳城就在析城、王屋之间，只有一条重要的陆路穿过隘阻，即从阳城经润城或北留镇，到晋城再直趋中原。沁水中游以下便可通舟楫，因此沁水成为从阳城南下黄河，到达中原的重要水道。从阳城到润城或北留，均要由西向东渡过沁水河，渡口就在润城镇下游三公里处，称为河头堡。陆路、水路都要经过润城，海会寺就在润城附近，从阳城进入中原、从太原经阳城进入河南的客商及文人墨客，必定会看到海会寺高耸的双塔而流连忘返。所以，我们就不难理解，为什么在海会寺之中存留如此多的碑刻，碑文见证和铭记了明清时期阳城地区的地域文化，也向我们述说着一段曾经美好的历史过往！

阳城自古又为煤铁之乡。鲁迅、顾琅合著的《中国矿产志》载："本省（山西）铁矿以平定州盂县及自潞安州至泽州阳城者最著，其开采似始于2500年前，迄唐弥盛。"据岑仲勉著《隋唐史》载，阳城为当时全国九十五个有铁矿州县之一，为河东道十四个产铁州县之一。当时润城镇东北两公里的黑松沟居民因冶铁致富，而砍光沟底的松树修房建屋，使原来沟内的上庄、中庄、下庄三个村庄连成一片，于是改称黑松沟为白巷里。这里白天只见冶铸炉烟弥天，夜间沟内火明如昼，因此人们又称白巷里为"火龙沟"。

据《山西省阳城县乡土志》载，“明正德七年，霸州贼刘六、刘七至阳城东白巷里等村，村多业冶，乃以大铁锅塞衢巷，登屋用瓦击之，贼被创引去”，可见白巷里产铁之盛。白巷里与郭峪村仅一岭之隔，上、中、下三庄位于岭西侧，郭峪村在岭的东侧，岭被称作为庄岭。从岭西到岭东，仅四公里的山路。海会寺与三庄仅一河之隔，从润城到三庄必路过海会寺。试想，三庄所冶炼的铁以及用铁所制造的铁制品（如非常著名的“犁镜”），外销出阳城之时必然会途径海会寺。如果你矗立海会寺门前的空地，冶铁的声响和烟火、运货的铁尘和马铃，依然会在呼吸的空气之中飘荡、在耳边环绕……

阳城还是文化之乡。清同治《阳城县志》称“阳城地虽褊小，亦旧为人文渊薮”。据统计，阳城历史上曾有123名进士（其中武进士三人），名列山西各县三名之内。而明清两代有98名进士，为山西全省之冠。阳城形成了13个家学渊源、弦歌不绝的读书世家：下交村的原氏，匠礼村的杨氏，城关的田氏、白氏、卫氏、王氏，皇城的陈氏，屯城、润城、郭峪村的张氏，三庄的王氏、李氏和杨氏。13家出进士八十多名，占阳城进士总数的三分之二以上。其中，从嘉靖到崇祯共出进士30人，从顺治到康熙共出进士33人，尤其是在清顺治的18年间共出进士17人，达到了阳城科举考试的顶峰。明清两代，阳城共出两个阁老（清代，山西共出六个阁老，阳城县占到三分之一）、四个尚书。两个阁老为：清康熙文渊阁大学士陈廷敬、雍正文华殿大学士田从典；四个尚书为：明万历吏部尚书王国光、明天启工部尚书白所知、南明吏部尚书张慎言、清顺治刑部尚书白胤谦。阁老和尚书可以称得上是阳城文人的代表，他们都有关于海会寺的诗作：

朝代	作者	诗名
明代	王国光	自昔读书于此，垂老归田，复此游览，感而赋此，兼赠心昂上人
		龙泉寺前有金谷，吾邑名招提也
		再游龙泉寺
	张慎言	龙泉寺独夜听泉
		海会寺看隔水桃花
	白所知	同张金铭侍御雨苍给谏登海会寺塔

（续表）

清代	白胤谦	过龙泉寺旧读书处
		上方园赠泉上人
		宿灵泉院
	陈廷敬	过海会院
		龙泉寺
	田从典	龙泉寺

他们中的张慎言是王国光的外孙，陈廷敬的夫人是王国光的玄孙女，而王国光、张慎言、白胤谦都在留存的诗作之中明确表明其曾在海会寺的海会别院读书攻读功名。一方胜景，琅琅书声，阳城儿女就是从这里出发，走向全国各地，并用自己的政绩功名来回报社会，并又在晚年荣归故里之后，成为地域文化传播的主力军。他们既向外界传播了阳城文化，展示了三晋儿女的风范，又把外域文化带回阳城，促进了不同地域文化之间的交流和共融。海会寺就成为他们文化交流的重要场所，海会别院也成为考取功名利禄的阳城学子们心中顶礼膜拜的圣地——“海会知名寺，频来不厌僧。松蟠千百尺，塔建十三层。酒债流觞饮，诗谁署壁能？藐山方丈好，钦仰读书曾。”（杨庆云《游海会寺》）

（3）樊溪郭峪　金谷海会

海会寺双塔

郭峪·海会寺驿站

《阳城县志·阳城山水总记》（卢廷芬）记载："东山（即张司寇古寨）峙于左，紫云阡绕于右。山下浅沙细草流水潺湲曰樊川，川西即郭峪镇（三十里）。夹河三寨鼎峙城堞，俨然最聚落之佳胜者。顺流而下山坳，有金裹谷，海会寺在谷中。龙泉水绕寺出焉，旧志所谓海会龙湫即此。"樊川、樊溪、郭峪、金裹谷、海会寺，彼此交织在一起、融会在一起……郭峪因海会寺而得名，海会寺因郭峪而兴盛。

郭峪之名称的最早记载来源于海会寺的《龙泉寺禅院记》，海会寺因其"东邻郭社之陌，前据金谷之垠，既名额以未标，称郭谷而斯久"。《龙泉寺禅院记》的碑文撰写时间为公元952年，即后周广顺二年。从这段碑文中，我们可以解读的信息为：在海会寺建寺之前，郭社（郭谷村，即今郭峪村）已经存在，海会寺因依邻郭社，故在没有获得官方的敕额之前被称为郭谷院。曾经在郭峪东侧苍龙岭的一块巨大的岩石峭壁上刻有"金裹谷"三个遒劲有力的大字（现已经不复存在），故人们又将樊溪河称为"金裹谷"。

郭峪村可以追溯的行政建制始于明代，明清时期郭谷属章训都（清初郭峪里称郭峪镇），其地理范围远大于现在的郭峪村。在那时，大桥村、东峪村、皇城村（中道庄）、大端村、于山村等（在这些大村中又往往包容了一些小居民点，如现在的槐庄、侍郎寨、黑沙坡、打丝沟、景川村、三槐村等都属于郭峪村的范围之内），从行政建制上都属于郭峪村。据陈廷敬《故永从令张君行谷墓志铭》记载，“郭峪方三四里，各倚山岩麓为篱落相保聚，或间百步，或数十步，林木交枝，炊烟相接”，郭峪古村清时生活跃然纸上，好一派乡村古风古韵。

古堡・郭峪

郭峪村东隔樊溪有苍龙岭、史山岭，南有东峪岭，西有翱凤岭，北有摩天岭及可乐山支脉。在四周群山合围的谷地之中，樊溪从东北角流入，贯村而出，谷口即海会寺。皇城村（中道庄）在樊溪之东，据陈昌言《陈氏上世祖茔碑记》（大清顺治十一年甲午三月二十五日立）中载：“余先世乃濩泽永义都天户里籍也。其聚族而居者，则地名岭后之半坡沟南也。余七世祖后徙居阳城县郭峪中道庄，乃明宣德四年（1429）也。”陈昌言为陈家族谱的八世祖，陈廷敬为九世祖。陈家的七世祖陈经正在清初迁入郭峪村，成为郭峪村大姓之一。

郭峪村位于阳城与晋城之间，距阳城约45公里，距晋城30公里。明清时期从阳城到晋城的道路就要过樊溪汇入沁水处的润城镇，然后沿樊溪逆流而上向东北到郭峪村口，再登上郭峪村东的属于樊山之脉的苍龙岭。从郭峪村口沿樊溪而上苍龙岭的道路，属于石板铺成的宽约一米五左右的官道，沿山势而行，九曲十八弯，成为樊溪谷中一道亮丽的风景。过了苍龙岭向东就到晋城了。据《阳城县志・交通》记载，阳城出境道路之一为

“经下孔、刘善、润城、海会寺，出黄沙岭入晋城县”。海会寺位于郭谷口，为阳城到晋城的必经之路：

“嘉靖甲申孟夏，予归自晋城，道海会，于时阳城尹王君士廉率僚佐暨诸文学来候，即寺之方丈，具盛馔延款，礼仪殷勤，逾再宿始克告别。”——《李瀚同王士廉游海会寺诗并序》[李瀚为沁水县石楼村人，辛丑（1481）科进士，官至南京吏部尚书，告老返乡后自称石楼居士。]

序文生动地记述了李瀚从晋城出发途径海会寺，同当时阳城知县王士廉及阳城其他文人墨客相会的情景。此外，徐贞在《游龙泉寺有感》中也有“下马憩龙泉”的诗句，海会寺的碑刻之中还有许多夜宿海会的诗句。

郭峪以郭姓命名，但并没有成为郭姓的血缘村落，现今郭峪村的少数几户郭姓人家都是从清朝中叶才从外地迁来的。而且，在阳城县境内，纯粹的血缘聚落的姓氏很少，这与我国南方仍存在大量血缘聚落的情况正好相反。此外，郭峪由于紧靠冶铁最集中的润城镇“火龙沟”，又与交通枢纽北留镇毗邻，所以成为新移民涌入的优选之地。郭峪的王姓、张姓、陈

全国重点文物保护单位海会寺

姓、窦姓、卢姓、马姓等姓氏，都是明代迁入的（其中就包括陈廷敬的七世祖们）。郭峪的迁入诸姓与相邻的皇城村、黑沙坡、侍郎寨以及上庄村等村之间早有密切的关系，到清代更加紧密。比如清顺治年间，迁居郭峪村的陈经正（陈廷敬的叔祖父）担任郭峪里的社首，掌管着郭峪里，包括郭峪村、中道庄及侍郎寨的一切事务。直至民国6年（1917）山西省实行编村制之前，这三个村落的居民对外都称郭峪人。郭峪在实行编村制之后，仍包括郭峪、大桥、东峪、皇城、大端、沟底、于山等7个自然村。

海会寺虽地处郭谷，但其实际位于润城、北留、郭峪的交汇之处，无形之中就成为当时村落百姓之间走亲访友的必经之地，同样也成为文人墨客之间交流文化的场所。我们从现存古院落的地理位置不难发现，海会寺处于阳城古院落的文化中心，可以称作为“海会寺文化圈”。

樊山·朝圣之路

2. 历代兴学　人才辈出

河东人物气劲豪，泽州学者如牛毛。
大家子弟弄文墨，其次亦复跨弓刀。
去年较射九百人，五十八人同赐袍。
今年两科取进士，落钩连引十三鳌。

——（北宋）黄廉《登第》

（1）程颢兴学　重教先河

古代泽州的教育，是在北宋时期著名的哲学家程颢在晋城大办乡学之后才迅速发展起来的。“立朝经济善初终，理学真诠百世功。小试牛刀晋城邑，弦歌流衍溯遗风。”（清・陈名俭《程明道先生祠》）此后，在李俊民、郝天举等人的影响下，泽州教育取得了长足的发展，并带动了泽州范围之内县学教育的发展。

程颢（1032—1085），字伯淳，人称道明先生，河南洛阳人，北宋著名哲学家，程朱理学奠基人，也是著名教育家。《明道先生行状》记载程颢的为学和教人之情形，“先生为学：自十五六时，闻汝南周茂叔论道，遂厌科举之业，慨然有求道之志。未知其要，泛滥于诸家，出入于老、释者几十年，返求诸六经而后得之。明于庶物，察于人伦。知尽性至命，必本于孝悌；穷神知化，由通于礼乐。辨异端似是之非，开百代未明之惑，

古堡・金汤

秦、汉而下，未有臻斯理也”，“先生教人：自致知至于知止，诚意至于平天下，洒扫应对至于穷理尽性，循循有序”。程颐所撰写的《明道先生行状》，其中的先生当然也包括程颐本人，他们兄弟二人在接受传统的孔孟儒学的基础之上，受佛、道思想的影响并借鉴其他学派的思想，创立了一种新的学术思想体系——宋明理学的奠基之学“洛学”。

宋英宗治平元年（1064），程颢“移泽州晋城令”。《明道先生行状》对程颢的晋城县令之活动概述为：

> 泽人醇厚，尤服先生教命。民以事至邑者，必告之以孝弟忠信，入所以事父母，出所以事长上。度乡村远近为伍保，使之力役相助、患难相恤，而奸伪无所容。凡孤茕残废者，责之亲戚乡党，使无失所。行旅出于涂者，疾病皆有所养。诸乡皆有校。暇时亲至，召父老而与之语；儿童所读书，亲为正句读；教者不善，则为易置。俗始甚野，不知为学。先生择子弟之秀者，聚而教之。去邑才十余年，而服儒服者尽数百人矣。

现存文昌阁门楼上的“古书院”三个大字，向人们昭示着它曾经历的历史沧桑，述说着程颢办学的历史过往。晋城现在以“书院村”命名的地方，就是《明道先生行状》中所提到的程颢“择子弟之秀者，聚而教之”的书院所在地。“明道祠者，乃宋程明道先生令晋城时讲学处也。斯地，旧无居人，因就教而遂家焉。故是村，特以古书院为名。”（嘉庆二十四年石碑记载）清代朱三才为此专门作诗《书院村传为程子乡校旧迹》：

> 出门寻山水，放辔一驰马。爱此书院村，伫策观其下。名儒乡校传，春风流四野。乡校七十余，至今存者寡。惟此独擅名，遗踪诚非假。白水相萦回，万斛明珠泻。环山开鼓铸，洪□□□□。时闻弦诵声，士气尤潇洒。至今八百年，口碑载民社。我亦读书人，向慕心藏写。俎豆尸而祝，吊古怀大雅。

公元1127年，金军南下，程颢书院在创建60年后遭遇第一次劫难。由于战乱影响，书院中求学的学子开始迁居陵川，这也成就了陵川一地在金代的文化繁荣。公元1214年，即金贞祐二年，晋城发生大规模兵乱，城中建筑大多被毁，程颢书院也未能幸免。金亡后，泽州郡守段直邀请“程氏门人”李俊民重返晋城兴办教育。元泰定年间，郡守重建明道先生祠堂，并于元至正二年（1342）将祠堂迁至旧址。明代，随着程朱理学被奉为正宗官学，各地的书院也迎来了历史上少有的黄金时期，此时的程颢书院开始趋于完备并延至后世。万历四十八年（1620），泽州知州王所用立志继承程颢遗教，在书院原址重建“文昌书院”，文昌书院的修建，使得晋城的书院发展达到了一个巅峰。清光绪初年，书院更名为“明道书院”。清光绪三十一年（1905），废除科举制后，明道书院变更为“书院小学”。

程颢兴学的社会影响，元初名儒郝经在《陵川集》中记述如下：

> 金有天下百余年，泽潞号为多士。盖其形势表里山河，而土风敦厚，气禀浑厚。历五季而履基王业，而尝雄视天下。故其为学，广壮高厚，质而不华。敦本业，务实学，重内轻外。宋儒程颢尝令晋城，以经旨授诸士子，故泽州之晋城、陵川、高平，往往以经学之名家。虽事科举，而六经传注，皆能成诵。耕夫贩妇，亦耻谣诼而道文理，遂与齐鲁共为礼义之俗而加厚焉。

泽州经程颢儒学思想的浸润，竟然能达到“与齐鲁共为礼义之俗”的地步。齐鲁大地因孔孟熏陶而得名，泽州因程颢而出名，可见文化圣人对于地域文化兴盛的重要影响。以至于到金代，由宋代的“俗始甚野，不知为学”而转变为“历五季而履基王业，而尝雄视天下”就成为顺理成章之事。

在程颢县令的影响和带动之下，泽州教育在金元时期空前兴盛，人才辈出，李俊民就是他们当中杰出的代表。李俊民（1176—1260），字用章，自号鹤鸣老人。泽州人（山西晋城人），是金末时期的文学家，一生著作繁富，今存有《庄靖集》十卷和《庄靖先生乐府》一卷，存词69首。《金史》没有关于李俊民的专门传记，据《元史·卷一百五十八·窦默传》中记载：

> 李俊民，字用章，泽州人，得河南程氏传授之学。金承安中，举进士第一，应翰林文字。未几，弃官不仕。以所学教授乡里，从之者甚盛，至有不远千里而来者。金源南迁，隐于嵩山，后徙怀州，俄复隐于西山。……赐谥庄靖先生。

寥寥几笔，勾画出了李俊民的主要人生经历。李俊民本人在其《李氏家谱》中对家族世代传承有过简单的交代，祖先为唐韩王李元嘉，李元嘉为李渊的第二十二子，曾为泽州守，后因奉中宗之诏，图谋起兵反抗武则天，事情泄露，被逼令自杀。他的子孙害怕祸及家门，纷纷逃到晋城、高平、陵川等地。李俊民之祖可行，有二子，俊民之父是其次子之才。李俊明弟兄三人，他排行第三。李俊民勤于经史诸子百家，尤精二程理学。在他“弃官不仕”之后，为了躲避兵火，他于贞祐三年（1215）开始南渡隐居。元太宗七年（1235），李俊民应泽州守段直的邀请，返回自己的家乡泽州，开始了真正的隐逸生活。

泽州守段直迎李俊民返乡任教的事迹，在《元史·卷一百九十二·列传第七十九·良吏传》中有较为明确的记载。《元史·良吏传》中段直本传记载：“段直，字正卿，泽州晋城人。……其后论功行赏，分土世守，命直佩金符，为泽州长官。……大修孔子庙，割田千亩，置书万卷，迎儒士李俊民为师，以招延四方来学者。”泽州长官段直迎请李俊民回到泽州“教授乡曲”，随之儒学复盛，“不五六年，学之士子，以通经被选者，百二十有二人”，可见李俊民显著的教学成果。在《泽州府志·卷三十六·人物志》中载：“段直，字正卿，泽州晋城人。……迎李俊民于河南，以之为师。”段直迎接李俊民回乡后还为他筑堂，名曰“鹤鸣堂”。杨果曾作《鹤鸣堂记》曰：“段泽州正卿今贤诸侯也，师用李用章先生，以鹤鸣为其堂。……中以鹤鸣喻俊民文品之高。”“鹤鸣先生”为泽州儒学复盛，做出了重要的贡献。而李俊民本人也较为享受教书育人的隐逸生活，“逮丙申岁，于新居之侧，有蹲石曰睡鹤。昔人取其似而名之，鹤鸣见其似而喜之。事与心会，岂偶然哉”（《睡鹤记》）！而“不出五六年，学之士子，以通经被选者，百二十有二人”，足见鹤鸣先生在泽州教育中的历史贡献。

段李两人官儒携手，招来四面八方才俊，吸引穷乡僻壤学子，“从学者云集”，学子们“久仰《诗》《书》之治”、“复还孔义之乡”，仅用了五六年的时间，泽州就在科举考试中出类拔萃，联翩而上，仅考中秀才以上功名者就有 122 人之多，使泽州大地上出现了人才济济、书声琅琅的文化盛况。段直因其崇尚知识、尊重教育，大力恢复文治，名重一时，被国人誉为“段泽州”。

正因为李俊民年高德劭，故受蒙元朝廷器重和邀请，但他坚决隐逸之志不仕新朝。元世祖忽必烈对李俊民重视有加，“朕求贤三十年，惟得窦汉卿及李俊民二人”。关于这段史实刻在晋城县学宫，记载在《凤台县志》：

元令旨五道石刻在学宫，盖世祖忽必烈藩邸示李俊民令旨也。第一道：“遣阔阔子清驰驿李状元：思欲一见。惟不以老为辞，必无留滞，即许遣归。癸丑年五月□日。”第二道：“特加号庄靖先生，癸丑年七月十二日。”辞归，又受令旨：“庄靖先生求归念切，尚推旧学，善诱诸生，仍以侄孙仲修为后，仰怀、孟州官刘海、泽州官段直，以时奉赡，勿忘敬礼。准此。”又甲寅年五月二十七日，奉御董文用赍奉到令旨：“示状元李俊民：年前秋，会盘六军众仓，未及进议。近得启言甚便，今欲复召，恐年老艰行，外据军国重事，暨有可举人材，更当以闻。准此。”又甲寅年七月二十日，宣差周惠德复赍到令旨：“泽州庄靖先生呈：本州见有进修学业刘璋、张贤、张大椿、申天佑等，乞劝奖事。准呈。仰泽州长官段直、镇抚申甫等，常切提学。仍省谕诸生恭勤进修，遵依教命，无得慢易。准此。”

元世祖求贤若渴的心情可以理解，慨然赐其“庄靖先生”，取其端严肃敬、恭谨祥宁之意。并下令泽州长官段直等对其“一切所需，以时奉赡”、“勿忘敬礼”，还亲自过问李的后嗣过继之事，从一定程度上更加印证了李俊民确实知识渊博、受人器重。刘瀛在《庄靖集》序中写道：“先生诗，格律清新似东坡；句法奇崛似山谷（黄庭坚）；集句圆熟，脉络贯通，半山老人（王安石）之体也；雄篇巨章，奔腾放逸，昌黎公（韩愈）之亚也。”

泽州陵川学者，以郝氏为称首，郝氏家学是金元之际地方学术中极为重要的一支。程颢作晋城令时，曾选择当地出类拔萃的可造之才亲自传授，郝氏家学的开创人郝元就在其列。郝氏家学以治经行己为本，极重视品行的培养。由于其时特重“父兄之渊源，师友之讲习”，故家传性质的儒学蔚为风气。郝氏传人郝天挺以隐居不仕、独善其身的名节为时人推重；至元代文学大家郝经，更以其奉使不辱中原大节而名垂青史。

郝天挺（1160—1217），字晋卿，自幼性格开朗，襟怀坦荡，以卓尔不群的才学闻名乡里。天挺融汇百家之学，尤工于诗歌，早年为京城太学生中的佼佼者。他体弱多病，性情却秉洁刚直，“多疾早衰，厌于名场，遂不就选”，这种多病之躯与孤傲个性实在不适合在充满伪诈的官场周旋，于是他决意高韬远引，归隐乡里，以“教授县庠”为自己的职业。郝天挺十分注意对晚进后学者的培养，元代文坛领袖元好问就是其中之一。元好问在《郝先生墓志铭》中记载了陵川求学历程：

泰和初，先人调官中都，好问甫成童，学举业。先人思所以引而致之者，谋诸亲旧间皆曰：“濩泽风土完厚，人质直而尚义。在宋有国时，俊造辈出，见于黄鲁直季父廉《行县》之诗。风俗既成，益久益盛。迨今带经而锄者，四野相望，虽闾巷细民，亦能道古今，晓文理。为子求师，莫此州为宜。”于是先人乃就陵川令之选。

时乡先生郝君方聚子弟秀民，教授县庠。先生习于礼义之俗，出于贤父兄教养之旧，且尝以太学生游公卿间，阅人既多，虑事亦审。故其容止可观。而话言皆可传，州里老成宿德。多自以为不及也。

金泰和二年（1202），元好问父亲元格调动官职到京城，因泽州受程颢办学活动的文化浸润而成为元好问求学的首选之地。同样，因为郝天挺的才气和学识，元好问才随父来到陵川受业于郝天挺。泰和八年（1208年），元好问“肆意经传，贯穿百家，六年而成业。下太行，渡大河，作《箕山》、《琴台》等诗，赵礼部见之，以为少陵以来无此作也。以书招之，于是名震京师，目为元才子”（郝经《遗山先生墓铭》）。后来，元好问成了大诗人和散文家，成为金、元之际的文坛领袖，这与他六年受业于郝天挺所奠定的坚实基础是分不开的。在元好问学成离别之际，郝天挺曾作《送门生赴省闱》一首表达了自己对弟子的美好祝福：

青出于蓝青愈青，少年场屋便驰声。
未饶徐淑早求举，却笑陆机迟得名。
嗟我再衰空眊矂，喜君初筮已峥嵘。
此行占取鳌头稳，平地烟霄属后生。

这首诗里凝聚着郝天挺的桃李高枝之心，有着对学生的骄傲与激励，也透着对自身多病、难遂心志的无奈。作为一个儒生，“穷独善，达兼济”曾是他的处世信条，虽然他能够将并非被动的归隐，转化为一种对于自身人格完善的积极追求，但内心却也有过遗憾，于是将夙愿托付与高足弟子。

泽州正是在程颢、李俊民、郝天挺等学术文化名人的带动之下，逐渐崭露头角并通过多年的历史积淀，在明清时期成为山西历史文化史上最为耀眼的一环。而阳城的教育文化也正是在泽州其他县域文化的带动之下，从默默无名之辈逐渐走入泽州历史文化的主流，并在明清之际成为泽州最耀眼的文化名片。

（2）阳城县学　历久弥新

阳城县学古代教育的主要形式是私塾和书院。私塾起源较早，因为中国古代社会一直存在家庭、家族举办私塾的传统，所以私塾在阳城县的出现年代无法考证。书院作为教学场所，始于五代，盛于宋代（归功于程颢晋城办学的文化影响）。阳城县宋代就有庙学，元、明、清都有书院。私塾和书院不同于现在的学校教育，都没有固定的修业年限，教学内容主要以科举考试科目为主。据清同治版《阳城县志》和光绪版《阳城县新增志》记载，从唐代到清末，阳城县共有123人中进士，其中：唐代1人，宋代8人（包括金代4人），元代16人，明代44人，清代54人。

阳城县在元代有泮宫书院，明代有映奎书院，清代有聚奎书院、同文书院、镜山书院、仰山书院。阳城的书院大都由官方主持兴办，用来培养准备参加科举考试以获取功名利禄的赶考人。由于阳城在明清时代教育和科举二者之间的良性互动，导致清代参加科举的士子人数逐年增加。“当泽州盛时，州试童子可二千人，上之学使者千有余人。州所隶县如阳城，试童子可千余人，州再试之，上之学使者亦六七百人。”（清·陈廷敬《与刘提学书》）为了容纳更多的参加县试的士子，阳城县在清代同治十年（1871）专门兴建了科举考试的专门场所——濩泽试院。《阳城县尹赵侯兴学记》（元·李聪）、《阳城创修庙学记》（明·宋讷）、《重修阳城县学记》（明·王一夔）、《阳城县修学记》（明·王国光）、《重修阳城县学记》（清·白胤谦）、《阳城聚奎阁记》（清·毕振姬）、《重建魁星阁聚奎书院记》（清·田六善）、《重修阳城文庙碑记》（清·田六善）、《重修仰山书院碑记》（清·王山原）、《阳城县重修庙学记》（清·徐璈）、《阳城县创修濩泽试院记》（清·赖昌期）等记文，较为完整地记述了阳城县学的兴衰历程。我们试以阳城县元代泮宫书院和清代濩泽试院的记文为例，来呈现阳城古代书院的创建及发展变迁。

元代李聪在《阳城县尹赵侯兴学记》一文中，较为翔实地记载了阳城县尹赵侯创建泮宫书院的历程。首先，阐述学校教育之作用。“国家之隆替，系乎人材之盛衰。而人才之盛，舍学校无以为也。董仲舒以为，养士莫大乎学校，而学校贤士之关，教化之本原也”，可见，兴办学校培养人才关乎国家之命运。其次，介绍元代学校教育之建制。“洪惟我元，京师有学，路府有学，下至州邑亦有学，仍旧制也”，元代学校教育仍沿用旧制。再次，兴学之前阳城县学之状况。“今观县泮，则廊庑颓圮，芜秽不治，青衿阒然，而不闻有挑达之咏，观民风，则椎埋嚣珥笔日兴，遍境不闻有白金相让之意。是皆庠序之不兴教化之不明也”，学校教育之衰落可见一斑。最后，提出兴学之措施。“新构讲堂泪正蒙一斋，且亲为篆‘正蒙’等字赐之。既而收书籍，制儒服，广生徒。凡在泮宫，轮奂一新，靡不周悉。时公卿子弟，凡民俊秀，始鼓箧入学。公每于朔望之旦，临政之暇，舍菜于庙，听讲于堂，躬自幼勉。”修建学校、整饬教风、督促教学，必能达到振兴教育、兴隆人才之功效。正是由于元代以来阳城对学校教育的重视，才导致明清时期阳城科举事业的兴盛。

清代赖昌期的《阳城县创修濩泽试院记》，对阳城县为何创建濩泽试院及如何创建的过程作了较为详细的说明。首先，陈述创建之缘由：“乃前此未有考棚，每逢岁科两试，诸童应县试者，率于临场自携几案，列坐于明伦堂，故当点名给卷之时，蜂拥而前，喧嚣争道，或迟延而落后，或倾跌之难防。余莅任三载，两临县试，目睹其弊，窃叹考棚之不建，以至此也，此岂非莅斯土之责欤？”其次，阐述创建之过程：“先是治西有三贤祠，曾移祀于文昌宫旁院，旧祠基址犹存，遂相其阴阳，量地建宇。于同治之十年孟秋经始，至明年冬而告成。前后院宇皆备，东西考棚可列坐四五百人。是役也，历时十七月有奇，用自金二千八百有奇。”最后，展望创建之功效：“后之君子果能户习弦歌，士崇经术，彬彬乎以追企前哲，而为国家有用之材，此则余之所厚望也。”

阳城县在古代教育发展的过程之中，从元代开始就出现了记述如何兴学的记文，并一直延续到清代，这些记文如实地印证了阳城县教育的发展历程。同样，明清两代阳城县科举考试成绩显著，也成为知县和地方绅士积极兴学的内在动力。教育和科举紧密地结合在一起，彼此之间命运相牵、互为因果。教育事业和科举考试的发达，也带动了阳城县文化的发展和兴盛，特别是在明末清初出现了具有一定影响力的文化名人，就应该是情理之中的事情。此外，由于中国古代教育尤其注重“父兄之渊源，师友之讲习”的文化传统，阳城县形成了代表性的大家族文化圈。

（3）家族兴旺　人才辈出

阳城县自明初以来，煤铁业的兴盛导致豪商巨贾家族的出现、各地移民的迁入以及历任县令的重教兴学，使得阳城大地上形成了13个家学渊源、弦歌不绝的读书世家。这些读书世家代代椿荣楦茂、芝秀兰香，不但家族祖辈代际之间产生了文彦不绝、后继有人的家族效应，而且在阳城县乃至泽州都产生了书馨四溢、旌旗一树的文化影响。下交村的原氏，匠礼村的杨氏，城关的田氏、白氏、卫氏、王氏，黄城的陈氏，屯城和润城、郭峪村的张氏，上庄、中庄和下庄的王氏、李氏和杨氏等十三个大家族，在明清之际出了98名进士，占阳城进士总数的三分之二还多。十三个大家族不仅是阳城科举考试鼎盛期的见证和代表，而且也是同时期阳城文化的引领者和倡导者，他们共同谱写和演奏了明清时期阳城的文化交响曲。

润城张家就是这十三个大家族辉煌过往的经历者和典型代表，我们以张家为例来了解张氏家族在文化教育事业上曾经取得的巨大成就。据现存《张氏家谱》记载，张家“自太祖高皇帝分州画，始定版于阳城县润城里五甲，其先茔在沁渡里河头屯南堰”，可见张氏家族在润城定居已有六百多年的历史，在明清时期张氏家族共出进士三人，举人十二人。《阳城县乡土志》中记述：

> 润城张氏，其始莫可稽，继而分为五甲、六甲两支。五甲至十七世为张树佳，乾隆癸酉拔贡生，授潞安府教授。十八世张敦仁，乾隆戊戌进士，官云南盐法道，入江西名宦祠。十八世张荐粢，嘉庆丙子举人，官山东长山县知县。弟葆，嘉庆己卯举人，

官福建伏羌县知县。张域，道光乙酉科举人，任榆次县教谕。十八世张光节，光绪丙子举人，考取觉罗教习，拣选知县。六甲之显者，九世张瑃，明崇祯癸未进士，入国朝官至都察院右副都御史、陕西巡抚。十世张茂生，由荫生官至户部郎中。十一世张伊，康熙癸酉举人，任福建漳州府同知，从祀乡贤。十三世张广基，乾隆戊子举人，官河南临漳县知县。十四世淑钦，嘉庆戊辰科举人，任临县教谕。

张氏家族从五甲、六甲开始，可谓人才辈出。《阳城县乡土志》中记载的张敦仁、张瑃为张氏家族两个进士。除他们以外，张林为张氏家族又一进士，初授广西昭平知县，官至柳州知府，恤兵爱民，废无不举。因积劳成疾，卒于任上。

张敦仁（1754—1834），字仲篙，号古愚，人称古余先生，现砥洎城的简静居为张敦仁故居。张敦仁自幼好学爱动，聪慧过人，19岁参加乡试，初试考中举人。主考官曹学使称赞曰："子温文尔雅，腾达在即，非久于青拎也。"（《山西通志》）20岁参加殿试，即高中进士，为政四十余年，颇有政绩，且从不间断学术研究。罗士琳在《畴人传续编》中评价张敦仁为："生平实事求是。居官勤于公事，暇即力求古籍，研究群书，虽老病家居，亦不废学。尤嗜历算。"张敦仁的学术著作十分丰富。阮元在《畴人传》中称他"著作繁富，白下兵焚后，十无一存，唯尔雅图考及算书尚有藏者"。重要著作有：《缉古算经细草》、《求一算术》、《开方补记》、《盐铁论考证》、《资治通鉴刊本识误》、《资治通鉴补证略》、《礼记郑注考异》、《尔雅图考》、《尚书补注参考》、《雪堂墨品》。明清之际学术中心基本上已经从北方移至南方，北方人张敦仁的出现确实难能可贵。故此，江藩在其《汉学师承记》中，把张敦仁誉称为"北方的学者"是深具褒义的。

张敦仁教子有方，其学其德后继有人。张敦仁有两子，长子张荐粢，为清乾嘉举人，初授海丰知县，后任山东长山知县；次子张葆，字子实，清嘉庆己卯（1819）举人，授福建伏羌县知县。

张瑃（1623—1665），字伯珩，润城村人。崇祯十六年（1643）进士。张瑃早年失母，淡泊自甘，远声色货利，做官清慎勤敏。白胤谦评价其为“清介”，魏司寇认为其“狂狷”。年方四十二积劳成疾而死，荫一子为官，即户部员外郎张茂生。张茂生“由父瑃荫，历任户部主事，转员外郎中。监督右翼兴平仓，以勤慎著”。张茂生之子为张伊，字仲衡，号桐庵，清康熙癸酉（1693）科举人，授福建漳州同知。张伊之子为张淑钦，嘉庆戊辰（1808）科举人，任临县教谕。

此外，张氏家族五甲十七世为张树佳，乾隆癸酉（1753）拔贡生，授潞安府教授。张树佳之子为张晋，“弱冠应童子试，府院县皆第一，时有‘小三元’之称”，中秀才后放弃科举。张晋之子为张堿，道光乙酉（1825）举人，官至榆次、长子训导。张晋与其父张树佳，其子张堿、张爽一家三代四位诗人。

我们仅仅是介绍了润城的张家，其余的十二个家族同样也是祖辈之间人才辈出，相荫五六百年，家族文化底蕴不可谓不厚。古阳城正是在这些文化名人的带动之下，形成了巨大的文化合力，“凤高五属”、“名列三城”的美誉之称印证了阳城的历史文化辉煌。

3. 沁樊文化　底蕴犹存

三里桃花五里楼，黄莺啼处绿杨稠。

周遭碧玉樊川水，绕过龙泉入沁流。

——（清）樊大基

（1）沁水樊溪　文脉流长

阳城县偏处山西的东南，在太行山脉的南端，清同治《阳城县志》载“太行脉尽为阳城”。在其夹注又引前府志说阳城“当太行之腹，省会之南，包搴群山，襟带众水”。在群山之中，有一条从北向南的沁水河穿过县境。沁水河发源于太岳山中，是阳城县境中最长且最重要的一条河。民国23年《山西省阳城县乡土志》中记载：“沁水之水，沁源发源，历岳阳、沁水而至屯城。其入也，自县之东北，经润城、沁渡，而至磨滩。其出也，在境之东南至于济源，入于黄河。”夹注：“约行境内百十里，此水之源委皆在外境者。”在沁水流经阳城县境的过程中，有县境内诸多小支流汇入其中，包括发源于中条山的濩泽河，从县城西边向东经过阳城县城流入沁水，也包括一条从郭谷汇入史山水然后汇入沁河的小支流叫樊水（即东河）的河流。郭峪村、海会寺就在樊水的旁边，其中郭峪村在中游，海会寺在下游，中道庄（皇城村）在郭峪村的对岸。樊水从东北向西南流过润城古镇，并从古镇最终汇入沁水。樊溪水汇入樊水，樊溪（即庄河）发源于可乐山，穿越上、中、下三庄，注入樊水。润城工商业的繁荣，孕育了沁樊三角地带的古代文明。明清时期，沁樊地区富商豪贾迭出，文风鼎盛，科举入仕人数占全县总人数的三分之二。

沁水从屯城进入阳城，以屯城为起始点至润城，沁水沿岸的村落依次为：屯城、上佛、下佛、润城等；樊水从樊山发源，在樊水河两边沿岸的村落为：沟底、郭峪、皇城、大桥、北音等村；樊溪（庄河）发源于可乐山，流入樊水，樊溪两边沿岸的村落为：上庄、中庄、下庄等村。沁水三角地带的村落名称由来大都有一个美好的传说，其中：屯城——相传战国末秦将白起攻赵曾屯粮于此；润城——初名老槐树，铁业兴盛后易名铁冶镇、润城（又名小城、少城）；上、下伏——古称东、西河阳，因一次沁河暴涨，冲下一座石佛，断为两截，东河阳村民抬回佛上身，西河阳村民抬回佛下身，故易名上、下佛，后为书写简便易佛为伏；北音——原名背阴，后讹化为北阴和今名；皇城——原名中道庄；上、中、下三庄——原名黑松沟，明初易名白巷里，清初已俗称三庄，废里甲后以庄为名。

阳城县在明清时期所形成的十三个读书世家，其中有七家的故里就在沁樊文化圈之中。郭峪村（明清时期也包括皇城村）的陈家和张家，三庄的王、杨、李家，屯城和润城的张家等七大家族，除此之外，还有北音的延家，上伏的杨家，沁渡里的刘家、曹家，西坡曹家，等等，都是较为著名的文化大家。其中，上庄王氏先祖本于太原，后分支于上党小石桥，复迁高平县赤土坡，于明初迁来阳城可乐山，王国光为其第九世孙。下庄杨氏于金承安元年（1196）由关中弘农（一说渭南）迁入阳城上伏，子与孙曾居于王村，至明洪武五年（1372）正月二十一又迁居下庄。皇城陈氏即陈廷敬家族，陈氏于明宣德四年（1429）由始祖陈林，从凤台县天户县迁入，陈廷敬为其第七世孙，郭峪、屯城、上伏、下伏之陈多系其家族。北音延氏为阳城古老姓氏之一，世居县东北沁河两岸，以润城村为中心，本复姓延陵，于明代奉官去陵简为延。此外，西关田氏于元代来自陕西渭南，城内、东关田氏于明初来自高平县赤土坡，始祖田真，田六善、田从典为其第十一世孙，城内之田为田六善之后，东关之田为田从典之后。下交原氏为境内原氏的发源地，河北镇、西交、杨柏等乡的原姓都根交于下交，其始祖原绍基于元初由高平县迁入境内，原杰为第五世。

海会寺就在沁樊文化圈的中心。屯城离海会寺最远也不过十里的距离，无形之中就成为各大家族的文人墨客们读书、交流、赏景的最佳之处。这些家族的成员大都参观过海会寺，并留下了大量的诗作，现在依然铭刻于海会寺的石碑之上，尤其是海会寺的海会别院，成为无数阳城文人准备参加科举考试的读书所在地。王国光、张慎言、白胤谦、延棠等都曾在海会别院苦读经书，并通过参加科举考试而获得功名利禄、光宗耀祖。举人、进士在此地区的大量涌现，促进了沁樊文化圈内的文化兴盛，带动了明清之际诗歌的繁盛。此外，各个家族为了维护自身的利益，同样也为了抵御农民军的骚扰和破坏，在此文化圈建造了大量的古堡寨，成为文化圈的物质文化的最佳代表。所以，沁樊文化就是在阳城范围之内沁水和樊溪交汇的三角地带所形成的以7个大家族为代表的文化现象，它包括家族文化、科举文化、诗歌文化、民俗文化、建筑文化等，既是明清时期阳城文化的典型代表，也是沁河奥区文化的典型代表。

我们试以科举文化和诗歌文化为例，来解密沁樊文化所蕴藏的文化密码。明清时期沁樊区域共产生了六十多名进士，而同时期阳城县共有98名进士，可见此区域科举文化的发达。其中，郭峪（包括皇城）的陈家出过

9名进士，张家出过6名进士；上庄的王家出过5名进士，中庄的杨家出过6名进士，下庄的李家出过6名进士；屯城的张家出过3名进士，润城的张家出过2名进士。七大家族共出了37名进士，形成了父子进士、兄弟进士、祖孙进士、隔代进士等家族进士圈。宗法、血缘、家庭的文化合力，成全了一个个大的家族，也推动了阳城教育文化事业的繁荣。

沁樊文化圈的名人们既是政坛领袖，也是学界泰斗。以王国光为代表的仕途表率和文学实践，启发了明代末期沁樊地区以及阳城县、泽州府的读书人。从王国光开始，沁樊地区的诗人们纷纷登上历史舞台亮相，诗文作品如雨后春笋般地涌现。代表性的诗人有：张升、张慎言、杨沁湄、于瓒、马世德、张泰交、张为基、张晋、延君寿、陈法于、延棠、杨庆云等；代表性的诗社有：樊南吟社、七逸老人社等；代表性的诗集有：《泊水斋文抄》、《泊水斋诗抄》、《樊南诗抄》、《梅花诗社同吟集》等。正是“鄙州当太行之颠，文教敷施，在晋地为独后。逮朱明之季，风雅勃兴，迄清初首尾百余年，作者相望。傅青主所谓‘晋雅晚在高都、析城间也’。其后诸县稍凌夷，而阳城独擅吟事。虽五尺之童，矢口讽咏，无平仄钮铻者”。郭象升为《樊南诗钞》所做的序言，生动形象地描绘了明清时期阳城文风鼎盛的情形。

（2）院落沧桑　底蕴犹存

在沁水与樊溪交汇的三角地带所形成的沁樊文化，明清之际出现了众多文化名人，他们的文化功绩或留存于官方史志，或保留于地方县志，或刊刻于诗词文集，这些文献资料成为后人膜拜和研究阳城历史名人的重要历史依据。如果我们不曾研读这段历史，如果我们不曾深入地走进沁河，如果我们不曾专研地域文化和学习历史文学，那么他们就是一段过往的历史，他们就是一段曾经的文化现象，在我们悠久的历史文化长河之中默默游荡而不被人所知晓。幸运的是，夕阳西下之时，他们曾经生活和栖息的古堡建筑，向后人有意或无意地、毫不厌烦地叙说着一段美丽的过往……青砖还在，青石依然；雕龙还在，风景如旧；族人还在，命脉相牵……处于沁樊三角地带的古堡建筑，用铭刻的历史向世人昭示着沁樊文化曾经的辉煌……

沁河古堡群的历史数量最有参考意义的数据为《明史》中“沁水当贼

冲，去来无时，道浚倡乡人筑堡五十四以守”的历史记载，由此我们可以想到明末清初时战乱的惨烈程度和乡人聚堡为守、保境安民的现实需要。而据清《泽州府志卷之七·方舆志六·关隘》、《四部丛刊续编史部·嘉庆重修一统志八·卷一百四十五·城池》、《四部丛刊续编史部·嘉庆重修一统志八·卷一百四十五·关隘》中涉及沁河古堡群的记载达96处之多，分别为泽州府城、天井关、星轺驿、横望隘、磨盘寨、碗子城、小口、柳树隘、柳树店、马牢关、武靳关、碾子谷、汉高城、巴公原、天池岭、周村镇、将军寨、韩营、盘石长城、孟良寨、拦车镇、太行驿；高平县城、长平关、空仓山、大粮山、米山镇、故关、白城、石壁关、建宁镇、玉井堡、丁壁镇堡、野川镇堡、马村镇堡、唐安镇、周纂镇堡、寺庄镇堡、赵庄堡、换马镇堡、乔村驿；阳城县城、皂君垛口、荆子隘、钟鼓镇、傅齐岭、屯城、麻娄寨、王村堡、下孔堡、北留堡、屯城堡、沁渡堡、上佛堡、润城堡、刘善堡、王曲堡、美泉堡、北安阳堡、东冶镇；陵川县城、五度关、永和隘、秦岭、马武京寨、九仙台、天柱山、古贤山、王莽台、附城镇、西火堡、路城镇、南马镇、池下镇；沁水县城、东乌岭、武安镇、郭壁镇、老马岭、固镇、青龙寨、中村镇、大将村、窦庄堡、祥公岭、东峪村、西峪村、十里村、辛家河、道仁村、老母掌、西峪村、固镇村、端氏巡检司、燕丹寨、南阳村。其中泽州县22处，高平市19处，阳城县19处，陵川县14处，沁水县22处，合计96处。如果仅考虑沁河干流区域的古堡群数量，沁水、阳城、泽州三县之和为63处，与“道浚倡乡人筑堡五十四以守”的记载基本相符。在沁、阳接壤之处的沁河流域，古堡寨大约有25处之多，它们星罗棋布于沁水县端氏镇和阳城县润城镇之间不足50公里的沁河最富庶的地带，古人称为沁河奥区，意即沁河两岸文化经济最繁盛的地区。其中，从沁水入阳城的屯城堡开始，在沁樊文化圈的范围之内，古堡数量占阳城古堡寨数量的绝大多数，并且较为著名的古堡寨都在这个文化圈之内。

阳城古堡同沁水流域的其他古堡一样，大部分堡寨多为乡民在战乱时期自发营建，经历风云岁月之后现状堪忧，部分古堡寨仅留存在史志文献资料之中，即使侥幸得以留存的古堡寨，也遭受了不少后天人为因素的破坏。再加上自然地理环境的时代变迁，古堡寨防御功能的弱化而导致其存在价值弱化，致使古堡寨受重视的程度弱化，从而加剧了古堡寨的衰败。现存的古堡寨仅有郭峪村、皇城村、润城村砥洎城、湘峪村、窦庄村、郭南村、郭北村、西文兴村柳氏民居8处全国重点文物保护单位及市级文物保护单位上庄村，共计9处古村落。现存的得以保护的古堡寨大部分在沁樊文化圈的范围之内，如郭峪村郭峪堡（豫楼）、皇城村斗筑居（河山楼）、润城村砥洎城、上庄村天官王府。

我们试从皇城村现存楹联中，抚摸沁水流域古堡寨所留存的文化密码，以此走进古堡寨文化的历史过往。《河山楼记》记述了河山楼的建造缘由及具体过程，“是年秦寇入晋已四年有奇。所在焚杀掳掠，惨不堪闻。每一听之，殊为胆寒。余乡僻处隅曲，户不满百，离城稍远，无险可恃，无人足守，日夜焦心，谋所以避之。爰遵老母命，与二三弟昌期、昌齐缔造一楼，其经始在壬申春正月，乃崇祯五年也”。《河山楼记》中的“秦寇”是指明末王嘉胤领导的农民起义军，于崇祯四年（1631）五月自陕西经屯留、长子、沁水进入阳城。我们现今游览的皇城相府就是在河山楼的基础之上不断修建完善的，其现存的楹联大致如下：

皇城相府楹联统计表

序号	府第	撰写人	上联	下联
1	御书楼	康熙	春归乔木浓阴茂	秋到黄花晚节香
2	大学士第	成亲王	青李来禽书旨邃	荔支卢橘赋才多
3	大学士第	皇六子	庭余草色饶文思	坐有兰言洽素心
4	大学士第	姜宸英	彝鼎图书自典重	兰茗翡翠相鲜新
5	大学士第	陆龙其	荀朗陵清识难尚	管平原要言不烦
6	大学士第	高士奇	晴雪寒梅有诗画意	朔风冻雨皆松竹声
7	大学士第	汤斌	忠厚培心和平养性	诗书启后勤俭传家
8	大学士第	陈邦彦	闲拈古帖临池写	静把清尊对竹开
9	大学士第	董其昌	苍松翠柏窥颜色	秋水春水见性情
10	内宅	杨庆麟	益智有珠比德于玉	学古为镜平理若衡
11	内宅	杨庆麟	世间清品至兰极	贤者虚怀与竹同
12	内宅	俞樾	秋月春风在怀抱	吉金乐石为文章
13	慕园	高凤翰	诗怀淡处临春水	文味闲时数落花
14	小姐院	陆绍景	虚心竹有低头叶	傲骨梅无仰面花
15	麒麟院	吴咨	左图右书开卷有益	模山范水闭户自精
16	麒麟院	胡林翼	韩子文皆自己出	温公事可对人言
17	麒麟院	江沅	六经读尽方拈笔	五岳归来不看山

（续表）

18	御史府	罗衍	独知无愧名斯显	正学能循德有基
19	御史府	洪亮吉	左图右史如指掌	前古后今成赏心
20	世德院	王时敏	学于古训乃有获	乐夫天命复奚疑
21	世德院	黄钺	旧书细读犹多味	佳客能来不费招
22	世德院	沈德潜	种树乐培佳子弟	拥书权拜小诸侯
23	容山公府	刘墉	彩毫应染炉烟细	清珮仍含玉漏重
24	容山公府	吴大澄	藉甚声华金鼎重	湛然心迹玉壶清
25	容山公府	曾国荃	传家有道惟存厚	处世无奇但率直
26	容山公府	汪士慎	方床石鼎高情远	细雨茶烟清昼迟
27	容山公府	纪昀	过如秋草芟难尽	学似春冰积不高
28	容山公府	袁枚	奇书古画不论价	幽梦清诗信有神
29	树德院	沙神芝	平章风月诗千首	收拾云烟酒一杯
30		吴熙载	万卷图书天禄上	四时云物月华中
31		宗稷辰	轻尘不动琴横榻	万籁无声月入帘
32		张问陶	图史延情原秘秒	龙鸾得气自飞腾
33		焦循	家藏经史子集部	人在烟霞泉石间
34		钱元章	雨后静观山意思	风前闲看月精神
35		倭仁	聊挽清寒入诗律	偶缘疏拙得天真
36	御史府	陈廷庆	笔健好临新获帖	手生重理旧传琴
37	御史府	左宗棠	闭户读书真得计	当官持廉且不烦
38	外城南楼	延君寿	诗与青山争秀色	人同白鹤共流年
39		潘祖荫	竹阴在地清于水	兰气当春静若人
40		阮元	砥德砺才增荣益誉	驾福乘喜长乐永康
41		伊念曾	性拙自知能事少	礼疏常觉慢人多
42		宗稷辰	读书千载经纶志	松竹四时潇洒心
43	南书院		读古人书需处地设身一想	论天下事要揆情度理三思
44	南书院		何物动人二月杏花八月桂	有谁催我三更灯火五更鸡
45	清立堂		瑞应华堂云梯稳步窥月殿	祥迎绣榻彩笔高提画春山
46	南书院		雅量风清兼月白	高情涧碧与山红
47	南书院		清光已吐云中月	壮志欲移海外山
48	南书院	陈静渊	书卷闲开聊索句	岭云偶盼足怡神
49	南书院	康熙	书阁云山起	琴斋涧月留
50	南书院		事当发轫求初步	学似为山重始基
51	南书院		气备四时德并天地	教行万世道贯古今
52	南书院		焚香细读亭林集	秉烛精研仓颉篇
53	南书院		以天地为家休嫌室小	与圣贤共话便见朋来
54	止园	陈廷敬	春光临水湾湾好	柳色依人处处新
55	止园	陈廷敬	经过物理愁眉放	勘破生涯笑口开
56	止园	陈廷敬	掩映秋镫疏竹外	招邀清影夜窗前
57	止园		绿水为邻皆可意	青山作伴不知贫

皇城相府现存的楹联，较为真实地展现了其主人“一门衍泽五世承恩”的历史地位。这些楹联大致关涉以下四个方面的内容：第一，以康熙皇帝为首的皇族人士对皇城相府主人的敕联。“高大的乔木”、“盛开的菊花”都表达了康熙皇帝对陈廷敬功绩人品的高度评价，特别是在陈廷敬本人仙逝之后，康熙皇帝在亲制挽诗表达了浓浓的哀思之情的同时，对陈

廷敬的为政、人品、学识给予了高度的褒奖。第二，以高士奇为代表的同僚对皇城相府主人人格的评价及对建筑美景的赞赏。“清品至兰极”、“虚怀与竹同”是对相府主人人格的最高赞赏，在中国古代社会修身既是读书之人的人格修养终点，也是其实现修齐治平的人生起点。诗句中通过“虚心竹”、“傲骨梅”、“左图右书”、“模山范水”、“韩子文”、“温公事”等景物和事件的描述，表达了同僚们对相府主人满腹经纶的肯定和褒扬。第三，以陈廷敬本人为首对自我处世价值的言语阐述。“以天地为家”、“与圣贤对话”，是多么高的人生追求和人生信仰，更加充分体现和彰显了文人士子的天下情怀。相府主人的一生就是对其内心信仰的最佳印证和体现，这也难怪在陈廷敬仙逝之后，康熙帝发出“世传诗赋重，名在独遗荣。去岁伤元辅，连年痛大羹。朝恩葵衷励，国典玉衡平。儒雅空阶叹，长嗟光润生”的悲伤之情。第四，以陈静渊为代表对女性文化的展现及对伦理纲常道德的忧思。陈静渊为陈廷敬孙女，寡居后便回娘家，居住“悟因楼”。如果说南书院前院的“清光已吐云中月，壮志欲移海外山”，表达了作为封建社会的女子饱读诗书之后的自我的胸怀壮志和文学才华；那么在其寡居“悟却前因，万虑皆消”的“悟因楼”之后，读书成为其消磨人生孤独和无奈的备用品，“郁郁愁萦万缕丝，遣排惟有读书宜”。高墙之内，悟因楼上，寡居之妇，为夫守德，凄凄岁月，何奇难熬？

家学、家族、修身、齐家；言德、立德、守德、践德；光宗耀祖、青史留名，孤独的城堡，铭刻的楹联，见证和记忆了一个曾经属于阳城人的光辉岁月，明证和撰写了一段沁樊文化的辉煌！

皇城相府

二、龙泉禅院　雁塔沧桑

古寺埋云树，遥瞻塔影微。

溪喧珠迸落，花烂锦重围。

——（清）田从典

禅院 · 雁塔

1. 白兔衔经　塔历风霜

月中白兔老而顽，潜背蟾蜍逃空山。
老僧诵经兔前伏，杖锡逐之投崖间。
——（清）延君寿《白兔泉》

海会寺亦名龙泉禅院，“海会”与“龙泉”让古寺更加别具风情，我们试从古寺的建造年代来重新复图古寺的风雨过往。

（1）美丽传说　神秘过往

一个美丽的传说，开启了一个古寺美好的过往。

据泽州司法参军徐纶在《大周泽州阳城县龙泉禅院记》一文中记载：

是院之东十数里，孤峰之上有黄砂古祠。时有一僧，莫详所

白兔衔经

> 自，于彼祠内捧读《金刚般若》之经。一日，有白兔驯扰而来，衔所捧经文，蹶然而前去，因从而追之。至于是院之东数十步，先有泉，时谓之龙泉，于彼泉后而止。僧异之而感悟焉。因结跏宴坐，誓于其地始建刹焉。

“一僧”因其无名、“白兔”因其神秘，让龙泉禅院的创建年代和缘由更加神秘莫测。遥想当年，古祠之内读经僧人，追经而感悟，故因性而建刹，开启龙泉禅院的历史。同样，这样的建刹历史，也为古老的禅院蒙上了一层神秘的面纱。

关于禅院创建的确切历史，有较为准确的记载为：

> 按志，创自乾宁元年。（《重新龙泉寺记》）
> 肇自乾宁元年。（《龙泉寺三僧记》）

龙泉

乾宁元年即景福三年。唐昭宗李晔大赦天下，改元，以景福三年为乾宁元年，即公元894年。

而至于禅院的名称，历经如下变化：

禅院第一个可据考证的名称为“郭谷院”，因为禅院东临郭谷村，所以即以郭谷院命名。

东邻郭社之陌，前据金谷之垠，既名额以未标，称郭谷而斯久。（《大周泽州阳城县龙泉禅院记》）

禅院在金谷山的尽头，因其刚刚创建之时没有在匾额上标注名称，所以人们称其为郭谷院，而郭谷村就是今天的郭峪村。

禅院第二个可考证的名称为“龙泉禅寺”或“海会寺”。禅院以龙泉命名，就是因为在其创建之时先有龙泉后建禅院。而称为海会就有两种不同解释：

> 龙泉在左，清美殊甚，绕寺周流，南泻崖隈之间，潺湲有声，西入于沁，达于河，东归于海，此海会之所由名也。（《龙泉寺三僧记》）

因龙泉入沁而归海，所以龙泉禅寺又称为海会寺。此外，海会为佛教术语，有德深如海，圣众会聚，虔诚修行之意。“云被难思之海会者，以深广故。谓普贤等众，行德齐佛，数广刹尘，故称为海。”［《华严经随疏演义钞卷（36）》］赵朴初在《访云冈石窟及华严寺》中就曾对“海会”做如下解释，“仿佛灵山聚海会，弟子或坐或立或语或默或悲或欣然”。故此之意，国内以海会命名的寺院众多，比较著名的有位于湖南省湘潭市的海会寺、江西省庐山的海会寺、山东省阳谷县的海会寺、安徽太湖县的海会寺、广东江门市的海会寺等，都是以海会命名的著名古寺。

禅院第三个可考证的名称就是其官方赐额——“龙泉禅院”：

> 一日名慭公语诸人曰：“是院也，厥初住持所重幽僻，止期

课诵以尽年龄，敢望修崇有若斯壮丽者矣！吾闻空寂者，正真之本；名言者，诱化之宗。如来亦假于庄严，诋俗渐归于方便。得不申请院额，增饰教门者耶？”时郡牧陇西公，果俞革故之谋，俾建即新之号，因飞笺奏，遂降敕文，额为“龙泉禅院”矣。时唐乾宁元年十月二十五日也。（《大周泽州阳城县龙泉禅院记》）

禅院得到官方赐额是在住持慦公时期。时任泽潞节度使李罕之上书朝廷之后，于唐乾宁元年即公元894年得到官方匾额称号。

禅院第四个可考证的名称为太平兴国七年赐额——“海会寺”：

中书门下牒：泽州奏准敕分析到所管存留有无名额僧尼寺院共三十二所，内阳城县龙泉禅寺，敕赐海会寺为额牒。（《龙泉禅院田土壁记》）

禅院在太平兴国七年即公元982年得名海会寺，当时禅院住持僧怀智于当年三月初二勒石碑记录下此事。

禅院第五个可考证的名称变化为洪武十四年改名——“讲寺”：

历年弥久而寺弥新，圣朝洪武十有四年辛酉改名讲寺。（《龙泉寺三僧记》）

洪武十四年即明朝公元1381年，在智林任住持期间禅院改名为讲寺。至于禅院、律院、教院之间的区别，明人田汝成在《西湖游览志馀·方外玄踪》中曾指出，“为僧之派有三：曰禅，曰教，曰律。今之讲寺，即宋之教寺也。”其中：禅寺指佛教禅宗的修行道场；律寺指律宗传习佛教戒律的道场；教寺或讲寺指从事经论研究和世俗教化的寺院。禅院在明朝初年有改名讲寺的确切记载，表明至少从明朝开始海会寺就发挥其宗教教化的作用，并随着文人墨客的“趾踵互触”，逐渐演变成为当时本地域的文化交流中心。

古老的禅院，从充满佛性的白兔开始矗立龙泉之侧；古老的禅院，从郭谷院、龙泉禅寺、海会寺等充满地域风情的禅院名称起，到历经两次官方敕赐荣誉皇恩。这些不凡的经历，让古老的禅院更加神秘莫测，历经千年沧桑而卓然不群。

（2）琉璃双塔　海会龙湫

古老禅院虽历经千年沧桑，琉璃双塔和海会龙湫却成为千百年来，文人墨客笔下抒发雅情与佛悟的最好映衬——“几年不到岩阿寺，此日重来忆昔游。瑶圃莺花三月暮，画楼烟雨四时秋。云过雁塔迎风散，水出龙湫绕院流。更美老僧能款待，夜窗灯火话绸缪”。

海会寺琉璃塔

琉璃双塔建成于不同时期，一丰腴古朴一瘦削玲珑，一低一高，各具风情。其中低塔为舍利塔，六角十级，建于后梁。据记载：

> 慜公著名律学为众推重，住持轨则，依禀宗师，历四十年始终若一。至唐天祐十九年七月五日，顺寂于本院，建塔于院之右。（《大周泽州阳城县龙泉禅院记》）

此塔因顺慜圆寂而建。顺慜来自东蜀惠义精舍禀律沙门，“振锡东游，浮杯远逝，偶及是院，遂欲栖心”。顺慜在其前辈（“时有一僧，莫详所自”）的基础之上，开始重新修建海会寺，并经过不懈努力于唐乾宁

琉璃双塔

元年为禅院获得官方敕赐。同样，乾宁元年也是海会寺有确切时间记载的开始。

海会寺的另外一塔，据记载为居士云楼公即李思孝所建造，“始于嘉靖乙丑之春（1565），落成于隆庆戊辰之秋（1568）”：

寺东有塔以供舍利，以翼丛林，势渐倾，或不可久。欲复，而中力诎未能。居士云楼公笃信释氏，顾而叹曰：“吾其图之！”继曰：“基弗固，则难立，重塔可乎？”乃于其北，诛茅穴土，既深既阔；伐石垒基，既密既固；树砖甃壁，既广既峻。凡十三级，为如来塔。（《龙泉寺重修宝塔佛殿记》）

根据资料我们不难看出，先建以供奉舍利之塔，也就是建于禅院之右的宝塔，因地基不稳而出现倾斜之势，又因当时人工条件有限，故在时人看来较难修复。居士云楼公李思孝信奉佛法，决定在旧塔北面重建佛塔。同样，为了防止旧塔因地基不稳而出现倾斜的前车之鉴，故在塔的选址、材料、建造等方面格外用心。不久之后，一座十三层的如来佛塔就建造竣工。至此，海会古寺“山高双塔迥，寺僻万峰围”。

十三级的如来佛塔，“金镶玉柱擎霄汉，宝砌瑶台当碧天”。王国光在重游海会寺之时，禅院住持心昂、崇讲等向其讲述李思孝捐资修建宝塔和佛殿之事。王国光在参观游玩之后，对李思孝新建宝塔的观感记述如下：

> 各龛坐佛，金碧荧煌；四际悬铎，响振林木。远望之，则涌霄汉，标日月，临风雨。登之，则析城、金谷、樊岭，揖让左右；长河、大陆，一瞬千里；飞鸟卧云，皆履舄之下。合纳祥光，吞吐瑞气，真人天之大观也。彼阿育王所筑，不知可上下否？（《龙泉寺重修宝塔佛殿记》）

宝塔落成之时，每个佛龛之中都有坐佛，坐佛颜色鲜亮、风姿卓绝；在每层塔的四周都配有金属铃铛，风过铃响，遍彻四周山水林木。从远处观望，塔高入云，可谓与日月同辉，与山川争色，美不胜收；登塔远眺，北望太行诸峰——远处析城山，坐落金谷山，侧旁樊岭，分列左右，蔚为壮观；南望长河——濩泽、沁水，平原腹地，尽收眼底；飞鸟在前，彩云在旁，人车如蚁，美哉！尚不知曾广建佛塔的阿育王，观此胜景，做何感想？最为称奇之事，宝塔“层层各出檐牙，共为八面，琉璃为槛”，“日

海会·琉璃·塔

海会寺琉璃塔观景平台

出则琉璃有光射目”，流光溢彩，故名“琉璃塔”。

元明以来阳城县的乔氏琉璃，制品精湛，技艺高超，居三晋之首。李氏所出资修建的十三层宝塔，其上的琉璃构件就是出自乔氏匠人之手。尤其是在宝塔第十层悬空楼阁下束腰部周围，镶嵌释迦佛修行的琉璃浮雕，楼阁上的擎檐柱、栏杆、栏板、月梁等均施琉璃，构思奇巧，竞争富丽，别有神韵。正所谓“琉璃宝塔创阳陵，天赐乔公来赞成，白手涂形由性慧，红炉点色拟天生”。倚楼望景，成为宝塔落成以来，文人墨客游览海会寺的必经环节，并留下许多墨宝佳作：

浮空高结与云齐，金壁光连曙色迷。陌路遥看行客小，僧房偶听梵声低。群峰缭绕攒成壁，流水潺潺曲作溪。古佛禅关求净土，此中幽寂正堪栖。（《登龙泉寺塔》）

每逢四月初八释迦牟尼生日，百里千乡的男女老幼赶会拜佛，登高远望祈求平安。据大桥村村民介绍，每年庙会期间十里八乡的百姓都会云集海会寺，在购买必要的生产和生活用品的同时，乡里乡亲聚会于海会寺，在游览风景的同时交流情感并祈福许愿，特别是到药师殿祈药更是必备环节。同样，宝塔的平台设计，堪称独特和人性化，为游客登塔远眺提供了诸多便利。但是，随着游客登塔人数和次数的逐年递增，平台又在一定程度上加重了塔身的破损程度。

海会寺除拥有傲人双塔之外，还拥有贵为古“阳城八景”之一的海会龙湫。

古“阳城八景”为：海会龙湫、灵泉松月、望莽孤峰、修真古洞、九女仙台、盘亭列嶂、析城乔木、沁渡扁舟。其中：

灵泉松月：位于县城西北20公里的卧虎山麓，旧有灵泉寺，后唐时僧洪密创建。灵泉古寺松柏翠蔽，清泉流淌，金时曾构万松亭于其上。正所谓：

莫道荒山冷无主，有万个松堪数，况夜夜月明来照汝。
月色也，松多处；松色也，泉多处。
山寺日斜风满树，鸟弄酸□如雨，晚樵归踏响云边路。
月去也，泉围住；泉去也，松围住。
——（清）项龙章《酷相思——灵泉松月》

望莽孤峰：莽山位于县城东南30公里，峰峦雄亘，磅礴俊秀，千峰拥黛，万壑浮云。悬崖飞瀑直泻，深谷蟒河奔流。河旁一峰拔地而起，状如巨塔，人称“望莽孤峰”，恰似翘首望莽山雄姿奇景，万千风光。正所谓：

崚嶒卓立耸孤峰，莽莽苍苍望远踪。
绝顶应知红日近，高寒时有碧云舂。
回环丛树如孙子，罗列群山俨敬恭。
雨后遥看何所似，凌空涌出玉芙蓉。

峥嵘绝地簇瑶华，特立亭亭信足夸。
似插玉簪横碧落，好将斑管绘晴霞。
宛然独秀昂头立，不使群峰望眼遮。
最是斜阳相映处，遥从天际数归鸦。

遥从天际望晴空，苍莽孤峰气概雄。
远岫周遭如列帐，小山旋绕合为宫。
全无依傍超群垤，时有烟云在下风。
为问高标谁是伴？老松冬岭正青葱。
——（清）杨伯明《望莽孤峰》

修真古洞：修真洞，亦称仙人洞，位于县城西南30余公里董封乡境内，传为炼丹道人休憩之地。洞内钟乳石造型千奇百妙，变幻不可名状，有莲花台、鱼鳞池、佛像、通天柱、石马、石羊等，还有石床、石枕、石钟磬。修真洞深数里，蜿蜒向前，风声水声，琴竽响答。正所谓：

仙居遥在水云西，一入青冥万壑低。
拔地石精盘虎豹，撑天华表挂红霓。
横开锦翠光凝溜，乱踏琅玕步欲迷。
隐隐虫书环四壁，前朝犹自显标题。
——（明）王国光《仙人洞》

九女仙台：据旧志载，九女台在县城东南20余公里，上有九天仙女祠，下窄上丰，棱角峭秀，峙沁河中流，涛向奔雷，而屹然孤缈。正所谓：

不知九女是何神，罗袜凌波画里身。
花飐钗梁银一角，隔河先到浣衣人。
中心一道沁河流，孤鹤横空水面浮。
照出水仙梳裹罢，短枝斜衬玉搔头。
洞户眠云藏水兽，仙坛咒雨沸潜虬。
昨宵梦醒微吟处，闪闪秋灯红叶楼。
——（清）朱樟《登九女台宿道院》

盘亭列嶂：盘亭山俗称十八罗汉峰，在县境西南横河乡千峰寺西南侧。群峰卓立，环嶂青苍，峭拔凌空，如削如塑。盘亭列嶂及其周围诸山构成一个风景群。其北，小尖山似箭头插天；其西，鸡头山如雄鸡昂首；其南，烧犁铺瀑布白练长悬；其东北，铁盆嶂滴水联珠成串。正所谓：

盘亭葱郁气佳哉！嶂列居然雁字排；
如坐如行如问答，象僧象佛象婴孩。
瀛洲学士差堪拟，海岛群仙莫漫猜；
正直深山新雨后，萝衣一一绣菁苔。

名山何处访倚踪？嶂列盘亭积翠重；
计数恰同罗汉果，望形都似老人峰。
佛头青倩岚风染，仙掌明承露气浓；
独笑此间称谓拙，竟将猪乳拟芙蓉。

——（清）杨伯明《盘亭列嶂》

析城乔木：析城山亦名圣王坪，位于县城西南35公里，主峰海拔1889.5米，山顶似盆如坪，四周如城似垒，有东西南北四门，故曰析城。山顶旧有汤王庙、汤王池，相传为成汤祷雨处。清同治版《阳城县志》载："旧志析城乔木为八景之一，今乔木已无，而草颇肥美。"正所谓：

心中无日无此山，近日始得成踏攀，
黄屋左畚雄意气，苍茫一视东南间。
丹梯碧栈凌空起，万里黄河落眼底，
独开生面亦非难，化工之妙在如此。
问途初历阳台宫，小有洞天尤玲珑，
置身已觉鄰虎豹，出险忽复生喜笑。
此时回首圣王坪，仙人洞口烟冥冥。

神灯一出不知数，似为列仙开头行。
匆匆莫遽跨奇橘，明日开坛看海日。
——（清）窦家善《回首圣王坪》

沁渡扁舟：沁河源出沁源县北绵山东泉岭，由沁水县入阳城境东北，迤逦而南，入河南省济源市。明清之时有官办渡津三处、民办渡津两处。据清《阳城县志》同治十三年版记载：“河头津，县东二十里；王村津，县东二十里；刘善津（即润城津），县东二十里；皆沁河官渡津济处。津各置官船一只。夏秋水盛，以渡行者；冬春水落，则桥通往来。又城东二十六里有上佛津。又东四十里有阎家津（现延河），亦各置船一只。路非孔道，特居人所设，以行来者。”正所谓：

一叶轻舟泛沁溪，渡来闲停小桥西。
似游赤壁侪麋鹿，宛在仙源听犬鸡。
逐队儵鱼行且止，沿流芦荻长初齐。
垂杨夹岸阴浓处，中有黄鹂自在啼。

一湾青浅抱村流，雅称渔人荡小舟。
荻影萧疏依岸角，橹声摇曳过溪头。
斜风细雨归樵客，箬笠轻蓑对水鸥。
更有桃花红夹岸，何殊身到武陵游。

沁溪环曲抱山陬，啜茗垂纶趣甚幽。
红雨村边来渡客，绿杨深处系扁舟。
瓦壶小酌邀樵叟，箬笠忘记狎野鸥。
最是月明人醉后，蓑衣不解卧船头。
——（清）杨伯朋《沁渡扁舟》

在现存关于海会龙湫景色的描写之中，阳城知县陈国珍的《海会龙湫赋》堪称佳作。陈国珍任知县期间到海会寺游览之后，对海会龙湫的总体印象描述如下：

若夫清流澜汗，古涧沖瀜，渗淫滴沥，潋滟溆漴。云锦散采于沙汭之际，明霞揜映于沼沚之中。漾萋萋之文荇，浸落落之长松。鹤侣翱翔而容与，凫雏颉颃而鸣嗈。醴泉地出，奇壑天开。清借姿于瀼露，香挹美于酃醽。穷源既通乎潭府，溯流遂溉乎长涯。气勃则怀襄陵岳，怒张则吐纳风雷。儵闪溃瀑，漩澴滃洄。或触岩崿而山立，或排礐硞而龙堆。混万形于一坎，包众象于微隈。

随后，陈国珍又对海会龙湫的晴天景象和夜晚观感展开想象，并用华丽的言语进行了详尽的描述：

乃若天朗气清，宇宙澄寂；微尘不飞，纤萝不折。轻风飈激不成文，游云荡影无留迹。涴演迩沦，囦泫洸瀲。恬鳞显见于陂池，芳芷参差于崖侧。丈人曳屐以长啸，野僧振锡而高吟。或招隐沦之什，或发羁客之音。一觞以适口，半濯以疏心。觉遗兴之不尽，虑入山之不深。夫何思而何虑，岂有怀之莫禁。

钟·亭

及夫羲御回轮于虞渊之谷，大明辔于金枢之乡。引元兔于通馗，集素蛾于中唐。风篁成韵，沆瀣流浆。潜蛟出伏，游渊藏。

混澣灦涣，澄澹汪洸。标之以翠翳，泛之以浮菖。琴高乘鲤而游衍，青女临波而靓妆。

海会寺因地处山谷怀抱之中，而特别适应各种植物生长，“古寺埋云树，遥瞻塔影微。溪喧珠迸落，花烂锦重围”。除一般花草树木之外，还非常适合竹子的生长：

晋人旧不识竹，每见画本，则相与嗟讶，如珊瑚玉枝之比。泽州海会院师，自南州移根布于门之四旁，辄蕃衍数千百竿。于是好事者咸往观焉。（《海会寺新篁记》）

故此，对于在当时较少看到竹子的阳城人来说，海会新竹引众人围观，不足为奇。此形情景被黄廉见之而撰书［元祐元年（1086）闰二月］，石碑存于今海会寺内。同样，竹子也成为文人墨客笔下的主角，从“竹径通幽处，禅房花木深”之句开始，海会竹或入词或进赋，词、赋佳句，美不胜收。

2. 龙泉禅院　风雨过往

三晋知名寺，清游跻上方。
山河连赵魏，宫殿肇隋唐。
风竹怜根尽，龙泉引孤长。
飞空人已去，谁复渡慈航？

——（明）王朝雍《游海会寺》

龙泉禅院从隋唐初建，两蒙帝王赐额，住持几经转换，历经时事变迁。禅院随历朝历代佛事兴衰而起伏，又借赐额而得以自保。虽不断得以修缮，但历经风云岁月，沧桑自现。恰逢中华盛世，禅院又沐春风，千年古寺历久弥新。禅声悠扬，新竹挺拔，雁塔冲天，龙泉潋滟，再现金谷招提之风范。

（1）历任住持　往事如烟

住持是掌管一个寺院的主僧。《圆觉经》卷上云：“一切如来，光严住持。”禅宗兴起后寺院主管僧人称为住持。据说佛教传入中原后的几百年间只有师徒之间以佛法相授受，并无住持一职，直到唐代，禅宗兴盛，门徒日众，百丈怀海禅僧始立住持制度，以维持寺院秩序。“佛教入中国四百年而达摩至，又八传而至百丈。唯以道相授受，或岩居穴处，或寄律寺，未有住持之名。百丈以禅宗寖盛，上而君相王公，下而儒老百氏，皆向风问道，有徒实蕃，非崇其位，则师法不严。始奉其师为住持，而尊之曰长老。如天竺之称舍利弗、须菩提，以齿德俱尊也。”（《敕修百丈清规·住持章》）明都穆《都公谭纂》卷上：“陈氏既平，上至南京，置颠仙于灵谷寺，颠仙日与住持僧聒恼。”清阮葵生《茶馀客话》卷七：“尝见庙宇寺观稍有规模者，必慎择住持，演法蓄众。”

百丈怀海禅师俗姓王，福州长乐县人，原籍太原，远祖因西晋怀帝永嘉战乱，移居到福州，是马祖道一的法嗣。于马祖处悟道，经多年锻炼，融入不二之境，出世弘法。百丈怀海禅师的禅法，既有禅家的高峻，又有教家的平易，种种方便开化后人。在百丈怀海禅师的门下分出两系，一是黄檗、临济系，二是沩山、仰山系。两系禅脉，照耀古今，受其益者难以数计。和百丈同时参学的还有智藏、普愿，他们各有所长，成为马祖门下鼎足而立的三大士。不久有檀越请怀海禅师住洪州新吴（今江西奉新县）大雄山，另创禅林。此地水清山灵，山岩兀立千尺许，号百丈岩。《景德传灯录·怀海禅师章》曰：“檀信请（怀海）于洪州新吴界住大雄山，以居住严峦峻极，故号之百丈。”不久四方禅客云集，以沩山灵佑、黄檗希运为上首，由是百丈丛林门风大盛。怀海禅师于唐宪宗元和九年（814）入灭，世寿66；穆宗长庆元年（821）敕谥大智禅师。百丈怀海的生卒年有两种说法，一是唐陈翊在《唐洪州百丈山故怀海禅师塔铭》中所说，生于天宝八年（749），卒于元和九年（814），寿66岁。传统上普遍接受的另一说法则是来自宋《高僧传》，他生于开元八年（720），卒于元和九年（814），寿95岁。

海会寺于唐乾宁元年（894）得到官方“龙泉禅院”匾额称号。我们从百丈怀海禅师的生卒年代来看，据碑刻资料和史志资料考证海会寺的历任住持是合情合理的。

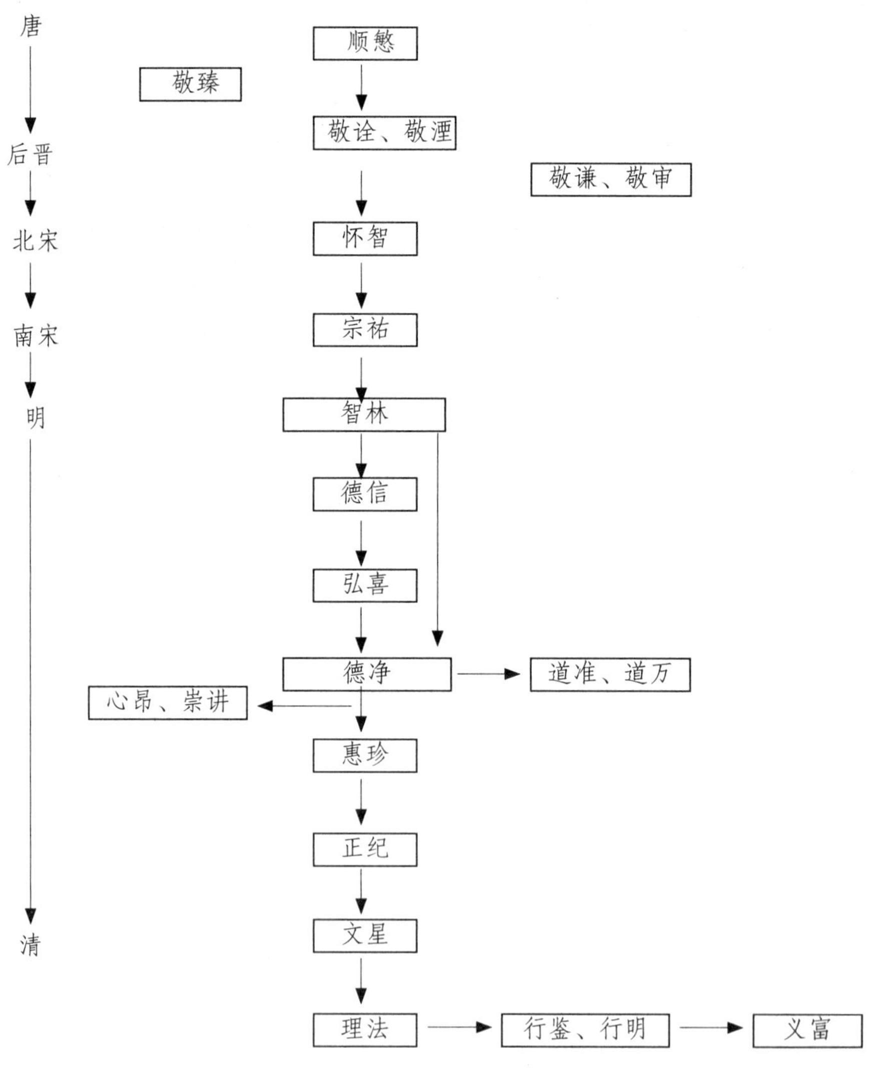

海会寺历任住持谱系图

衔经僧可否是道安?

“最初，道安孤居离众，幽处于濩泽一带山区，即使如此，他仍坚持研究佛典，表现出了对佛教的倾心。不过，他也时时为缺少师友同道共究佛理而发出感叹。后来竺法济、支昙讲等人从远而至，使道安得到了学业上的良师益友。”（《十大名僧》）

道安是何许人也?

据《十大名僧》记载，“道安是我国东晋时期最博学的佛学家，最有影响的佛教宣传者和组织者，是当时佛教界的领袖人物。道安一生从事的佛教活动和对佛教义理的阐发，对中国佛教的发展产生了巨大而深远的影响”，“东晋孝武帝太元三年（378），前秦王苻坚派重兵攻打襄阳，次年攻克襄阳后他曾对人说：‘朕以十万之师取襄阳，唯得一人半’。这里，被苻坚如此推崇的‘一人’即是在中国佛教史上有着广泛而深远影响的一代名僧释道安”。“十万之师”、“一人”虽有夸大之词，但是也可见道安本人在当时社会的影响力。

衔经僧是道安的诸种可能：第一，濩泽地名的专署性。“古者舜耕历山，陶河滨，渔濩泽”（《墨子》），舜为父系社会后期的部落联盟首领，其在濩泽捕鱼，说明濩泽的名称早在上古时期就已经存在。同样，《穆天子传》、《汉书》、《水经注》、《隋书》、《泽州府志》、《阳城县志》、《山西通志》等文献资料，都有关于濩泽文献的详细记载，标明濩泽在阳城的地名专署性。而道安曾经避难于“濩泽”，就说明他曾经有在阳城活动的历史事实。第二，以南朝梁慧皎为首撰写的系列《高僧传》中相关文献资料的佐证。《高僧传初集节要卷二·义解·晋长安五级寺释道安》文中就明确记载，道安曾经“避难潜于濩泽”；同样，据《历代高僧传》（李山、过常宝）记载：“道安在佛图澄身边学习小乘佛法，也研读大乘般若学，毫无松懈，不知不觉过了十几年。348年，佛图澄去世，道安痛失良师。第二年石虎死，石氏兄弟开始自相残杀，昏惨惨的天空充满血腥气息，道安知道，国运将危，他避难到濩泽（山西阳城）。在濩泽，他独自专研，在远离尘嚣的山林中勇猛精进。”第三，东蜀顺懯“偶及是院”的必然性。道安在东晋兴宁三年（365）前后，率诸位弟子南下避乱之时，曾把弟子们分成三支，其中一支由法和带领溯流西上到蜀地避难。据《十大名僧》记载：“道安又叫法和等人到蜀地去，认为那里‘山水可以休闲’。蜀地佛教的兴盛与道安弟子前往弘化，也有莫大的关系。”东蜀顺懯就是“振锡东游，浮杯远逝”而来到龙泉禅院，禅院虽然面露破败但基础尚存，这表明在此之前确有僧人。我们可以伏笔遐想，蜀地避难的道安弟子们肯定知晓道安师祖曾经的濩泽避难经历，以及发现类如“灵鹫”、“给孤”（灵鹫山、给孤独园都为佛教圣地）的佛法圣地而心生向往之情，于是乎才不辞辛苦来到禅院修行，以期向道安师祖一样成为得道高僧。

如果道安为衔经僧，那么海会寺的历史地位会比现在更为重要。但是，我们只是推测，并没有十分可靠的证据来证明道安曾任海会寺的住持。那么，这样更为海会寺蒙上了一层更加神秘的色彩。下面，我们据海会寺现存碑文和确切的历史记载，来梳理海会寺的历任住持：

海会寺第一任可据考证的住持为：顺懯。

徐纶在《大周泽州阳城县龙泉禅院记》中记载：“懯公著名律学为众推重，住持轨则，依禀宗师，历四十年始终如一。至唐天祐十九年七月五日，顺寂于本院，建塔于院之右。”需要指出的是，天祐（904—919）是唐昭宗李晔开始使用的年号，天祐元年（904）八月唐哀帝李柷即位沿用。四年（907）三月李柷禅位于朱温（904年闰四月—907年三月），共计四年。之后河东、凤翔、淮南仍称天祐年号，前蜀王建、南汉刘隐、南吴、晋李克用、岐李茂贞、吴越钱镠等割据政权仍行唐天祐年号，碑刻中有用至天祐二十年（923）。所以，天祐十九年也就是后梁龙德二年，即公元922年（公元923年后梁被后唐所灭）。

海会寺第二位可据考证的住持为：敬诠。

据《龙泉禅院田土壁记》碑刻记载“天福二年三月十七日，住持僧敬诠立石，王真刊”的语句。其中，天福二年为公元937年。同样据《大周泽州阳城县龙泉禅院记》记载，在顺慜顺寂于禅院之时，门人上哲敬臻跟随顺慜学道二十多年，“道惟无碍学以了空，弥缄出世之谭，未即当仁之座”。敬臻已经具备担任住持的能力，但是从资料来看其最终没有担任住持。同敬臻同时期的还有敬诠、敬湮、敬谦和敬审，表明在唐末至五代十国时期，海会寺的僧人相对较多，师徒之间的代际传承较好，“禀气不杂，居尘自高，持百部之花严，酬四恩于法界，而又克荷先师之训，复禀同学之仪，戮力齐心，上行下效，相须若左右手，不违犹水和乳，共弘利益之方，愈有葺修之盛”。

海会寺第三位可据考证的住持为：怀智。

据《龙泉禅院田土壁记》碑刻记载：“太平兴国七年三月初二日住持僧怀智立石”，用来记述海会寺获得敕赐“海会寺”匾额之事。太平兴国七年为公元982年，而《龙泉禅院田土壁记》用同一块碑石记载两任住持之间的大事活动，况且公元937年与公元982年仅差45年，所以我们是否可以推测敬诠住持之后的住持就是怀智。如果这样的话，我们就可以得出：顺慜—敬诠—怀智三位住持之间的传承关系。

海会寺第四位可据考证的住持为：宗祐。

据《海会寺重修法堂记》碑刻记载：“大定十年，有住持僧祐公上人，发洪誓愿，不惮勤劳，辄毁故以更新，特易小而成大，广其制度，增其基址”，“祐公上人者，下佛村人氏，俗姓马，法名宗祐，字吉老”，“自幼年受业本院”，立碑之时，年龄“夏腊六十有二岁”。大定指金世宗完颜雍的年号，大定十年就是公元1170年。

海会寺第五至八位可据考证的住持为：智林、德信、弘喜、德净。

据《重修龙泉寺记》碑刻记载：“宣德壬子岁，有僧曰智林，住持是寺，尝补修之于前”，“林之徒德净，慨然以兴修为己任，而邑之义士多乐助之”。同样，据《龙泉寺三僧记》碑刻记载：“僧智林住持，号一庵，俗姓贾氏，郭峪人，乃比丘中之领袖，率众焚修。”在智林顺寂之后，“僧德信继之，世系郭峪张氏，未久心思退休。僧弘喜继之，贯属北留贾氏，亦未久，好静散处。僧德净，白巷王氏之子，一庵之徒，无尘其号也。戒□淳洁，举充住持，斯惬众僧之望。天顺丁丑，诣金陵，印造大藏全经。成化八年壬辰，重修毗卢阁，建左右□楼……僧道准、道万□□为记”。从以上两块碑刻，我们不难发现海会寺在这段时期住持更替的大致情况。其中，宣德为明宣宗朱瞻基的年号，其在位时间为公元1426—1436年，智林任住持就在明宣宗时期；成化为明宪宗的年号，成化八年壬辰即公元1472年。从以上资料，我们不难发现四任住持在明宣宗至明宪宗时期的大致活动情况。

海会寺第九位可据考证的住持为：惠珍。

据《龙泉寺重修毗卢阁暨十王殿记》碑刻记载：“往年住持僧惠珍有志修焉”，“起于万历十年四月初一，迄于十月二十日”。万历为明神宗的年号，万历十年为公元1582年。

海会寺第十位可据考证的住持为：正纪。

据《海会寺常住创建斋堂并补修墙宇记》碑刻记载，“纪上人者，大众推择令掌常住”，“上人名正纪，字常理，本姓商氏，年富质清，其长老日尚远也”。石碑现存海会寺，撰文为万历二十四年，即公元1596年。

从智林住持到正纪住持，我们不难发现海会寺在明朝几经修复，寺院活动频繁，高僧辈出。

海会寺第十一位可据考证的住持为：文星。

据《重修海会寺塔院记》碑刻记载：“先是寺僧有文星者，示寂后，以其产入诸公。”乾隆四十五年即公元1780年立石，表明在此之前，寺院仍在继续进行法事活动。

海会寺第十二位可据考证的住持为：理法。

据《恩师理法自志碑记》碑刻记载：理法住持的“长徒行鉴、次徒行明，不欲没余之数语深意，遂勒片石于宗祠，以为永远志”。而在理法住持之时，其幼年“仰瞻尊师辅养”。碑刻立石于光绪六年即公元1880年。

因此，从我们现今掌握的资料情况来看，从顺懋住持开始主持海会寺以来，海会寺历经朝代变迁更迭，但法事活动基本得以维持，寺院建造在不同历史时期都得到了不同程度上的修缮。这些历史事实都表明，海会寺的重要历史文化价值及其文化传承作用。

（2）千年佛事　历代兴衰

从有唐一代开始，海会寺经历五代、北宋、金、元、明、清等朝代更迭，住持几经变化，寺院命运和历史建筑历经风雨沧桑。纵观千年风云变化，住持克服重重困难历朝集资修缮，维持寺院香火旺盛是其主流；佛教政策、自然灾难、人为破坏等非主流事件，也曾给历届住持修缮寺院带来了不少磨难和考验。

历朝修缮：据现存碑刻记载，海会寺大规模的修缮活动共有9次。

唐乾宁初住持顺懋开始第一次大规模的修缮活动——

披荆榛而通过路，掇薇蕨以事晨飧。日往月来，以近及远，归依者如蚁慕，唱和者若蝉联。虽云兴废有时，亦系方圆任器。添栋宇于仍旧，求柱石于他山，绀殿故而复新，云房卑而更起。曲尽其妙以广其居，渐加少而为多，变其质而增丽。凡添修新旧屋宇，并正殿等共七十余间。

大定十年（1170）住持宗祐开始第二次修缮活动——

重修法堂五间，更于次下创建法堂五间，西夹院子屋六间，又于正殿后重葺厨屋前后共十间，库屋五间，僧屋五间。

海会寺的第三次修缮活动是在宣德八年（1433）——

智林于宣德八年癸丑，妆塑正殿佛像七尊。正统十年乙丑起盖水陆殿、方丈、库房共一十有五间。景泰二年辛未，造僧房二百余间。天顺二年戊寅建天王、地藏、伽蓝殿共九间；七年癸未，

重修海会寺塔院记

立东西书廊四十间。

成化八年（1473）开始海会寺的第四次修缮活动——

重修毗卢阁，建左右□楼；十有九年癸卯造牌楼三间于寺门之前，凡殿宇有倾疏者修整之，神像剥落者绘饰之。厥功底定，晔然鲜著，耀人目耸观瞻，皆德净之所致也。

海会寺修建宝塔修缮寺院的第五次活动开始于嘉靖乙丑（1565）之春，落成于隆庆戊辰（1568）之秋——

凡十三级，为如来塔。于塔之北，创佛殿二十间。诸佛设佛像几千，皆金身；印经典几万卷，皆裹以彩。

起于万历十年（1582）四月初一讫于十月二十日的修缮活动发生在住持惠珍时期——

毗卢阁十王殿，其来久矣。迩来垣瓦倾圮，彩绘剥落。往年住持僧惠珍有志修焉，顾其费亦不赀。而珍以历练精敏称，于是计其岁之所入，善撙节调停，用是，岁得赢余。复以坛施利者，鸠工市材，椽凡毁者易，门牖坏者补。

万历二十四年（1596）住持正纪进行第七次修缮活动——

于常住东建斋堂三间，修墙宇数堵，诸佛秘密藏中，圆满自如，了无所损。

第八次修缮经始于乾隆三十四年（1767）二月落成于乾隆四十五年（1780）七月——

鸠工庀材，旧无者创之，异弊者葺之，赤白之漫漶者丹垩而金壁之，斋寮庖寝宾之堂无不具备，而塔于是乎一新。

光绪年间理法住持开始第九次修缮活动——

前经营二十余年，创建庭房三楹，东北角宗祠一所，其余东西南三面上下数十余间，以及外院上下数间，门楼晒棚等，皆系数年拮据勤劳，渐积而至。

好善乐施：现存碑刻主要记载两次当地施主刘存和李思孝的善事行为。

海会寺碑廊

据《龙泉禅院田土壁记》碑刻记载：阳城县洸壁里施主刘存同妻李氏，因遭兵火，乃逢饥馑，愿内外亲族，还得团圆，特将本家田土情愿喜舍龙泉禅院，永远供佛筵僧，俱通陆顷。

据《龙泉寺重修宝塔佛殿记》和《龙泉寺新建塔记》两通碑刻都记载李思孝捐资兴建宝塔和重修佛殿之事迹，其费金若食凡四千，皆李公所施。公名思孝，白巷人，吾阳望族，以赀授品官，世有名宦。寺僧德公，肖像于塔院，以永亿焉，若给孤长者云。

李思孝，字云楼，下庄人，大约出生于弘治三年（1490），经历正德、嘉靖、隆庆三朝，死于万历之初。他继承祖辈铁业生产的家业，经过五十多年的苦心经营，终于成为富甲一方的成功商人。在其积德行善的人生历程之中，扩建海会寺和新修琉璃塔为其代表性的活动。鉴于其修缮活动的意义，同样也由于王国光本人的宠爱，为李思孝撰写《龙泉寺重修宝塔佛殿记》的碑文，记述其伟大的慈善活动。

下庄李家同样也正是在李思孝的苦心经营之下，出现了科举兴隆、芝秀兰馨的繁荣局面，成为明清时期阳城望族——李思孝的弟弟李思恩为嘉靖甲午年（1543）举人，侄子李豸为嘉靖辛丑年（1541）进士，李豸之子李可久为嘉靖壬戌（1562）年进士。阳城县父子进士就是从李家开始，正所谓“积善之家必有余庆”。

佛教政策：现存碑刻主要记载后周和北宋的佛教政策。

《龙泉禅院后记》记载后周的佛教政策：后周皇帝承继先代即位登基的第二年，通令——凡有释教，爰疚宸衷，虑真俗而相参，遂鼎革而垂制，凡曰梵宇，悉去无名。故九州四海之中，设像栖真之所，并扫地矣。是院以有唐乾宁元年所赐敕额，时虽绵远，名仍显著，征其验，而斯在，询其由，而匪虚，遂免雷同，得安云构。

《龙泉禅院田土壁记》记载北宋太平兴国年间，中书门下牒：泽州奏准敕分析到所管存留有无名额僧尼寺院共三十二所，内阳城县龙泉禅寺，敕赐海会寺为额牒。奉敕据分析到先存留无名额寺院等，宜令本州除胜生得额外，其余寺院各依前项名额书勒县印。牒至准敕故牒。

人为破坏和自然灾难：现存碑刻记载大体上共有四次相关活动。

《海会寺新篁记》和《禁止海会院后开窑碑记》，分别记载了海会寺门前所栽种的竹子被众人连根挖掘损坏，及当时人为了个人利益在海会院后山开窑取矿，危及海会寺生存的恶性事件。《海会寺新篁记》由宋代文学家黄庭坚叔父黄廉撰并书，立于宋元祐元年（1086）。主要记述海会寺植竹被害景况，“镢者劚之”，“斧者伐之”之后竹子“濯濯憔悴”，而“来

海会寺之竹

者不止”，因“佛家重于违众，顾之不敢惜也”，更加加剧了人为破坏的程度。何止是海会寺的竹子，张慎言曾经栽种的松树，在清道光年间也难以幸免于难，海会别院就曾经在道光二十五年四月二十八日张贴《严禁砍伐告示》。同样，由于海会寺附近矿产资源丰富，故“有土人贪窑利，凿断山窟，其脉渐微，倘假之数年，将有涸止之患”，所以时任阳城知县李继白为了保护海会寺之龙泉而发布，“禁止海会院后开窑”的禁令。

《海会寺常住创建斋堂并补修墙宇记》记载，“夫未申之间，阳城饥馑特甚，即大富家金银无量，犹未免苦用不足，而上人乃能如是，如是殆众中之纲纪而达一相三昧者欤”！此段记文主要记载了明万历二十三年至二十四年（1595—1596），阳城遭遇自然灾害常住克服种种困难，“一相三昧”，创建斋堂并补修墙宇的艰辛劳动。

《重修海会寺塔院记》记载，“数年以来，邑屋空虚，佛弟子至于求食无所，囊衣托钵，纷纷各云雾散”。张敦仁记述乾隆三十四年至乾隆四十五年（1769—1780），海会寺因“历年既久，院宇倾隧，桷圮瓦腐，像设雾处”而出现建筑损害严重的情况下，克服阳城数年来“邑屋空虚”的困境而重修塔院的壮举。

《恩师理法自志碑记》记载，“又值屡遭饥馑，兵荒为乱于境外；蝗蝻为灾于田中。迨至光绪三年，时逢大祲，颗粒无收，各处饥毙饿殍目及伤心，诚谓大劫之临矣！在家者死亡逃绝，出家者亦四散流离”。碑文由寺院末代和尚的祖师理法撰写，叙述光绪三年（1877）阳城“时逢大祲，颗粒无收”，“在家者死亡逃绝，出家者亦四散流离”的惨景，以及其在光绪三年之后“艰苦运画”，“从新创治”的艰难。

（3）重逢盛世　历久弥新

明清时期的世外桃源、文化圣地——海会寺，随国家命运的变迁而变迁，期间既目睹了历次农民起义又饱受了战争炮火的洗礼，既感受了朝代的更迭又见证了国家命运的历史变迁，直至新中国成立才又一次获得重生。（关于海会寺的历史建筑和碑刻遗存，可以参见《海会寺主体历史建筑遗存调查表》和《海会寺碑碣遗存调查表》）20世纪二三十年代以后，海会寺的建筑由于战火的殃及和人为的破坏，加之风蚀雨剥，香火渐衰。新中国成立后，海会寺被公布为山西省重点文物保护单位（1965年，海会寺被评为首批省级重点文物保护单位）。

虽然被列为省级重点文物保护单位，但是受中国古代曾有寺院改建或承担教育场所的传统，更何况海会寺的海会别院曾经为阳城知识分子交游、读书、作诗的文化活动中心，所以在新中国成立前后很长的时间内，寺院内都充满了琅琅书声。据《阳城教育志》记载海会寺曾经有过三段办学经历：第一阶段，民国20年（1931）曾在海会寺创办沁樊高级小学校，首任校长为李竹书，沁樊高级小学办了两个班即停办。第二阶段，1959年9月，阳城县中等师范学校成立，校址在海会寺；1960年4月，学校迁到阳城县南关新址。第三阶段，海会寺中学创建于1956年，当时校名为山西阳城县第二初级中学校（在阳城县第二高级小学校的基础上创办），校址在润城村；1958年改为润城初级中学校；1960年春迁往海会寺；“文化大革命”时期改称为育红中学；1972年恢复为阳城县第二中学校；1981年改名为海会寺中学校。

海会・残碑・沧桑

盛世海会

学校教育场所的修建和改建，不可避免地对海会寺历史遗存建筑造成一定程度上的破坏，再加上时人的历史文化保护意识的淡漠和文物保护措施的缺失，从某种程度上加剧了历史文物建筑的破坏程度。在历经“文化大革命”之后，许多记载佛教文化的经书典籍、佛像包括饰物等，都遭到了人为的严重破坏，海会寺的生存命运在历经冷、热兵器时代之后，又面临一次更大的考验。此外，据当地人回忆海会寺在新中国成立前后还曾经办过造纸厂，海会寺部分石碑就是在办造纸厂的过程之中被毁坏，现在海会寺的碑廊之中还保存有两块被毁坏的石碑；同样，据大桥村村民回忆，在20世纪五六十年代海会寺门前曾经保留有两块刻有“文官下轿”、“武官下马”的石碑，现已经不复存在。

改革开放之后，随着国家经济社会的稳定发展，人们对文物的保护意识和保护力度也得到了不同程度上的加强。海会寺伴随着国家命运的变迁而变迁，几经修缮又重获新生。在笔者进行实地调查之际，海会寺管理处正在对海会寺双塔进行修缮，特别是对十三级如来佛塔的顶端琉璃及顶部金饰进行维护。

历经修葺“帝王两赐名额　太行千年古刹”于2003年重新对外开放。

三、海会别院　登科及第

兰若读书处，今来喜如故。
老僧顾我笑，蹶趋失前步。
光景不肯留，两鬓皆霜素。
草坐亦客身，何苦儒冠误！

——（明）王国光

海会书院

1. 儒释合璧 海会别院

草回旧绿柳回青，抛却山居问水汀。
为有爱名心不死，羞言探海路先陉。
关情岁月同飞电，得势文章想建瓴。
试看浮图谁手造，十三层透碧玲珑。
——（清）延棠《春日读书海会院》

（1）兰若读书 藐山方丈

张慎言的《海会别院种松铭》，给海会寺中专供士人读书的院落一个文雅的称号。张域在《〈海会别院种松铭〉跋》中记载，“海会别院者，张藐山先生读书讲学地也”。张藐山即张慎言，曾作《海会别院种松铭》。张慎言（1577—1645），字金铭，号藐山，屯城村人，为嘉靖年间进士、河南参政张升之嫡孙、王国光之外孙、清康熙年间浙江巡抚张泰交之伯祖。现今关于“海会别院”确切名称的文献资料记载，就是张慎言的《海会书院种松铭》。据说张慎言在崇祯三年（1630）被罢官遣归故里期间，曾经住在海会寺，自题“藐山方丈”的门匾，收徒讲学。在《海会书院种松铭》中记载，“但道今种者谁氏之子？是崇祯戊寅嘉平之望，虎谷迂阔无用，为余支离之乔苦梓”。“崇祯戊寅嘉平之望”为崇祯十一年（1638）腊月十五，也即1630至1638年张慎言被遣回老家的八年间一边读书一边讲学的历史岁月。张慎言亲手种植的松树，历经两百余年的风雨，从“拱把”到“合抱”，“顾树已成林，渔利者眈眈垂涎，持斧斤以待，危于一线”。张慎言的孙辈张凤翔为了保护松树

兰若读书处

王国光·海会书院

不被砍伐，在不得已的情况下请求官方发禁令保护树木，作为好友的张域在代为记述整个事件缘由的同时，也对海会别院的情况加以介绍，并认为张凤翔是继承其祖辈张慎言志向的代表者。碑文撰写的时间为道光二十五年，即1845年。张域，字子正，号梅庵，润城人，清道光五年（1825）举人，曾任榆次教谕，长子训导。清代阳城著名诗人张晋之子，诗有父风，人以鲍照、庾信誉之，工书法，著有《香雪庵诗钞》。从《海会别院种松铭》到《〈海会别院种松铭〉跋》，前后历经明清两代。如果从张慎言出生到跋文创作的时间段来看，海会别院的历史为1577至1845年，时间跨度大约三百多年。

王国光的兰若读书处，开启了阳城文人追求科举功名的序幕。王国光在《自昔读书于此，垂老归田，复此游览，感而赋此，兼增心昂上人》的诗作中写道，“兰若读书处，今来喜如故”，表明作者自幼自此读书，晚年隐退故里之后，再次重游曾经读书的地方有感而发。诗碑立于隆庆四年二月，即公元1570年。王国光（1521—1594），上庄人，字汝观，嘉靖甲辰（1544）进士，官至立部尚书，为张居正推行“万历新政”的得力助手。“兰若”为佛教名词，“兰若山高处，烟霞嶂几重”（杜甫《谒真谛寺禅师》），可代指寺院，也指用来为修道者居住静修所用的清静、幽僻的寺院房屋。可见，在王国光年幼之时就在寺院中读书。张慎言为王国光的外孙，我们完全可以大胆想象，张慎言在年幼之时钦慕其外祖父的才华，来到海会寺读书以考取功名。王国光和张慎言是明代润城仅有的两位尚书，他们的感召之力可想而知。试想，在通过科举考试取得功名的时代，王国光和张慎言从一定程度上拉开了阳城明清时期科举鼎盛期的序幕。我们再试想，海会寺出了两位尚书，它无形之中就必然成为读书人的心中圣地，还有谁能耐得住功名利禄的诱惑而不向往之？中国传统社会就存在大量的寺院承担书院教育功能的现象，往往在悠悠的禅声之中飘扬着朗朗的读书声，研读禅理的背影之中参悟着修身养性的人间真谛。更何况，在明清之时儒释道三教合一，理学成为学术正宗，理学之中就暗含着浓浓的禅意，这真是“风声雨声读书声声声入耳，国事家事天下事事事关心”！

“海会别院”，或“海慧别院”，或“慧别院”的名称本身就蕴含着浓浓的佛家禅韵。张慎言在《海慧院藐泉慧泉铭》的序文之中，对“海会别院”的缘起给予了说明：

院自龙泉外复有两泉。龙泉，泉最古，里以是受名焉。藐未堪伯仲，然踞龙上游。余弱冠，泉涓涓出没于苔文密藻之中，仅滥觞。比余屯牧归，诛蒙翳作藐方丈，遂是云涌溢而东，声振林谷，院僧奇其事。原无慧泉，有慧泉则是自慧始。慧始者何？盖自作慧别院始也。诸生时，院僧湛公八十余，痴肥略如布袋，项颊斑藓皴剥，抵掌诙谐，令人绝倒，余时醉其楼。作方丈

海会别院正门

> 时，泉忽，楼下沉灶产蛙，湫湿不可居，颓垣败壁，其子孙以楼归我。今文鳞绣尾，悠然于软碧渊镜之中者，余所醉湛公楼也。昔为旦宅僧所居，发业润生游龙鱼，异哉！然安知缩项槎头，与我共天光云影者，非即向庬眉皓首抵掌绝倒之老秃翁也？昔人有诗云："南海帝为倏，北海君为忽，倏忽不相见，昆仑王百谷。"自余以诸生成进士，四十年间，倏忽尔觱沸槛泉，变幻出没，可叹也。泉出楼下者，非慧，慧则别院将落仓卒而涌于沼之东偏者，慧也。院僧又奇之。藐以人受名，慧以泉从地原颜"海会"，以《华严》得斯目。余谬谓"慧"斯"会"矣，则法界海慧照诸相有如虚空也。藐泉、慧泉院缘起，实傲载焉，不可不记。

通过对这段序文分析，我们不难发现：海会别院在被称作为其名之前院落建筑就已经存在，"昔为旦宅僧所居"。张慎言在结束酒泉流放回到屯城故乡之后"诛蒙翳作藐方丈"，曾经主持海会寺的院僧湛公的子孙，将曾经旦宅僧所居住的房屋让给张慎言居住，"其子孙以楼归我"。这就是后来张慎言称作为海会别院的房屋。海会别院因张慎言创立之时涌出慧泉而充满佛性和禅理，"泉出楼下者，非慧，慧则别院将落仓卒而涌于沼之东偏者，慧也"，"藐以人受名，慧以泉从地原颜'海会'，以《华严》得斯目。余谬谓'慧'斯'会'矣，则法界海慧照诸相有如虚空也。藐泉、慧泉院缘起，实傲载焉"。故此，在张慎言之前应该不存在海会别院的名称，但是其在诸生时期就曾在海会寺读书，"诸生时……醉其楼"，就表明海会寺之中一直就有琅琅的书声。阳城知县王士廉以及王国光的诗篇就是最好的明证。同样，在张慎言创立海会别院之后，使得海会寺之中诸生攻读诗书的场所更加固定化、规范化，也更是因为张慎言本人所取得的功名利禄与文学成就，"比余屯牧归"，更加使得海会寺之中的海会别院扬名县内外。我们从收集和整理的关于描写海会寺的诗作中不难发现，明清时期尤其是清代的读书人，大都非常仰慕张慎言的成就，并都把能在海会寺瞻仰和膜拜海会别院，当作获得仕途之路过程中的幸事和大事。所以，毫不夸张地说，海会别院的书声至此久久飘荡在裹金谷之中……

明清时期阳城知县屡次携文人墨客做客海会寺，形成和巩固了海会寺在明清时期的官方地位。李瀚曾作诗《李瀚同王士廉游海会寺诗并序》，在序文中写道："嘉靖甲申孟夏，予归自晋城，于时阳城尹王君士廉率僚佐暨诸文学来侯，即寺方丈，具盛馔延款，礼仪殷勤，逾再宿始克告别。感而有作，用寄鄙怀。"嘉靖甲申为公元1524年，那时候王国光才三岁，知县率领全县文人在海会寺恭迎老朋友，一是因为海会寺为游览圣地，更可能是因为海会寺在明代以来就成为阳城县境包括县境周围文人墨客读书、交友的聚会之处，故县令王士廉才会选择此地作为与老朋友交流的场所。海会别院作为文化交流的圣地，从明代一直延续到清代，清代阳城知县徐璈曾有诗作《早秋偕诸子集海会院藐山方丈，即事述怀》，诗中对海会院的情形描述为"杰阁厂虚明，精庐资诵读"，表明海会院仍然是读书人读书的最好场所。"精庐"即指学舍，读书讲学之所，"盗闻而感悔，后乃就精庐，求见徵君"（《后汉书·姜肱传》，李贤注："精庐即精舍也。"），"乃别构精庐，并置经籍于其中"（《魏书·儒林传·平恒》）；又指佛寺、僧舍，"众岫耸寒色，精庐向此分"（贾岛《宿山寺》）。同样，据《龙泉寺三僧记》（杨继宗）记载，"圣朝洪武十有四年辛酉改名讲寺"，讲寺是指从事经论研究和世俗教化的寺院。可见，海会寺从明朝初年开始，除进行常规的佛事活动之外，还从事与佛法、佛理研究及普通民众进行宗教教化的事宜。海会寺进行研究佛法的办寺传统，必然使其不同于一般的、只进行简单佛事的寺院。同样，僧人对佛法的研读，也使得海会寺之内充满着浓浓的文化气息。故此，我们有理由认为，海会寺中的别院就是寺院为学子们提供的优美读书场所。试想，从明代至清代的阳城县令都把海会别院作为展示其兴学重教之地，实际上海会别院就是一个具有书院功能并得到官方认可的读书场所。再试想，阳城县令的推崇、科举功名的诱惑，我们没有理由不相信生活在沁樊文化圈之中的诸位学子们不为之心动。矗立在海会别院的门前，触摸着经历风雨沧桑的青砖，我们仿佛又听到了那琅琅的书声，仿佛又看到了他们正向我们走来……述说着他们读书、作诗、交友、科考的故事……

（2）禅院书声　圣贤情怀

修身养性是宋元明清时期儒释道三家学者们所共同追求的目标，他们之间的区别大多在达到修身目标的途径和内容上略有差异，但最终的目标却大致相同——通过自我的身修达到入仕或出世的彼岸。儒家学者“穷则独善其身，达者兼济天下”的宏愿之中，也暗含了仕与隐之间的理念转换。特别是理学兴盛之后，心性修养也成为理学家们所关注和讨论的重要理论命题。何况，理学的创始人程颐曾经为晋城县令，泽州的尊师兴教之风就是在程颐的倡导之下而兴起。程颐后学李俊民、郝天挺等泽州文化名人，都积极倡导设立学校培养人才。正是在他们一代又一代人的模范带领之下，泽州的教育文化事业（当然包括科举事业）才在明清时期取得了巨大的成就。而处于樊沁文化圈之中的名家望族，就是阳城明清时期科举文化辉煌时代的浓缩和代表。在这些名家望族之中，曾有多人在海会别院专心苦读走上齐家治国平天下之路而名留青史。

宿海会龙泉，赠悟源上人

阳城在明清时期共出过两位阁老和四位尚书，其中，两位阁老为：康熙年间的文渊阁大学士陈廷敬，清雍正年间的文华殿大学士田从典；四位尚书为：明朝的吏部尚书王国光、张慎言，工部尚书白所知，清朝的刑部尚书白胤谦。在这六人当中，王国光、张慎言、白胤谦三位都有明确的史料记载，他们曾经在海会寺或读书或讲学。王国光诗作的名称《自昔读书于此，垂老归田，复此游览，感而赋此，兼增心昂上人》，就表明其曾在海会别院读书；张慎言曾经在海会别院读书的文献资料更是比比皆是，特别是张域在《〈海会别院种松铭〉跋》中写道，“海会别院者，张藐山先生读书讲学地也”，更加明确地表明海会别院就是张慎言的读书讲学之地；白胤谦同样也有以“过龙泉旧读书处”为题的诗作，也表明其曾在海会别院读书。除以上3人之外，其余的3人也与海会别院结下了不解之缘。

六贤堂

陈廷敬与海会别院有着深深的学术和家族渊源。陈廷敬的夫人是王国光的玄孙女，王国光本人曾经在海会别院读书。陈廷敬的故乡皇城村原名中道庄，辖属于郭峪村，海会寺就在郭峪村所处山谷的谷口。再陈廷敬创作与海会寺有关的诗作之中，其中以海会院为题的诗作有两首——《过海会院（二首）》。陈廷敬诗作中的“海会院”就是特指张慎言诗作中的“海会别院”，而非海会寺的别称（因为陈廷敬留存专门的关于海会寺的诗作——《龙泉寺》）。

田从典的海会寺情结在其现存诗作中也得到了明确的体现。田从典曾作诗《龙泉寺》——“古寺埋云树，遥瞻塔影微。溪喧珠迸落，花烂锦重围。寂厉乾坤小，虚明色相归。诸天一回步，顿与世情违”。诗人运用由远及近的描写手法，从龙泉寺的外围及外观入手，再到描写禅院的别致风景，然后衬托出禅理虚静，一静一动之间，景物与景理跃然纸上。田从典与陈廷敬同朝为官，想必对海会别院都熟悉，虽然田从典本人没有直接提及过海会别院，但是当他参观游览之时必然会去海会别院，必然熟知王国光、张慎言曾经在此读书的历史过往，必然心生向往，抚摸墙壁追忆前贤，应为其游览之必有之意。

白所知的海会别院情结应来自于张慎言。白所知曾有题为“同张金

海会·郭峪·上庄

铭侍御雨苍给谏登海会寺塔”的诗作，张金铭即张慎言，他同白所知都为万历年间进士，同乡、同朝为官。张慎言的读书经历，白所知必然知晓，在他们一起同登海会寺塔的时候，他们的话语之中肯定会谈到与海会别院有关的读书事宜，几位朋友一起聊聊诗书人生，应该是可以预料的、合情合理之事。

阳城明清时期六位分量最重的、官位最高的人物，明清时期阳城科举考试的旗帜人物，都曾与海会别院有不解之缘。他们所产生的明星效应可想而知，海会别院必然是那时候阳城的读书圣地、科考福地、文化重地。

2. 四书五经　十凤双现

天子重英豪，文章教尔曹。万般皆下品，惟有读书高。

朝为田舍郎，暮登天子堂。将相本无种，男儿当自强。

——（宋）汪洙《神童诗》

（1）八股取士　登科及第

科举考试是下层士人改变自我命运的一块“敲门砖”，许多下层士子希望通过科考来改变自身及家族的命运，阳城县的各个大家族也不例外，他们正是以一种积极入世的心态跻身科举家族的，世代科举是其家族代代相传的家风之一，也是其长盛不衰的重要保证。阳城县在明清时期所形成的十三个读书世家，就是家族代代之间通过科举来提升家族的名誉和声望的代表。科举制度从隋朝开皇年间始创，到清朝光绪年间废止，延续了一千三百多年，是隋、唐、宋、元、明、清历代选拔人才、铨选官僚的重要手段。本文试以明代科举制度为例，来呈现科举活动的具体过程。

《明史·卷七十·选举二》曰："三年大比，以诸生试之直省，曰乡试。中式者为举人。次年，以举人试之京师，曰会试。中式者，天子亲策于廷，曰廷试，亦曰殿试。"明代三级考试源出于宋代开宝六年（973）御试的定制。据《文献通考·卷三十·选举三》记载，李防主持御试进士放榜之后，因李防取士过程中存在舞弊行为，同样宋太祖更为了对权贵子弟和请托行为进行抑制和打压，故宋太祖在讲武殿中进行重试，"太祖开宝六年三月十九日，帝御讲武殿，履试新及第进士宋准，并下第进士徐士廉，终场下第诸科……得进士宋准已下二十六人"（《宋会要辑稿·选举七》），从而使隋唐以来的二级考试发展为三级考试，史称"自兹殿试遂为常式"，殿试制度由此创立并为后世所继承。

张慎言与弟子讲学

明代沿袭宋代形成的乡试、会试、殿试三级考试制度，如果再加上预备性的考试——童生试，就构成了四级科举考试步骤：童试（秀才）—乡试（举人）—会试（贡生）—殿试（进士）。童试是乡试之前的淘汰性的考试，通常每年都对学生有一次考试，叫作岁考或岁试，地点是在州、县，由各州、县主考。一般的顺序是，先县试，录取后，参加由知府主持的府试，而后是院试，考取者称为秀才。

乡试时间为子、午、卯、酉年八月，即"三年一大比，子、午、卯、酉之年，大集举子于省会"。考试地点在各省的省会城市，因此也称乡试为"省试"，又因在八月举行，故称其为"秋试"、"秋闱"。《明史·卷七十·志第四十六·选举二》记载说："乡试，直隶于京府，各省于布政司。"《明史·卷七十·志第四十六·选举二》载，凡应试者，国子监生及府州县学生员，必须三次学业成绩合格者方许参加；知识分子未入仕、入仕但官品未入流者，均可报考，但须地方官吏选择那些"性资敦厚、文行可称"者上报。乡试分三场：农历八月初九考第一场，试"四书"义、经义；十二日考第二场，试论、判、诏、浩、章、表；八月十五日考第三场，试经史、策论。三场之中以首场最为重要，因为首场的经义或称"五经"文，都用八股文形式。《明史·卷七十·志第四十六·选举二》在介绍科举的三场考试时说："初设科举时，初场试经义二道，《四书》义一道；二场论一道；三场策一道。中式后十日，复以骑、射、书、算、律五事试之。后颁科举定式，初场试《四书》义三道，经义四道。《四书》主朱子《集注》，《易》主程《传》、朱子《本义》，《书》主蔡氏传及古注疏，《诗》主朱子《集传》，《春秋》主左氏、公羊、谷梁三传及胡安国、张洽传，《礼记》主古注疏。永乐间，颁《四书五经大全》，废注疏不用。其后，《春秋》亦不用张洽传，礼记止用陈澔《集说》。二场试论一道，判五道，诏、诰、表内科一道。三场试经史时务策五道。"每场的字数，明人郎瑛《七修类稿·卷一十四》记载，第一场经义一篇，限五百字，四书一篇，限三百字；第二场礼乐论，限三百字以内；第三场，考策时务一道，"务直述，不尚文藻"，须一千字以上。明制，乡试试卷之首，必须写三代姓名及其籍贯年甲，所习本经，并附官府印记。试卷中文字须回避帝王御名、庙号。考试者用墨笔，称之"墨卷"，誊录者用朱笔，谓之"朱卷"。明代的乡试考官以皇帝名义派遣大臣下到省城担任主考，而地方行省布政使、按察使或巡抚充当辅助考试官。洪武初年开乡试时规定："京师行省各举乡试：直隶贡额百人，河南、山东、山西、陕西、北平、福建、江西、浙江、湖广皆四十人，广西、广东皆二十五人，才多或不及者，不拘额数。"（《明史·卷七十·志第四十六·选举二》）这一规定尽管未能全面反映明朝各地文化发展的实际，有些地区甚至还有遗漏，如辽东、四川、云南和贵州等地，但大体上反映了明代学校教育和科举考试的情况。

明代贡院有关乡试的细则很多，如对考生考试过程的要求，对阅卷、誊录、对读、锁院、巡绰、搜检等要求，对考官职责划分与惩戒措施的制定，等等。仅录《续文献通考》有关成化年间外帘官之记载以窥其一斑："宪宗成化二年，定在京科场事宜：一、考试等官俱于当月初七日入院，举人试日四更搜入，各就席舍坐待黎明散题，至黄昏誊正，未毕者给烛，不完者扶出。一、举人不许怀挟并越舍互录及浼托军匠人等夹带文字。其军匠人等亦不许替代及纵容怀挟、互录文字，违者各治以罪。一、巡绰、搜检、看守官军止于在营差拨，曾差者不许再差，若他人冒顶正军入场者罪之。一、提调、监试官公同往来巡视，不许私自入号。其巡绰官止于号门外看察，不许入内与举人交接，违者听提调、监试官举问。一、试场外照例五城兵马率领火夫弓兵严加防守，不得违误。一、每场誊录红卷送入内帘考试，侯三场考试红卷已定，方许吊取墨卷于公堂比对写号，毋致疏漏。一、誊录、对读等官取吏部听选官年四十上下、五品至七品、有行止者充之。一、誊录、对读所须真正誊录，明白对读，若誊录字样差失潦草及对读不出者罪之。"（王圻《续文献通考·卷四五·选举考·举士三》）

通过乡试者，称为举人，也称乙榜出身，有资格参加下一级的考试。明代文献记载说："科举有甲乙。前朝进士之试，百人之中以一二十人为甲榜，授官从优。二三十人为乙榜，仅得出身。所谓第甲乙者此也，谓品第之也。其余不及格者，驳放回籍，后试听其更来。明朝之称不然，第进士者为甲榜，或言两榜，或言甲科；中乡试者为乙榜，或为一榜，或言乡科，更无几品与名件。"（朱之瑜《朱舜水集·卷一〇·答源光国问十一条》）清朝嘉庆年间《三水县志》记载有关明代科举情况："至明世始以进士、举人为甲、乙榜，不第者皆得需次就选矣。"（嘉庆《三水县志·卷九·选举·举人》）通过乡试的举人即已获得了选官的资格，但在明朝重甲榜而轻乙榜的背景下，举人任官一般来说级别较低，更多的举人是担任教职，史载："建文三年，命礼部：乙榜举人署教谕、训导事者，给俸三年，入礼部试，试中，计所教人得中乡试，就进士出身资格递升一级，否从本级。”（王世贞《弇山堂别集·卷八一·科试考一》）弘治年间会试落第的举人戴宜“就吏部试，得献县教谕。……教谕三考，又试礼部，又不第。又就吏部试。例授沂州同知，掌州赋”（孟洋《孟有涯集·卷一七·赵王左长史戴公墓志铭》）。明人文集记载说：“至于举人应迁之时，又必藉其年貌，五十以上者授以杂官，不得为州、县之长。”（高拱《掌铨题稿·卷五·议处科目人才以兴治道疏》）可见，在科举考试中，乡试作为第一级考试，如不能继续在后来的会试乃至殿试中连捷，即使通过者，其授官品级也是很低的。

科举考试三级中的第一级考试乡试结束后，便进入了科举的第二级考试，即会试阶段。按照《明史·卷七十·志第四十六·选举二》所说：“子、午、卯、酉年乡试，辰、戌、丑、未年会试。乡试以八月，会试以二月，皆初九日为第一场，又三日为第二场，又三日为第三场。”明代会试的一般情况是在乡试之后的第二年二月举行，地点设在京师，由礼部主持，因而也称会试为“礼部试”或“礼闱”，又因为在春天举行，故又称会试为“春闱”。会试在京师贡院举行，一同乡试之制。通过会试而被取录者称贡士，会试也设主考和同考官，与乡试不同的是，会试的同考官数额要多于乡试，《明史·卷七十·志第四十六·选举二》记载说：“主考，乡、会试俱二人。同考，乡试四人，会试八人。”会试名额，随着社会政治、经济、文化的发展逐步增多。如山西省在洪武三年（1370）定为40人，景泰七年（1456）增加25人，万历四十三年（1615）加5人，共70人。据《古今图书集成》所统计，明初洪武年间科举会试最高取额为472人，最低取额为31人；除建文年间一次开科取录110人外，从永乐到崇祯的明朝13位皇帝，平均录取284人，相当于洪武年间科举会试录取人数的一倍（《古今图书集成·经济汇编·选举典·卷七一·科举部》）。据黄明光先生在《明代科举制度研究》一书中所作统计，明代登科录所记载的三十三次会试情况显示，“会试中考取贡士的仅有三十三人在朝廷中任职，仅占贡士总人数的0.55%”，其任官人数极为稀少，而在三十三次登科录中记载所现，“在五百九十一人中，任知县七品官者一百二十二人，占20.6%，任县教谕（不入流）者为一百三十四人，占22. 7%”。说明了《明会要》记载的任明代知县者“进士十三，举贡十七”的说法是不错的。

殿试是三级科举考试中的最后一级，也称廷试，即由皇帝在殿廷之上亲自策问考生，并决定一甲进士前三名名次等第的考试方式。明代文献记载：“凡殿试，洪武三年定：殿试时务策一道，惟务直述，限一千字以上。”（万历《大明会典·卷七七·科举》）考试内容相比较于前两场考试要简单得多，只考策一道。据《明朝纪事本末补编》（卷二）记载，洪武三年五月诏定：科举考试，考“时务策一道，惟务直陈，不尚文藻，限一千字以上”。考题一般先由内阁大臣预拟草定，并于考前一天报皇帝钦定。按照洪武十七年（1384）所定科举成式，殿试通常在会试之后的三月举行，但不像乡试或会试那样固定，所谓：“凡士之举于礼部者，国初以三月朔日御殿而亲试之，谓之殿试。后率以三月十五日，间以他事更日。”（万历《大明会典》卷五一，《策士》）个别例外情形如《菽园杂记》记载：“洪武四年二月十九日廷试。……朝廷或有事，则殿试移它日，谓之恩荣次第。”（陆容《菽园杂记》卷一）“洪武癸未，太宗渡江，天顺癸未，贡院火，皆以其年八月会试。”（陆容《菽园杂记》卷二）朱国桢《涌幢小品》记载说：“旧制，殿试在三月初一日，谢恩在初六日。成化八年，以悼恭太子发引，改十五日，至今仍之。”（朱国桢《涌幢小品·卷七·殿试改期》）明代科举殿试在成化以后基本上固定在三月十五举行。明代殿试由皇帝钦定一、二、三甲相应名次，一甲三人依次为状元、榜眼、探花，赐进士及第；二甲若干人，其第一名称传胪，赐进士出身；三甲若干人，通称为进士，赐同进士出身。从授官情况看，《明史·卷七十·志第四十六·选举二》记载说：“状元授修撰，榜眼、探花授编修，二、三甲考选庶吉士者，皆为翰林官。其他或授给事、御史、主事、中书、行人、评事、太常、国子博士，或授府推官、知州、知县等官。”修撰、编修为翰林院官员，翰林官员为清要之职，极有可能入阁参与机务，许多人由此而成为朝廷的重臣，一般则充作御史、给事等台谏官员及宫廷内外的官员，最小一级也可做到一县的知县。明人黄尊素说："宋之御试第一人，不过佥书判官；第六人以下，司户簿尉而已。今则第一甲三人，即为清要官，最下者，亦不失守令。"（龙文彬《明会要》卷四七）但一甲三人授修撰、编修并不是一开始就如此，而是就明代整个时期来说的。《菽园杂记》记载了洪武四年殿试的情况，其中说："第一甲三名，赐进士及第。第一名授员外郎，第二名、第三名授主事。第二甲一十七名赐进士出身，俱授主事。第三甲一百名，赐同进士出身，俱授县丞。"就官员品级来看，《大明会典》记载说："其出身，第一甲第一名，从六品，第二、第三名，正七品，赐进士及第。第二甲，正七品，赐进士出身。第三甲，正八品，赐同进士出身。其他属官如行人司正为从七品，行人为正八品。"

据《山西历代进士题名录》记载，山西在科举兴盛的1300年间共出现了3725名进士，排在前七位并且总数超出100名的依次为太原（阳曲）、运城（安邑）、盂县、晋城（泽州）、平定、阳城和洪洞。不难看出，这些地区一向是人文荟萃、教育昌盛的区域。太原地区自春秋末年以来就是山西重要的政治、经济和文化中心，进士人数排在第一理固使然。晋城（泽州）从北宋中期开始兴办学校，延请名师，学风蔚然，尤其是北宋著名理学大师程颢出任泽州县令后，"以兴起斯文为己任"，改变了当地"不喜儒术"的乡俗，使之"济济洋洋有齐鲁之风"。就在程颢兴办乡学之后，仅"熙宁、元丰间应召者数百人，登科者数十"。到金元时期，进士之中更有著名学者李俊民、郝经等，泽州也成为北方学术的渊薮之一。在盂县，有初唐名臣张士贵一族，在唐朝以军功显，五代以后则以文学显，宋、金、元三朝中进士者三十多人。我们以明代山西进士空间分布为例，来呈现明代山西进士的地域分布特征：

地区	进士人数（人）	占山西进士人数比例（%）
太原府	311	27.97%
平阳府	423	38.04%
大同府	68	6.12%
潞安府	78	7.01%
汾州	49	4.41%
辽州	25	2.25%
泽州	126	11.33%
沁州	18	1.62%
其他	14	1.26%

由上表可知，明代山西进士地理分布极不平衡，进士几乎全部集中在南部、中部地区，呈现南多北少的特点。地处山西南部的平阳府、潞安府、沁州和泽州，这两府两直隶州共有645进士，占明代山西进士总数58.00%。地处中部的太原府、汾州府以及直隶州辽州共有385人，占明代山西进士总数的34.63%。地处北部的大同府共有进士68人，占6.12%。所以呈现出了进士所占比例南多北少的特点。

泽州科举事业在程颢兴学之后得到了空前的大发展。宋金时期，陵川曾有“七状元之说”，高平也有“天下朱紫，半在高平”之誉。陵川金代的武明甫、武俊臣、武天佑、武天和叔侄三状元一进士，时人号为“四凤”。阳城县河北镇的原氏在明代正统年间原杰之后，原瑢、原宗礼、原宗善、原应宿、原应轩、原应卿6人先后中举、中进士，加上原杰，他们7人被人称为“七桂”；清代顺治二年（1645）和八年（1651），阳城县更有“十凤齐鸣”、“十凤重鸣”的盛举。据《晋城市教育志》统计，在历代科举考试中，晋城计有1203人中举，其中文举人1146人，武举人57人；有633人中进士，其中文进士608人，武进士25人。同样，据《山西历代进士题名录》统计数据，泽州府历代进士人数如下表所示：

地区＼时代		隋	唐	五代	宋辽	金	元	明	清	各县人数
泽州府	凤台		6	3	11	18	3	47	36	124
	高平		1		4	19	5	23	26	78
	阳城		1	1	3	4	14	47	44	114
	陵川		1		11	28	22	8	8	78
	沁水			4	3	10		21	22	60

从上表我们不难发现，阳城县在明清两代的进士人数为91人，是同时期泽州府所管辖的5个行政区域的最多人数；同样，从总人数来看，阳城县的进士人数仅次于凤台，高于其他4个行政区域的进士人数。从全省进士人数来看，阳城县在明清时期的进士人数，仅低于阳曲（109人）、平定（95人）、安邑（122人）、永济（106人），位列于第五位，占全省进士人数（2711人）的29.79%。可见，在明清时期，阳城县的文化教育事业（尤其是科举事业）确实走在全省的前列——“十凤齐鸣”和“十凤重鸣”就是最好的例证：清顺治二年（1645），在太原举行的乡试中，阳城县的杨荣胤、卫贞、乔映伍、田六善、王兰彰、王润身、李之馨、王道久、白方鸿、田绍前10人同时考中举人；顺治三年（1646），在京举行的会试中，阳城县的张尔素、田六善、杨荣胤、王润身、王兰彰、王克生、卫贞、段上彩、赵士俊、乔映伍10人同榜高中进士，阳城人以此为荣并矗立“十凤齐鸣”的牌楼。顺治八年（1651）的乡试中，阳城县的杨崇高、张于廷、陈元、成益昌、王日翼、卫振辉、杨拱明、王布阶、上官淮、贾益厚10人同榜中举，县人又树“十凤重鸣”的牌楼。

（2）科举家族　人才辈出

陈寅恪先生在《金明馆丛稿初编》中曾经指出：“中原经五胡之乱，而学术文化尚能保持不坠者，固由地方大族之力，而汉族之学术文化变为地方化及家门化矣。故论学术，只有家学之可言，而学术文化与大族盛门常不可分离也。”同样，张杰在《清代科举家族》中提出了“科举家族”的概念，并指出“‘科举家族’，是指清朝世代聚族而居，从事举业人数众多，至少取得举人或五贡以上功名，在全国或地方产生重要影响的家族”。家学相继在中国文化史上是一种特有的现象，这种家学一方面能使族内子弟保持较高的文化素养，有利于其科举仕途；另一方面也会进一步提高该家族的名誉和声望，使其具有一定的影响力，甚至青史留名。科举家族就是家学相继的结果，沁樊文化圈的科举家族就是最好的明证。

明清时期，阳城县的13个读书世家之中有7个家族就位于沁樊文化圈之内——郭峪村（明清时期也包括皇城村）的陈家和张家，三庄的王、杨、李家，屯城和润城的张家。其中，郭峪（包括皇城）的陈家出过9名进士，张家出过6名进士；上庄的王家出过5名进士，中庄的杨家出过6名进士，下庄的李家出过6名进士；屯城的张家出过3名进士，润城的张家出过2名进士。七大家族共出了37名进士，形成了父子进士、兄弟进士、祖孙进士、隔代进士等家族进士文化圈。

皇城陈家“德积一门九进士，恩荣三世六祠林”就是科举家族的生动写照——陈天祐、陈昌言、陈廷敬、陈元、陈豫朋、陈壮履、陈观颙、陈随贞、陈师俭9人中进士，其中陈廷敬、陈元、陈豫朋、陈壮履、陈随贞、陈师俭6人入翰林。同样，明清时期润城都所辖的6个里（润城、上佛、下佛、虎川、白巷和两孔），共出现了：2位尚书、1位布政、3位参政、4位按察使、2位评事、2位“冤家”、2位巡抚、2位运使、7位知府、3位同知、3位主事、13位知县等。其中：2位尚书：王国光、张慎言；1位布政：李豸；3位参政：张升、王淑陵、王征俊；4位按察使：杨枢、李可久、杨植、李养蒙；2位评事：杨枝、杨澣；2位“冤家”：杨时化（户部给事中）、马世德（光禄寺署丞）；2位巡抚：张瑃、张泰交；2位运使：于瓒、王崇铭；7位知府：李春茂、杨荣胤、刘湜、刘丙、曹翰书、张敦仁、张林；3为同知：李思恩、张伊、延青云；3位主事：王润身、张茂生、曹恒吉；13位知县：王家础、王家卿、杨朴、李蕃、杨鹏翼、李芝馨、王兰彰、郭如璞、张广基、延彩、张荐粢、张葆、延君寿。除他们之外，还有许多取得进士或举人的身份之后因种种原因而未入仕者。

在润城都的五十多位通过科举考试而获得功名的人物之中，他们之间的关系较为错综复杂。如：①张慎言为王国光的外孙；②张慎言为张升之嫡孙，张泰交之伯祖；③李豸是李思忠的儿子，李思孝、李思恩的侄子，李可久的父亲；④王淑陵为王国光的侄子，王征俊为王国光孙；⑤杨枢与王国光同朝为官，为杨枝的弟弟，与杨植、杨澣同宗同代；⑥马世德的妻子为湘峪孙家女；⑦张敦仁为润城张家，与张敦仁同辈的著名诗人张晋，张晋的父亲张树佳，张晋的儿子张域、张埂，一家三代四位诗人；⑧刘湜为张敦仁婿；⑨张伊为润城张家，张瑃的孙子，张茂生的儿子；⑩延青云为北音延家，育有三子，延君寿、延英寿、延汝寿；⑪王家础为王村人，王家卿为其弟，曾在开明书院（在润城望川村的开明寺）教书，培养出张慎言、刘鸿训、孙居相、孙鼎相；⑫杨朴为润城村人，与张慎言同窗；⑬张广基（与张树佳平辈）与张敦仁同宗，为张敦仁的叔叔；⑭张敦仁为张荐粢、张葆的父亲。⑮杨鹏翼的始祖为润城下庄金代乡贡进士杨天衢，杨庆云、杨丽云为杨鹏翼的后裔，杨丽云长子为杨伯朋、次子为杨书雅，杨伯朋子杨念先，杨念先子杨兰阶。

我们通过对润城都所管辖的6个里，通过科举入仕者人物之间的关系分析，不难看出他们彼此之间错综复杂的联系：①两位尚书王国光和张慎言几乎参与和影响了同时期及后期润城相关人物的学习和生活，并通过彼此之间的同窗学习、地域交往、家族通婚、同朝为官等环节，不断加深彼此之间的交往和影响。同样，王国光与陈廷敬家庭之间的婚姻关系，以及王国光与张慎言家庭之间的婚姻关系，使得明清时期阳城县最有影响的家族之间——王家、张家、陈家之间建立起了不可分割的

张慎言像

血肉亲情关系。②张慎言与孙居相、孙鼎相兄弟为同窗，王国光与张慎言之间的关系以及影响，必然会影响到孙居相和孙鼎相的学习和生活。孙居相、孙鼎相同为万历年间进士，孙鼎相为主持修建湘峪古村的重要人物之一。孙鼎相在兄弟中排行第三，故其府第称为“三都堂”，传说湘峪古村“三都古堡”的别名即来源于此。③张慎言、杨朴也是同窗，曾“结社海会院”，而据《明故承德郎大兴知县赍闻杨公及元配赠安人王氏合葬墓志》记载：杨朴“筑砥洎城，屹然金汤，此不朽之功也”。④布政李豸的叔叔李思孝，为海会寺十三级如来佛塔的捐资建造者；李毅为李豸的后裔，曾师从张晋学诗。而张晋与张敦仁为同宗的润城张家，其与张为基、延君寿、陈法于结社唱和号称“骚坛四逸”，延君寿为北音延青云的儿子，陈法于为皇城陈廷敬的曾孙。⑤杨鹏翼后裔杨庆云为“七逸老人诗社”的领袖人物，杨庆云与杨丽云都曾受过延君寿的培养，延君寿的儿子延常是“七逸老人诗社”的成员。

3.光宗耀祖　修齐治平

学乃身之宝，儒为席上珍。君看为宰相，必为读书人。
莫道儒冠误，读书不负人。达而相天下，穷亦善其身。

——（宋）汪洙《神童诗》

（1）王国光：《司铨奏草》　万历新政

兰若读书处，今来喜如故。老僧顾我笑，蹶趋失前步。光景不肯留，两鬓皆霜素。草坐亦容身，何苦儒冠误！平生山水癖，登览奈迟暮。纵步倒接离，衰飒宁复顾。适意抚松筠，忘机狎鸥鹭。举目皆坦途，不用泣歧路。昏昏醉梦人，一朝幸觉寤。颠饮放声歌，天地开襟度。长揖祈远公，苦海同怀渡。挥手谢尘寰，西天常希慕。

——王国光《自昔读书于此，垂老归田，复此游览，感而赋此，兼赠心昂上人》

①生平和著述

王国光（1512—1594），字汝观，号疏庵，润城上庄人。据《泽州府志·经籍目》记载：王国光的著述为“《万历会计录》、《司农草》、《司铨草》、《率意稿》”，其中《万历会计录》、《司农草》、《司铨草》为政书，《率意稿》为诗集。（注：《司农草》和《司铨草》也被称作为《司农奏草》和《司铨奏草》）

王国光的生平主要记载在《明史·列传·王国光》和《明故光禄大夫太子太保吏部尚书疏庵王公墓表》，我们以张慎言撰写的《明故光禄大夫太子太保吏部尚书疏庵王公墓表》为范本，来回顾王国光一生的官宦历程：

“万历甲午七月壬午，故太宰阳城王公卒于里第。越崇祯壬午，外孙言始克表其墓。时去乘箕之期，四十九祀矣。”——外孙张慎言于崇祯壬

海会书院景区简介

午（1642）为卒于万历甲午（1594）的王国光撰写墓表。

“公讳国光，字汝观，别号疏庵，世居白巷里。高大父聪，聪生文，文生昺，昺生承祖。自文以下并赠如公官，妣并一品夫人。公生时值正德壬申，原太夫人有异兆；方四岁，太夫人早世，继张太夫人。就外塾，渊警无辈。年十六补诸生上舍，嘉靖乙未选明经，癸卯举北雍，甲辰成进士，释褐吴江令。”——王国光生于正德壬申（1512），上庄人，四岁丧母，嘉靖甲辰（1544）进士，时年32岁。初任吴江县令，开启官宦历程。

“辛未进南京刑部尚书，无何，改户部尚书，总督仓场。公故有心计，至是益储胥。甲戌春，神祖首有事于南郊，锡宴，寻手书‘正己率属’赐之。丙子春，予告，赐钞币。丁丑冬召拜吏部尚书，江陵好为名，高自负伊旦之望，虚己任人。公首拔淹滞已上八事，采实证、禁投谒、别繁简、议调处，恤卑官、停加纳、责有司、重捕官，俱有关国是。”——辛未（1571年）调任刑部尚书，未上任，后改为户部尚书，丁丑官至吏部尚书。王国光任户部、吏部尚书期间，恰逢张居正（江陵）主持朝政的10年之间。张居正改革始于万历元年（1573），结束于万历十年（1582），历时10年。王国光的《司铨奏草》既是王国光任吏部尚书时的奏疏总集，同时更是对张居正新政吏部方面改革的文献佐证，更是一部鲜活的吏部官员思想活动总集。

“江陵捐馆舍，一二私人不自坚，嗡嗡訾訾，莫知所附。楚大人司空曾省吾觊代公，于是御史杨寅秋谓公私王谦以吏部主事。谦盖蒲州张文毅公中表戚，意倾蒲州，意两去之。大珰冯保窃权，先罢公，去后朝议如奕，或薰或莸，乍贤乍佞，久之而始定。人或多求于公，今观江陵疾甚，上问后世，所荐尚书潘晟、梁梦龙等，而不及公。又见忌冯珰，是不可得公之概哉！”——张居正去世之后，导致新政改革破产，王国光的命运同新政的命运一同成为了历史过往，同样又因他与张居正之间的密切关系（注：从“居张太夫人之丧，犹孺子泣也”，可见一斑）而遭弹劾，政治生命至此结束。

“所著书有《司农草》、《司铨草》、《率意稿》行世。”

“子女嫁娶俱士族。”

从墓表材料之中，我们大致了解王国光的生平经历，并对其为官期间的主要历史贡献作了简要呈现。

②《司铨奏草》中的万历新政

《司铨奏草》是王国光担任吏部尚书期间的工作文献总集，我们以王篆为其撰写的序文为例，来呈现《司铨奏草》的成书历程及主要特点：

“岁庚辰秋，余叨贰铨部，则得尽读今太宰王公所为《司铨奏草》也者。”——庚辰秋，即万历八年（1580）之秋，王篆任吏部右侍郎，作为王国光的下属同僚为书作序，“赐进士第通议大夫吏部右侍郎荆南王篆顿首拜书”。

“公受知主上，与辅弼之臣，同心一谊，铨管九流，所以延进才贤，登翊至理，盖三年于今矣。”——王国光从万历五年（1577）十月任吏部尚书，至王篆撰写序文之日1580年刚好任职三年；王国光与王篆作为张居正推行改革的得力助手，掌管吏部做好各类人才的铨选工作，并取得了一定的工作成效——“延进才贤，登翊至理”，“即无论岁所铨授，岁所简汰，不下数万人，朝进一人而举其职，夕罢一人而除其患，功若斯其矩也”。

“斯编首列敦趣元辅及考绩、会留三疏，盖当公掌铨之初，已则章六七上，极言吏治，大要在辩名实耳黜贪婪，奖廉隅而薄矜炫，惜旧德而恤卑官，节繁文而收实效，绝侥幸而抑浮夸，盖一日而规摹略定，此皆公素所蓄积，愿以效之主上者也。”——《司铨奏草》前三篇为《敦趣元辅趋朝疏》、《题元辅十二年考满疏》、《会留元辅张疏》，王国光把与张居正有关的三篇疏稿放在文集的首位，足以证明王国光与张居正之间亲密关系，并足以体现王国光对张居正所推行改革的鼎力支持。《司铨奏草》共由八卷组成，为王国光“素所蓄积”，主要包括“辩名实耳黜贪婪，奖廉隅而薄矜炫，惜旧德而恤卑官，节繁文而收实效，绝侥幸而抑浮夸”等方面的内容。

“公往尹京兆，刻有《赋役文册》；督太仓，有《仓场事宜》；及为尚书户部，则有《司农奏草》、《万历会计录》，所以经国大计，至纤悉矣。”——王国光在自己历任官职期间，都有收集、整理和总结工作经验的经历，《赋役文册》、《仓场事宜》、《司农奏草》、《万历会计录》及《司铨奏草》都是工作总结文集。这些个人具体工作层面的文献材料，补充和丰富了国家层面的整理和编辑的文集，“诚国家久远之利，然独六典之一耳。今所刻《人才治理》，所由窊隆，视彼溪窗倍而六之，览者当自辨矣”。

从以上材料我们不难看出，《司铨奏草》就是王国光在万历新政期间，担任吏部尚书的工作经验汇总，是从王国光个人层面所感知和经历的万历新政。我们试从《神宗实录》中载录一段记载王国光的史料，与《司铨奏草》中相应的史料进行比较，从而感受和回味王国光笔下的万历新政：

《神宗实录》万历六年（1578）三月记载：“吏部尚书王国光条陈八事，一曰采实证，二曰禁投揭，三曰别繁简，四曰议调处，五曰恤卑官，六曰停加纳，七曰责守令，八曰重捕官，得旨：览奏，深切时弊，有裨铨选，务着实行捕官有地方之责，若不注定文凭，恐有事情相委，还照旧注选，但拣精壮、有干局者升授，不称职的，着抚按径行问革。”

《司铨奏草·卷一》中《条议吏治疏》是《神宗实录》中所记载事项的完整版（注：我们主要摘录背景、八条建议的第一条以及神宗皇帝的御批，其余部分省略）：

题为陈末议以少裨益吏治事。恭惟皇上登极以来，清心懋学，拊髀思贤，拳拳以饬吏治、安民生为首务。而吏部，则吏治之所由出，民生之所由安也，尚书实总摄之。臣以下材贱士，起之废弃之中，授之重大之寄。惟兹莅任将几三月，日息惊惕，检阅章程并事之端委，反覆规图，酌量可否。除事体琐细，势所得为，力有可为者，不敢渎奏外，其有积习已久，踵弊成风，旧例因循，难以擅变者，非奉明旨，则不信不从，未有能济者也。谨条为八事，开款上请定夺。伏乞皇上留神，则吏治甚幸，民生甚幸。

一、采实政。夫致理之要无他，在内外大小臣工共修实证而已。查得万历二年正月内，该本部题为钦奉圣谕等事。奉圣旨：

这本说的是便行与各该抚按官，严督所属，务要修举教养实政，毋但取辨于薄书期会之间。其所举劾，一以政事修否为准，毋但取其奔走承奉，亦毋得拘泥资格，淆混名实。如有任情爱恶、举劾不当的，你部院即便纠奏处治，亦不许徇情容隐，钦此。明旨森然，其责成于臣工者，至严切矣。顾积习之弊，难于顿除，而名实之间，尤所易眩。故有耿介高洁而不谐于时者，有老成持重而涉于迟钝者，有高谈阔论而无当于用者，有跌宕不羁而托名豪迈者，有污肆不检而巧为藻饰者，有废职业而役志雕虫小技者，有婡婀脂韦、奔竞攀援而以才望称者。苟徒采其虚声而不核其实政，则儇巧者或致通显，而砥砺者多坐沉沦，士习之坏，莫此为甚。合无以后在内行各部院卿寺等堂上官，在外行各抚按衙门，务宜秉公持正，将所属官员细加徇访，果能恪修职业、卓有实政者，不分崇卑，不拘资格，许揭荐到部，容臣等查的，一体破格优处。如专事虚文、远怨避事与一切养交延誉、空谈废职者，定行劣处，亦不许徇情护隐，以滋浮靡。庶人知务实，或可收吏称民安之效矣。伏乞圣裁。

一、禁投揭。……（略）

一、别繁简。……（略）

一、议调处。……（略）

一、恤卑官。……（略）

一、停加纳。……（略）

一、责有司。……（略）

一、重捕官。……（略）

万历六年三月初九日题奉圣旨："览卿奏，俱深切时弊，有裨铨选，依议务着实行。巡捕官有诘捕专责，若不注定文凭，恐地方失事得以推委，还照旧注缺选除。但初选及推升，须拣年力精壮、有干局者升授；不称职的，着各抚按官径行选委问革。"

王国光《条议吏治疏》中内容与《神宗实录》所记载的内容大体一致，但是却更为详细地叙述了提出八条治吏的背景以及充分论述提出每条策略的原因和实施措施，并在疏稿的结尾之处刊载了神宗的御批。我们看到除第八条略有调整之外，其余七条都得到皇上的恩准和许可，从一个侧面反映了主人公王国光的治吏能力和治吏水平。

王国光的《条议吏治疏》同张居正《陈六事疏》有异曲同工之妙。《陈六事疏》为张居正在隆庆二年（1568），向穆宗提出救时和务实的奏疏，“审几度势，更化宜者，救世之急务也”。奏疏由六部分组成：省议论、振纪纲、重诏令、核名实、固邦本、饬武备，句句切中时弊，项项亟待整治。

奏疏名称	措施	主要思想
条议吏治疏	采实政	内外大小臣工公修实政，并成为选拔和任用官吏的标准。普通人如果具有为官的能力，并能采取务实的措施，也可以提拔为官吏。
	禁投揭	规范官吏考核制度和上级公平推荐下级的制度，禁止下级官吏私自投揭而扰乱正常的官吏任用制度。
	别繁简	针对官吏因任职于不同地区而带来工作繁简不同，提出对任职不同地区的官吏给予不同的等级评价。
	议调处	针对部分官吏不适合其岗位工作而提出的官吏任职调整方案。
	恤卑官	关怀处于偏远地区和地位较低的下层地方官吏。
	停加纳	停止举贡监儒人等以钱粮加纳受官的局面。
	责有司	加强有司对官吏的管理，特别是防止“势豪臣奸”的产生和出现。
	重捕官	针对地方治安官吏所提出推荐壮年强干、才思敏达者任职。
陈六事疏	省议论	官吏力求躬行之实效，戒除无用空虚的言语和行为。
	振纪纲	重塑官吏的精神状态，加强相关法令制度建设。
	重诏令	强化帝王的威严，注重中央对于地方官吏的监督和管理。
	核名实	举荐贤能之士，并加强对官吏选拔、任用的管理制度。
	固邦本	民为邦本，爱护人民，以巩固封建政权统治。
	饬武备	整顿军事、巩固边防、加强国力。

虽然王国光和张居正因身处不同的职位而提出与工作相关的措施，但“务实”是二者的核心要旨，特别是王国光关于官吏选拔、任用的八条吏治措施，同张居正《陈六事疏》中前四条关于官吏的措施，都提倡官吏要务求实效并注重对官吏的监督和管理。从一定程度上来看，张居正所推行的新政改革就是从实践层面贯彻和落实了“六事”的精神内涵。此外，《张文忠公全集·书牍九》中仅有的直接涉及王国光的两篇文稿——《答户部王疏庵》和《答太宰王疏庵》，为我们更加深入地认识和分析张居正与王国光之间的关系，提供了重要的史料佐证：

《答户部王疏庵》记述如下：

> 仆平生无他行能，独好推毂天下贤者。自在词林，迨入政府。其所保护引拔，宁止数十百人。然以为国非为私也，乃仆以诚心求贤，而人不以诚心相与。若乃披肝胆，见情愫，一心奉公，不引嫌，不避怨，与吾共图国家之事者，如公亦不多见。向以求归恳切，不得已暂遂高怀，别后惘然。如有所失，比闻太君康寿道体安和，宿恙全愈。当此清明之会，忍遂忘情于斯世乎。倘翻然回辙，当虚一席以俟。豚犬寡学，滥窃科名。猥辱遣贺，弥用为愧。厚贶概不敢当，辄附使归璧，草草附谢。

“披肝胆，见情愫，一心奉公，不引嫌，不避怨，与吾共图国家之事者，如公亦不多见”，足见张居正对王国光官品的赏识和赞许，同样我们也可以真实地感受张居正求贤若渴的真实心情。

《答太宰王疏庵》记述如下：

> 前兵部差人去，孤方在苫块间，荒迷未及奉书。想垂原亮，铨衡重任，非公不足以当之。比时孤方乞归，然不敢以去国之故，而忘谋国之心。故敢以公进，然公之忠亮，实素简于上心，故疏上即荷俞允，非俟孤言以为用舍也。简命涣颁，与情胥服，

方翘首跂足，以望公之至。愿遄发征麾，以慰鄙望。

张居正认为吏部尚书之职非王国光莫属，“铨衡重任，非公不足以当之”，正是基于王国光的人品和学识，“故敢以公进，然公之忠亮，实素简于上心，故疏上即荷俞允”。可见，其为官能力也获得宋神宗的认可。

王国光因获张居正举荐而掌管吏部，并成为张居正推行新政的得力助手。《司铨奏草》就是对张居正新政的历史个案见证。

③张居正禁毁书院的文本疏证

据《明通鉴·卷六十七》记载：“七年春正月戊辰，诏毁天下书院。先是原任常州知府施观民，以科敛民财，私创书院，坐罪褫职。而是时士大夫竞讲学，张居正特恶之，尽改各省书院为公廨，凡先后毁应天等书院六十四处。”《明史·卷二十》记载：“七年春正月戊辰，诏毁天下书院。”《明纪》记载：“七年正月戊辰，诏毁天下书院。自应天府以下，凡六十四处，尽改为公廨。”此外，部分省份的通志也记载了地方十六所书院（大益书院、崇正书院、恒阳书院、道源书院、怀玉书院、松林书院、涵江书院、愿学书院、问津书院、龙城书院、瑞樟书院、大科书院、三立书院、河东书院、橘园书院、敷文书院）的禁毁情况：

史籍名称	记载内容
《四川通志》（嘉庆）	成都府大益书院，万历五年，张江陵议毁。
《畿辅通志》（光绪）	正定府崇正书院，自江陵相国当权，其乡之士讥之，遂迁怒尽毁天下书院，正定故有恒阳书院，至是废。
《江西通志》（光绪）	南安府道源书院，万历初毁，寻复。
	玉山县怀玉书院，万历九年，诏革天下书院，遂废。
《山东通志》	青州府松林书院，以江陵当轴，毁天下书院，遂废。

（续表）

《福建通志》（同治）	兴化府涵江书院，万历八年，毁卖天下书院，于是将涵江书院祀田，只留三百亩，余俱官卖。十四年，诸生时中，疏请赐复。
《图书集成·职方典》	长清县愿学书院，明万历九年，奉文折毁。
	叶县问津书院，万历初议毁天下书院，遂废。
	武进县龙城书院，万历初，奉旨折毁。
	建阳县瑞樟书院，万历八年，裁革。
	广州府大科书院，万历九年，张居正禁讲学，院遂废。
《山西通志》（光绪）	太原府三立书院，旧名河汾书院，明万历初张居正柄权，奏毁。
	运城县河东书院，万历八年，张居正奏毁，遂废。
《广西通志》（嘉庆）	岑溪县橘园书院，明万历十年，复申毁书院之令，是以废。
	宣化府敷文书院，万历朝，罢天下书院，因改为别署。

《明通鉴》、《明史》、《明纪》和部分省份的通志中，只是粗略记载了禁毁书院的数量及地方个别书院的禁毁情况，没有较完整地体现张居正万历新政期间禁毁书院的全貌。然而，王国光的《司铨奏草》之中却刊载了21条关于查改书院的疏，较为完整地记述了张居正万历新政期间在全国范围内查改书院的具体实施情况，同样也较为翔实地记载了明朝书院的具体发展状况。我们试对21条疏进行归纳和总结，以此来补充和完善关于明代查改书院的研究内容，并进一步来展现王国光的管理能力和历史贡献。

序号	奏疏标题	记 载 内 容	题奉时间
1	覆江西巡按邵陛查改书院疏	正学等八书院俱改为公馆；明德等五书院俱改为府馆；豫章等八书院俱改为校士等项公署；文江等十书院俱改为社学、约社、社仓；崇正等十一书院俱改为祠；明经书院仍为尊经阁；凤冈书院等改为教官衙舍；忠礼等四书院俱应存留；金牛等三书院相应折毁；盱江等六书院止迁基址。（57所）	万历七年（1579）九月十二

（续表）

2	覆山东巡按钱岱查改书院疏	至道书院改为提学道校士文场；武定等十书院改为衙门公廨；愿学等三书院折毁；凝道等四书院改为先贤祠学。（18所）	万历七年九月十六
3	覆湖广巡按郭思极查改书院疏	随州等十四书院改为公署；鳌山等六书院改为公所；跃龙等五书院改为祠宇；辅仁书院改为庄舍；岳麓、石鼓二书院照旧。（28所）	万历七年九月十六
4	覆辽东巡按安九域查改书院疏	辽阳城、广宁城书院二所，锦义、右屯、三城书院三所，懿路城、盖州城书院二所改为公署；开原城书院一所仍复为射圃厅。（8所）	万历七年九月十六
5	覆宣大巡按郭汝查改书院疏	安乐书院、云中书院改为公廨衙门。（2所）	万历七年九月十六
6	覆河南巡按苏民望查改书院疏	大梁、正学二书院改为祠；德星等五书院改为公署；承圣书院拆毁。（8所）	万历七年九月十七
7	覆顺天巡按李栻查改书院疏	昌黎等四书院各改为义仓、公馆、府馆、养济院；振英书院并入太仆寺衙门。（5所）	万历七年九月十七
8	覆真定巡按王应吉查改书院疏	井陉等十三书院改为公署、公馆、社仓；肥乡李文靖祠留存。（13所）	万历七年九月十八
9	覆甘肃巡按赵楫查改书院疏	凉州、甘州书院改为公署；巩昌府书院改为都察院公廨。（3所）	万历七年九月十八
10	覆直隶巡按李时成查改书院疏	正学等十一书院改为公署；孔观、义仓二书院留存；甘泉书院合归本主；芝山、明德二书院合各变卖。（16所）	万历七年九月十九
11	覆山西巡按黄应坤查改书院疏	河汾等七书院各改为公署；河东书院改为三圣庙宇；景贤等二书院合行折毁；内河汾书院田粮变价入官。（11所）	万历七年十月十一
12	覆陕西巡按张宪翔查改书院疏	正学等九书院合改为公署；文正书院颓废地基，召入纳价开种。（10所）	万历七年十月二十六
13	覆苏松巡按田乐查改书院疏	龙城等四书院各改为公署；鹤山、石湖二书院合改为祠堂；中吴书院遗地合行变价入官。（7所）	万历七年十一月初十
14	覆浙江巡按谢师启查改书院疏	万松、天真二书院合改为祠；西湖等二十书院合改为公署、仓廒、乡约所、社学、射圃等项；讲德等三书院合行折毁；贞义、罗山二书院系张家已业，给还本主。（27所）	万历七年十一月二十九
15	覆贵州巡按马呈图查改书院疏	紫阳书院久已芜没；正学书院合改为公馆；都匀府读书堂合改为本府公馆。（3所）	万历七年十一月二十九

（续表）

16	覆广东巡按龚懋贤查改书院疏	天关书院各归本家子孙居住；弘道等十书院合改为公署、社学等项；拱极书院仍为启圣祠；西河、南岳二书院俱应拆毁；崇文书院田粮召买。（15所）	万历七年十二月初三
17	覆四川巡按虞怀忠查改书院疏	大益等五书院合各改为祠；顺庆等十二书院合改为公署。（17所）	万历八年闰四月初四
18	覆福建巡按敖鲲查改书院疏	内涵山等三书院存留；养正等二十八书院、草堂俱合改为公署、公馆、社仓、社学、习仪公所等项；二贤等四书院俱合改为祠；川上、栟榈二书院合给还本主；衍山等三书院年久基废，与原毁废勉斋等七书院各基址及各书院田地粮租召人承买。（44所）	万历八年闰四月初五
19	覆云南巡按刘维查改书院疏	内崇正等七书院合改为祠；养正等二书院行令拆卸；怀新等二十八书院俱改为公署、乡约所、社学。（37所）	万历八年五月二十七
20	覆直隶巡按陈荐查改书院疏	新泉等书院共二十二所合俱改为公署、乡约所、社学。（22所）	万历八年六月十七
21	覆广西巡按胡宥查改书院疏	宣城等十一书院俱改为公署；三元、南麓二书院俱改为祠。（13所）	万历八年七月十一

通过以上资料，我们不难发现：从万历七年九月十二至万历八年七月十一，《司铨奏草》记载共查改365所书院。同样，在查改的365所书院之中，各地书院的命运也各不相同。我们以《覆山西巡按黄应坤查改书院疏》为例，来具体呈现万历新政期间查改书院的具体实际情况：

看得巡按监察御史黄应坤题称，太原等府河汾等七书院各改为公署，河东书院改为三圣庙宇，景贤等二书院合行拆毁，内河汾书院田粮变价入官，及召人开种，所易田价并买地支剩银两俱解布政司济边，一节为照。前项书院既经巡按御史查勘，分别具题前来，除霍州并荣河县书院先已改为公馆，其河汾书院改为提学道，内三贤祠并入太原府学乡贤祠，不必渎祀，遗下提学道旧衙改为公馆；河东书院照旧改为三圣庙宇；河中书院改为公馆，号房拆移本州，改盖公廨；绛州书院改为府馆；猗氏县书院拆修儒学；永和县两泉书院改为察院；介休县景贤书院拆修布政司公馆，止存高楼，以备瞭敌；榆社县书院照旧复为布政司公馆。内河汾书院田地据议欲将堪种者变价，不堪者召佃，但恐召佃年久，易于埋没。合将堪种者减原价三分之一，不堪者减三分之二，尽数召卖，或归本主；及猗氏、介休二县拆毁书院遗下基地，亦召民承买，各归本里、本甲户内，办纳粮差，其先置买书院剩下银七百三十七两，并今召卖田亩地基银两俱布政司贮库应作何项支用；仍同田粮归入里甲，缘由类造青册，一报本部查考，一报户部查归原额粮数。各书院既改明白，以后再不许擅自更易，聚集生徒，私收桃李，以启奔竞之门，以滋请托之弊；违者访出，定行指实参奏处治。

万历七年十月十一题奉圣旨："是。今后巡监御史再不许仍立书院名色，旷废本职，聚徒讲授，致滋奔竞嘱托之弊；如违，回道之日，听本院考察参奏。"

以上材料大体上由三个方面的内容构成：首先，总体上陈述山西查改书院的大致情况。其次，从两个方面来呈现查改书院的实施情况。一是介绍山西各地书院的具体查改变化：霍州并荣河县书院先已改为公馆，其河汾书院改为提学道，内三贤祠并入太原府学乡贤祠，不必渎祀，遗下提学道旧衙改为公馆；河东书院照旧改为三圣庙宇；河中书院改为公馆，号房拆移本州，改盖公廨；绛州书院改为府馆；猗氏县书院拆修儒学；永和县两泉书院改为察院；介休县景贤书院拆修布政司公馆，止存高楼，以备瞭敌；榆社县书院照旧复为布政司公馆；二是处置所查改书院所属学田及基地：内河汾书院田地据议欲将堪种者变价，不堪者召佃，但恐召佃年久，易于埋没。合将堪种者减原价三分之一，不堪者减三分之二，尽数召卖，或归本主；及猗氏、介休二县拆毁书院遗下基地，亦召民承买，各归本里、本甲户内，办纳粮差，其先置买书院剩下银七百三十七两，并今召卖田亩地基银两俱布政司贮库应作何项支用；仍同田粮归入里甲，缘由类造青册，一报本部查考，一报户部查归原额粮数。最后，阐述查改书院的作用："各书院既改明白，以后再不许擅自更易，聚集生徒，私收桃李，以启奔竞之门，以滋请托之弊；违者访出，定行指实参奏处治"，并通过呈报皇上获得御批而进一步强化查改书院的效果。通过查改书院既达到规范和监管全国书院的功效，也起到统一思想言论并进而控制天下知识分子的政治目的。

（2）张慎言：本末兼治　东林正人

原非谭性命，但只爱林泉。
林静泉芳矣，心恬意肯焉。
客尘容易歇，调御忽而前。
不说导师好，山川固有权。
——张慎言《海慧院缘起》

①生平和著述

张慎言的生平主要记载文献为：《明史·张慎言传》、《阳城县志·张慎言传》（康熙版）、《藐山先生传》（田六善）、《阳城县志·志余》载张慎言轶事、《泊水斋文钞》卷首《张藐山先生行略》、钱谦益《列朝诗集》小传《张尚书慎言》、陈廷敬撰《泊水斋文钞·序》、《泊水斋诗钞》书末附言、《四库全书总目·别集类存目》（卷一八·集部）《泊水斋文钞》三卷提要、《山右丛书初编》书目提要等相关文献。我们以《明史·张慎言传》为主，以其他相关文献为辅，来呈现张慎言的人生经历和为官历程。

《明史·张慎言传》记载：

张慎言，字金铭，阳城人。祖升，河南参政。慎言举万历三十八年进士。除寿张知县，有能声。调繁曹县，出库银籴粟备振，连值荒岁，民赖以济。泰昌时，擢御史。逾月，熹宗即位。时方会议三案，慎言言："皇祖召谕百工，不究张差党与，所以全父子之情；然必摘发奸谋，所以明君臣之义。至先皇践阼，蛊惑之计方行，药饵之奸旋发。崔文升投凉剂于积惫之余，李可灼进红丸于大渐之际，法当骈首，恩反赐金。谁秉国成，一至此极！若夫鼎湖再泣，宗庙之鼎鬯为重，则先帝之簪履为轻。虽神庙郑妃且先徙以为望，选侍不即移宫，计将安待？”无何，贾继春以请安选侍被谴，慎言抗疏救之。帝怒，夺俸二年。

天启初，出督畿辅屯田，言：“天津、静海、兴济间，沃野万顷，可垦为田。近同知卢观象垦田三千余亩，其沟洫庐舍之制，种植疏浚之方，犁然具备，可仿而行。”因列上官种、佃种、民种、军种、屯种五法。又言：“广宁失守，辽人转徙入关者不下百万。宜招集津门，以无家之众，垦不耕之田便。”诏从之。尝疏荐赵南星，劾冯铨，铨大恨。五年三月，慎言假归，铨属曹钦程论劾，诬盗曹县库银三千，遂下抚按征赃，编戍肃州。

庄烈帝即位，赦免。崇祯元年起故官。会当京察，请先治媚珰者附逆之罪，其他始付考功，报可。旋擢太仆少卿，历太常卿、刑部右侍郎。谳耿如杞狱，不称旨，并尚书韩继思下吏，寻落职归。久之，召为工部右侍郎。国用不支，廷议开采、鼓铸、屯田、盐法诸事。慎言屡疏陈奏，悉根本计。大学士杨嗣昌议改府州县佐为练备、练总，慎言以更制事大，历陈八议，其后卒不能行。由左侍郎迁南京户部尚书，七疏引疾，不允。就改吏部尚书，掌右都御史事。

十七年三月，京师陷。五月，福王即位南京，命慎言理部事。上中兴十议：曰节镇，曰亲藩，曰开屯，曰叛逆，曰伪命，曰褒恤，曰功赏，曰起废，曰惩贪，曰漕税。皆嘉纳。时大起废籍，慎言荐吴甡、郑三俊。命甡陛见，三俊不许，大学士高弘图所拟也。勋臣刘孔昭、赵之龙等一日朝罢，群诟于廷，指慎言及甡为奸邪，叱咤彻殿陛。给事中罗万象言：“慎言平生具在，甡素有清望，安得指为奸邪？”孔昭等伏地痛哭，谓慎言举用文臣，不及武臣，嚣争不已。又疏劾慎言。极诋三俊。且谓：“慎言当迎立时，阻难怀二心。乞寝甡陛见命，且议慎言欺蔽罪。”慎言疏辨，因乞休。万象又言：“首膺封爵者，四镇也。新改京营，又加二镇衔，何尝不用武？年来封疆之法，先帝多宽武臣，武臣报先帝者安在？祖制以票拟归阁臣，参驳归言官，不闻委勋臣以纠劾也。使勋臣得兼纠劾，文臣可胜逐哉！”史可法奏：“慎言疏荐无不当。诸臣痛哭喧呼，灭绝法纪，恐骄弁悍卒益轻朝廷。”御史王孙蕃言：“用人，吏部职掌，奈何廷辱冢宰。”弘图等亦以不能戢和文武，各疏乞休，不允。

甡既不出，慎言乞休得请，加太子太保，荫一子。山西尽陷贼，慎言无家可归，流寓芜湖、宣城间。国亡后，疽发于背，戒勿药，卒，年六十九。

慎言慎言少丧二亲，鞠于祖母，及为御史，讣闻，引义乞归，执丧三年以报。

子履旋，举崇祯十五年乡试。贼陷阳城，投崖死。事闻，赠御史。

张慎言（1577—1645），字金铭，号藐山，阳城屯城人。祖父张升为河南参政，张慎言于万历三十八年（1610）中进士，并踏上仕途，任寿张知县，后调至曹县。泰昌元年（1620）被擢升为陕西道御史。天启初年（1621）出督畿辅屯田，提出5种开垦方法，并因推荐赵南星而得罪冯铨。天启六年（1626）张慎言被编戍至肃州，至庄烈帝继位而被赦免。崇祯元年（1628）张慎言复出为官，至崇祯三年（1630）被罢官，回到了阳城故里，经历和感受了明末农民起义，写下《点灯行》、《寇至》等大量诗文。崇祯十一年（1638），闲居故里阳城8年的张慎言被召为工部右侍郎，后又迁南京吏部尚书，期间提出开采、鼓铸、屯田、盐法诸事。崇祯十七年（1644），京师陷落，明王朝南渡，张慎言因推荐吴甡、郑三俊，受到勋臣嫉恨，虽得史可法、罗万象等人维护，但仍被当堂羞辱，遂辞官。当时之世，山西已被农民起义军所攻陷，张慎言儿子张履旋在阳城跳崖自尽，无家可归的张慎言浪迹于芜湖、宣城之间，国亡而身死。

张慎言的著作主要有《泊水斋文钞》、《泊水斋诗钞》，其中：《泊水斋文钞》共分为3卷，分别由疏、序、碑记、论说、杂著、启牍、墓表志铭、祭文等组成；《泊水斋诗钞》共由5卷组成，其中“第一卷当系少作，第二卷乃谪戍肃州时游草，第三卷为崇祯初涉免后，入都之作，第四、第五则刑部罢官回里后所作也”。（注：关于张慎言在诗歌方面的成就，我们会在第四章中详细介绍）

②《泊水斋文钞》中的本末兼治疏

张慎言所留存的文献之中，关于其为官期间的奏疏仅留存有3篇，即《泊水斋文钞》中的《本末兼治仰赞国计疏》、《第二疏》、《第三疏》。从疏文之中所反映的内容并结合张慎言的生平历程，为崇祯十一年（1638）“戊寅，召起左司空，董修南郊飨殿成，（帝）亲郊问：‘髯者为谁？’左右以对，怀宗为改容。所条奏《本末兼治》、《改官练兵》诸疏，悉中机宜，略见孙北海承泽传中”。我们试在对张慎言三疏进行简要分析的基础之上，来进一步深入了解张慎言在明末社会发展过程中的历史贡献。

张慎言在《本末兼治仰赞国计疏》（第一疏）中指出，提出3条疏文的主旨“臣窃以为急则治标，缓则治本，今日之计，当标本兼治而后可。治标以救目前之急，而治本所以为经久之图”，国家治理的本质在于治本。基于治本之理念，张慎言提出三疏讨论如何在本末兼治之中实现治本国安，第一疏主要论述“开采、鼓铸”。张慎言认为“开采鼓铸果如诸臣之言，国家获百倍之息，亦无补于得失之数”，抛出问题探讨本质——“今日不讲生粟之法，而专恃一切开铸之求，政使金高于斗，亦复何益”？国家通过大量铸造钱币只能从表面上解决一时之问题，但是却不能从根本上实现国家的强盛。如果要实现国家的强盛，就必须从根本上着手，即从发展农业方面着手——“盖谷生则万货皆生，谷贵则万货皆贵，货少而日益贵，货贵而钞钱日益贱也”。正如孟子所说：“易其田畴，薄其税敛，民可使富也。食之以时，用之以礼，财不可胜用也。”所谓

“富”，所谓“不可胜用”者，何物也？非珠玉货币也，不过菽粟而已。

张慎言在第二疏中认为，“臣以为开垦是也，然今日已熟之田，而民之弃而不耕者，不知凡几；民之愿耕田，而不能耕与不得耕者，又不知凡几。民之弃而不耕与不能耕、不得耕，皆各有其故”，所以开垦屯田应本着“既无大坏于祖制，而又便于军民，兼可以权今日之急”的原则来实施。张慎言指出开垦屯田本末兼治之策为：“使土著者无所苦而不逃，既逃亡者无观望而复业，虽闾里未必骤有亩栖野被之盛，国家未必便有贯朽粟红之效；然‘是薰是蓘，虽有饥馑，必有丰年’。”同样，国家还需要加强对管理屯田官吏的监管，减轻赋税，以此来增进国家田地的数量以及军民耕地的积极性和主动性。

张慎言在第三疏中论述到：“近议盐法者，亦既多言繁称矣。然计天下之盐法，河东不同于长芦，长芦不同于两淮，两淮不同于两浙，乃其要领则可一言而尽曰：‘恤商而已’。”张慎言又进一步论述为何要“恤商”，“商之所以能行者，以有厚利也。故商得重赀而盐自行，非官能使之行也。盐行而课自足，非徒严邢峻法而使之不亏也”。“恤商”既有利于盐业的发展也有利于国家财政的富足，如果不“恤商”就适得其反，“即以一切法绳之，亦止得一二年之利，而其后商散而赋遂以不能。此所谓竭泽而渔也”。

张慎言3条疏言之中，对开采鼓铸、开垦屯田、盐法等关乎国家命运的问题都提出了自己的看法，都直击问题的要害所在并提出解决之对策，充分体现了其本人治理国家事务的才能和能力。最后，张慎言对如何为政也提出了自己的看法，即“天下之事皆当以无事行之，非真无事也，因其时，便于民，固有事若无

藐山方丈・海会寺

事耳。如禹之治水，决汝、汉，排淮、泗，岂曰无事？殆因水之势而导之，但觉其无事。故曰‘法’、曰‘政’、曰‘利’、曰‘礼’，皆以人情为主”，国家治理之核心在于教民、利民、富民。

③东林党人的风云岁月

田六善在《藐山先生传》中谈道：“先是，马士英、阮大铖结群珰贿赂公行，貂蝉盈坐，置国事不问，而以私意快夙憾。既锄异己，又窃为一网打尽之举，借以倾覆东林，如要典之狱，贰心之狱，门户之狱，词连太宰，缇骑逮治，或谓祸且不测，当急遁，太宰从容曰：‘言四朝老臣，不敢避祸，计惟留此耿耿耳。’赖朝廷素知其直。自免后，南人追慕遗烈，谓太宰侨浣水，请入五贤祠，与谢、李、韩、范、晏称六贤云。其纪略末有云：‘奸臣贼子，何代无之，然未有至今日之甚者，于戏！自蒲州去国，而揆席无人矣；倪黄道消，而寒蝉结舌矣；马、阮盗柄，而国随以去矣！太宰文章足以华国，才略足以御变，学术足以辅成，君德言论风采足以羽仪一世，使其生当成、弘，岂不明良喜起见、一堂都俞之盛！惜也，平台之召，有同宣室，南庾之改，无殊左迁。洁身于浊乱，纷拏于盗贼，系命于权奸阉竖，不幸而与东林诸君子郁浥沦胥以没也！悲夫！’”张慎言与东林党人之间有密不可分的关系，或者也可以说张慎言就是东林党人。

张慎言与东林党人之间具有亲密的关系。第一，张居正与孙居相、孙鼎相同为阳城人，都曾在开明寺中的开明书院读书，他们之间的同乡、同窗情谊深厚。我们从《东林党人榜》、《东林朋党录》、《东林点将录》等文献资料之中，不难发现孙居相、孙鼎相都是名列其中，尤其是在《东林点将录》之中：孙居相为天暴星两头蛇兵部左侍郎，孙鼎相为天灾星双尾左副都御史。第二，张慎言与钱谦益都为万历三十八年（1665）进士，张慎言为廷试三甲第一百八十名，钱谦益为廷试一甲第三名，两人同年进士同朝为官。张慎言与钱谦益之间存在较为密切的诗歌交往，两人之间的关系较为密切。张慎言在《送钱受之年兄归里》之中，表达了与同朝好友钱谦益之间的依依惜别之情：“绿暗江南薛荔村，奉身归去是君恩。芙蓉花好开应待，桃李蹊成静不言。棹拨沧浪人自远，秋高拂水道何尊。乃占尔梦时相忆，王屋飞云泊水根。”同样，钱谦益在《列朝诗集》之中为张慎言作传，并指出他与张慎言之间友谊深厚。顾苓在《钱牧斋先生年谱》中指出，“东林以国本为始终，而公（钱谦益）与东林为始终”，此言非虚，钱谦益本人晚年也曾感叹，“今老矣，白首屏废，实与东林党论相始终”。

张慎言也可以被认为是东林党人。第一，《东林点将录》之中，张慎言为马军头领二十员中之一员，被称作为：地猛星神火将贵州道御史张慎言。从这个文献资料来看，张慎言就是东林党人。此外，张慎言也名列《东林同志录》、《东林籍贯录》之中。第二，张慎言与勋臣马士英、阮大铖等之间的斗争，既是明朝勋臣争斗政治权力的一个历史片断，同样也是张士英之流排挤东林并谋求政治权力的生动再现——史可法离开南京之后，朝中能对抗马士英、刘孔昭一伙的首推东林党人吏部尚书张慎言（《明代勋臣政治权力的演变》）。然而，张慎言就是因为推荐吴甡、郑三俊等人，而受到马士英等人的攻击，而被迫在失望与绝望之中悲痛离朝：“先帝山陵未卜，而臣之祖父先受丝纶；青宫皇子安在，而臣之子孙妄叨恩荫。况风尘不定，逐虎驱狼；回首长安诸陵下而松楸黍稷，诸臣何以为心？而犹侈口论功乎？”一代直臣至此退出历史政治舞台……

（3）白胤谦：效忠新朝　理学宗盟

忆昔栖名山，日日赏空翠。
山寒常晏起，听泉夜不寐。
兹来懇兰若，云萝增我愧。
浮生意何得，役役还牵累。
无心天一君，期结千秋契。

——白胤谦《题龙泉旧读书处》

①生平和著述

白胤谦在《自陈疏》之中对其生平作过简要的介绍：

吏部右侍郎兼内翰林国史院学士臣白胤谦，奏为自陈不职，祈赐罢斥，以重计典事。窃照京察举行，奉旨三品官许令自陈。臣待罪铨草，自知不职，尤当早避贤路。谨恪遵具奏者。臣年五十一岁，山西泽州阳城县人。由进士庶吉士于顺治二年闰六月，蒙恩考授内翰林秘书院检讨，充《明史》纂修官。三年二月内，充会试同考试官；八月内，充顺天乡试考试官。五年十二月内，升弘文院侍读。六年正月内，升侍读学士。七年二月内，充纂修副总裁官。八年三月内，奉使江南、湖广等处祭告；八月内，遇恩诏加升一级。九年二月内，丁母忧。十一年五月内，服。十二年五月内，补内翰林秘书院侍读学士，仍加一级；八月内，升国史院学士；九月内，充武会试考试官；十月内，充武进士读卷官。十三年正月内，充纂修《通鉴》副总裁官；六月内，蒙转今职。

以上为白胤谦在五十一岁时的辞职疏文，从疏文的内容之中我们难大致梳理白胤谦从顺治以来的为官历程及任职情况。

白胤谦（1606—1674），字子益，号东谷，祖籍阳城城内福民里，后居城中化源里。“上世自陕西清涧迁山西之阳城。高祖文学府君讳子富。曾祖赠户部侍郎府君讳道。祖赠户部侍郎府君讳铎。父唐县知县府君讳所学。母田孺人。以万历十二年甲申冬十一月十日生。”白胤谦崇祯十六年（1643）中进士，选翰林院庶吉士，为明代工部尚书白所知之侄 。

白胤谦之著述，主要集中于《东谷集》、《归庸集》、《桑榆集》，其中：《东谷集》为白胤谦“祈赐罢斥”前的作品，“东谷将归，余往别于馆舍，手其诗若文属余为序……顺治十八年秋七月”（《东谷集·序》），“东谷先生赐告归阳城，濒行，以所著诗文授予序之……顺治辛丑初秋”（《东谷集王·序》），从两篇序文不难看出《东谷集》刊成时间为顺治十八年（1661）七月，收诗正续20卷，文正续12卷；《归庸集》为白胤谦归田之作，最早的刊录诗作为康熙元年（1662）二月作《归庸诗三首》，诗文的序言指出，“《归庸》，咏吾斋之诗也。斋曰归庸，诗之亦曰归庸，所思所居非得有二已矣。于是乃为归庸之诗，以咏于斋，惟恐共忘焉。康熙元年二月作”，至康熙六年（1667），收录诗文各4卷；《桑榆集》为白胤谦归田晚年之作，自康熙七年（1668）至康熙十一年（1672），白胤谦自嘲曰：“号之以《桑榆》者，谓悉野老无用之谈，不足当高明者有志者之览观，略备衰末之考课而已。”李实秀在《桑榆集诗文序》对白胤谦的诗文成就给予评价，“观以诗，如天风在壑，如候鸟披林，如古乐奏堂陛上，一空凡响而出以真声。观以文，如布帛衣身，如菽粟果脯……至于命集曰《桑榆》，先生年瑞也，若夫著作则非桑榆也，实秀则以为雨云之先出山，而松篁之长长栖谷也，非桑榆也”，收诗文共3卷。

②“双料贰臣”：甲申文人的历史两难境遇

“顺治时朝局，冯铨、刘正宗与陈明夏、陈之遴结党相角。而皆不免诛黜，政由满人故。成其巩、梁清标、王重简、王熙父子诸人，持禄保位，不罹党祸，胤谦亦其比也。”

——邓之诚《清诗纪事初编·卷六·乙编·白胤谦》

白胤谦为明崇祯十六年（1643）进士，历经明末甲申之变。崇祯十七年（1644），也为大顺永昌元年，也为清顺治元年。白胤谦恰好在风华正茂之年，感受社会历史的风云变化和人生抉择的时事变迁：

读书三十年，登朝仅逾月。大厦忽以倾，恨在执经列。不成第一官，徒用养闲拙。余生若赘疣，宁冀死灰热。新朝仗大义，闻者尽哽咽。故人惟旧因，斯举诚度越。区区篷藋姿，载见于旌孑。剑折光已沉，从此老岩穴。

——《奉诏屡促出山作》

白胤谦为旧朝遗民，面对新朝的诏唤，复杂和矛盾的心情可想而知。而白胤谦又恰逢人生正当之年，何去何从却是一个人生的重大考验！

正如郭沫若在《甲申三百年祭》中谈道：“明朝的灭亡认真说并不好就规定在三百年前的甲申。甲申三月十九日崇祯死难之后，还有南京的弘光，福州的隆武，肇庆的永历，直至前清康熙元年（1662）永历帝为清吏所杀，还经历了一十八年。台湾的抗清，三藩的反正，姑且不算在里面。但在一般史家的习惯上是把甲申年认为是明亡之年的，这倒也是无可无不可的事情。”甲申之际，一岁之间，王朝更迭，几易其主，士子们面临时代的考验同样也成为检验其操守的试金石，是同范景文、史可法、刘宗周等一样追随故主殉国而践行既有的道德标准，还是同顾炎武、黄宗羲、王夫子等一样为故朝守节做有气节的遗民，还是同钱谦益、吴伟业等一样归顺新朝成为所谓的贰臣，成为摆在易代之际士子们面前的人生困惑。

白胤谦同处于甲申之际的其他士子们面临相同的处境，父亲白所蕴通过经商依靠贡生而获得崞县训导一职的人生历程，使得作为继承人的白胤谦和白胤恒对于功名具有一种天生的向往。白胤恒为了通过科举追求功名利禄，“以病试失利，退则攻刻益力”，最终身死在科考的路上，可以说为了无望的功名而献出了生命。我们的主人公白胤谦甲申前一年刚刚成为进士，对于前途寄予无限的美好和渴望，“学成期一出，荣光慰丘墦”，而当梦想刚成为现实却又马上化为泡影的现实，只有选择与新朝合作，“学成文武艺，贷于帝王家”人生价值才能得到实现，白家的家族利益才能得以更好地维护和体现。同样，清朝相对开明的政策也为其归顺提供了可能，“近见升除各官，凡前朝犯赃除名、流贼伪官，一概录用，虽云宽大为治，然流品不清，奸欺得售，非慎加选择之道，其为民害，不可胜言。是所当亟清其源也”（《清世祖实录·卷五·顺治六年甲戌》）。

白胤谦选择了与新朝合作，并且是与两个新朝合作，一个是李自成的大顺，一个是清朝，成为不折不扣的“双料贰臣”。因为资料的缘故，我们无法推测白胤谦个人的心理活动和处世心态，但是我们可以从部分诗句之中推测其心情：

客从燕京来，闻之泪沾臆。
国仇仗大举，义举正天室。
——《感遇五首·之三》

禅院·双塔

白胤谦虽归顺清朝，入仕为官，但其复杂的心境可想而知。谨慎的为官历程，再加上清统治者对汉族官员的防范，也造成了归入新朝的进士们尴尬的人生处境，白胤谦提前退出政治历史舞台就是最好的明证。

③“理学宗盟”——《归庸集》

魏象枢称白胤谦为“文清（薛瑄）以后一人”，陈廷敬称白胤谦为“理学宗盟”，可见白胤谦本人在明清之际对于理学发展的历史贡献。特别是白胤谦所作《仁敬诚赞》和《复性赞》，魏象枢给予了极高的评价，“二赞字字透骨抉髓。其实首赞括尽。诚为体，敬为功夫，仁在其中矣。次赞‘穷理笃行’四字尤要。盖不穷理，则入于异端；不笃行，则流于色取，此又敬诚之切实下手处也”，“观先生之言，以考先生之生平，则皆不出乎此矣”。我们摘录“二赞”原文如下：

仁敬诚赞

余旧有悟语云：“每日随事求仁，则此心常在。少间断歇，便是自欺。但不敢自欺处，即敬、即诚、即仁。至于仁而事毕矣。”此语载在《学言》，然未尝不悔其言之易也。近见程子书中“先须识仁，以诚敬存之”之说，觉有合。又蔡氏书序“曰仁曰敬曰诚，言虽殊而理则一”。会又得湛甘泉先生《心性图》，内“万物一体，敬始敬终”之义，益涣然有契于心。乃不欲自隐，因揭以示同志，愿共试证之。勿徒虚语，遂作赞曰：

三代以前，说中说极，至于孔门，仁字乃出。无私曰仁，无适曰敬，无妄曰诚，不离心性。程子教人，先须识仁，诚敬存之，一语最亲。蔡氏九峰，书传是集，谓仁敬诚，言殊理一。要而论之，诚使仁终，贯之惟一，主敬为功。圣贤之学，由博返约，念兹在兹，庶几合辙。

复性赞

余作《仁敬诚赞》，或见之曰："仁大矣，敬审矣，诚渺矣。孰与吾河东之学所言复性犹显而易循与？"余曰："仁即性，诚敬非所为复乎？"或曰："固也。曷亦为之说，使吾党小子确然识所宗，而靡或于他岐之论之为愈也。"故赞。

理本于天，与心俱生。名之曰性，所以为人。人性俱善，罔有弗同。形气蔽之，因或失中。清浊既分，哲愚殊轨。徇理徇欲，毫厘千里。变化之方，乃在于学。穷理笃行，勿徒口说。至诚参天，其次致曲。虽及圣神，仅号能复。复非往来，返所自有。孰甘暴弃，而执其咎。至平至实，极中极正。吾道中传，小子敬听。

白胤谦在其"二赞"之中通过对先贤论著的感悟，来表达自己对理学核心术语的体悟，"仁"、"诚"、"敬"、"理"、"性"、"笃行"是贯穿其理学思想之大宗。《仁敬诚赞》中之"诚使仁终，贯之惟一，主敬为功"，体现了白胤谦对于"仁"、"敬"、"诚"之间关系的认识。"存诚主敬"为践仁之道，三者之本源即人之心性。《复性赞》之中，对人之心性做了更为深入的阐述——人之心性的本源即产生于天之理，理之于人为性，每个都具有相同的人性，这种内涵善质的本性，因每个人身上禀受后天"气"的不同而产生变化。因此，通过"笃行"来复原人之善良的本性，就是每个人实现自我修养的必由之路。因为“仁即性，诚敬所以复其性也”，这就回归到作者所论述的主旨“求仁复性”在于“存诚主敬”之上。

四、九曲流觞 诗雅风情

生不逢辰换劫年，南都遗事剧堪怜。
风流歇绝《桃花扇》，金粉飘零《燕子笺》。
洎水园亭空虎谷，藐山方丈自龙泉。
钟声梵呗贫婆古，竹柏森森锁暮烟。

——（清）王炳照

九曲流觞

1. 文人墨客　九曲流觞

吾土有海会禅院者，地可布金，人斯卓锡。

邑中荐绅先生后先项背相望，云鹤翔祯，率饮兹八水；桐鸾绚藻，尽栖此双林。

——张慎言《重修海会院缘疏》

（1）独擅吟事　作者相望

近代“山西才子”郭象升在为民国11年（1922）校刊重印的《樊南诗钞》所作的序言中写道：“鄙州当太行之巅，文教敷施，在晋地为独后。逮朱明之季，风雅勃兴，迄清初首尾百余年，作者相望。傅青主所谓‘晋雅晚在高都，析城间也。’其后诸县稍凌夷，而阳城独擅吟事。虽五尺之童，矢口讽咏，无平仄钮铻者。延荔浦先生于是有《樊南诗钞》之辑，为书四卷，诗千余首，既章章在条牒矣。”这段话生动形象地描绘了阳城文风鼎盛时期的情形，写得十分精彩。清代阳城北音人延君寿在《樊南诗抄第一集》序文中，对阳城诗人活动情况进行了简要介绍，“阳城诗人，前明以王疏庵先生为之冠，张藐山、杨沁湄两先生继之。同时羽翼之者，有无未可知。而传者不一二数，或亦后起者无以辑之故屿！国朝陈午亭先生出，以燕许之笔垂江汉之文，允为一代宗工，不仅式一乡一邑而已。一时陈氏诗人林立，其裔明轩，汇刻传家集行世。乾隆初年，田退斋先生工诗，刻有《依园诗抄》。四十年来，继起尤多”。其后，延君寿在《阳城诗人》文中指出，“吾阳城诗人，午亭是天下士，不仅一式一乡邑。前代之王疏庵、张藐山非专门难与抗衡。后来田退斋工诗，却未多见。继之者为郭冀一、田楚白、张芝庭、王青甫、卫容山、樊梅轩、王鲁亭、陈明轩。余会刻八人诗，为《樊南诗抄》，再稍后则为隽三、金门、礼垣与余后起少年，余曾与之结樊南吟社，多年不归里，闻诸生忽作忽辍，多不认真，午亭之香危乎几息”。

延君寿在序文中谈到的樊南吟社，是其与张晋、陈法于、张为基等

"骚坛四逸"组成的倡导一代文风的诗社组织，并把与诗社活动相关的诗人及诗作汇编成册为《樊南诗钞》。延君寿在序文中指出，之所以把诗集名称称之为《樊南诗钞》，是因为"阳城东有樊山，樊水出其下，余居樊水南，故以名集，非袭李樊南之称也"（唐代李商隐有《樊南文集》，故常以李樊南称之）。可见，以"骚坛四逸"为首的樊南吟社，其活动地域特征明显以樊山之南的区域为主，也即处于沁樊文化圈之内。《樊南诗钞》、《樊南诗钞附集》、《樊南诗钞别集》共收集了包括：李豸、陈钟第、王国光、栗魁周、宋之范、陈炳、贾之凤、张慎言、杨时化、白胤昌、石凤台、张毓中、张履旋、王曰俞、白胤谦、王克生、成端人、田六善、卫贞、白象颢、吴起凤、张蕴生、陈廷敬、张泰交、王璋、张文炳、田樊、田焌、田珩、郭兆麒、张树佳、樊大基、贾为焕、王炳照、卫谦益、王右文、陈秉灼、李毅、王瑶台、张晋、延赏、田懋、延少池、乔映伍、陈廷弼、韩苏、田从典、白畿、白肇锡、卫昌绩、贾容、陈观永、乔元兆、李维垣、张敬思、刘灏、窦家善、樊琥、陈嘉谟、王豫泰、李贻典、马嵩山、张裔云、贾沚、李勤业、卫立言、延彩、杨昱、延曦午、李焕章、张贻谷、韩纪元、王遹徽、延彭年、张域、卫浚都、延彤、杨庆云、李蟠根、王钟灵、杨维清、刘作霖、王儒颖、宋孔潢、曹升秀、宋敏潢、田汝为、曹翰书、卫捷先、刘昴华、田观、贾瀚芳等在内的92位诗人大约623首诗作。九十多位诗人、六百多首诗作作品，这真如郭象升所指出的那样——"首尾百余年，作者相望"。更何况，这九十多位诗人都集中在樊山南山之下的区域活动，我们可以想象当时阳城诗人活动情况是多么热闹非凡、人才辈出。

游海会寺

咸丰八年（1858）兴起的梅花诗社同样也反映了阳城诗人不仅人数众多而且活动频繁。咸丰戊午年（1858）任阳城知县王莲溪曾写了题为"步张船山咏梅原韵八首”的诗作，就曾引起阳城当地数十位诗人的应和。王莲溪在对应和诗作进行品评之后，汇集成册——《梅花诗社同吟集》，其中录入的诗人共有25位：李焕章、张贻谷、韩纪元、王適徽、延彭年、张域、卫浚都、延彤、杨庆云、李蟠根、王钟灵、杨维清、刘作霖、王儒颖、宋孔潢、曹升秀、宋敏潢、田汝为、曹翰书、卫捷先、刘昴华、田观、贾瀚芳、王佩玉等，每位诗人都应和8首诗作，总共诗集之中共有200首以“咏梅八首步张船山原韵”为题的诗作。试想，由一位县令的诗作而引发的众诗人的应和之作，经品第甲乙之后，收集成册仍有200首之多，我们可以想象咸丰之时阳城诗人之多、诗作之丰，真是令人叹为观止。

我们从延君寿的序文之中，大致可以看出阳城从明末王国光、张慎言、杨时化起端到清朝乾嘉年间诗歌文学创作的高潮。到清代道光、咸丰年间，以杨庆云（闲逸）为首，包括李焕章（涧逸）、王萃元（墨逸）、延常（心逸）、曹承惠（柳逸）、张贻谷（樵逸）、韩纪元（书逸）等的“七逸老人诗社”[后来南神庙德僧人本立（莲逸）加入，成为“八逸老人诗社”]的出现，既体现了阳城诗人诗社活动的延续，又是对“四逸”诗人群体的延续和深化。而以杨伯朋为首的杨家祖孙三代——杨伯朋、杨念先、杨兰阶，则是鸦片战争以后至清末六十余年以来阳城诗人活动的续曲和尾声。

游海会寺

我们试以《阳城历史名人文存》、《润城古代诗文选编》、《皇城陈氏诗人遗集》为蓝本，来大致梳理明清时期阳城诗人名录。

李豫主编的《阳城历史名人文存》共分为8册，共收录阳城诗人121位，其中：第一册收录诗人3位：王国光、张慎言、白胤昌；第二册收录诗人1位：白胤谦；第三、四册共收录诗人1位：陈廷敬；第五册收录诗人3位：田六善、张泰交、田从典；第六册收录诗人6位：张敦仁、郭兆麒、张锦、张广基、刘灏、张晋；第七册收录诗人94位：延君寿、王炳照、李毅、田珩、郭兆麒、张树佳、樊大基、卫谦益、王右文、陈秉灼、陈法于、李豸、陈仲第、王国光、栗魁周、宋之范、陈炳、贾之凤、张慎言、杨时化、白胤昌、石凤台、张毓中、张履旋、王曰俞、白胤谦、王克生、成端人、田六善、卫贞、白象颢、吴起凤、张蕴生、陈廷敬、张泰交、王璋、张文炳、田樊、田焌、贾为焕、王瑶台、张晋、延赏、田懋、延少池、乔映伍、陈廷弼、韩苏、田从典、白畿、白肇锡、卫昌绩、贾容、陈观永、乔元兆、李维垣、张敬思、刘灏、窦家善、樊琥、陈嘉谟、王豫泰、李贻典、马嵩山、张裔云、贾沚、李勤业、卫立言、延彩、杨昱、延曦午、李焕章、张贻谷、韩纪元、王遹徽、延彭年、张域、卫浚都、延彤、杨庆云、李蟠根、王钟灵、杨维清、刘作霖、王儒颖、宋孔潢、曹升秀、宋敏潢、田汝为、曹翰书、卫捷先、刘昴华、田观、贾瀚芳；第八册收录诗人13位：田秫、延彩、延赏、刘堃、窦积之、杨兰阶、杨念先、田九德、杨荣序、杨庆云、杨昱、杨伯朋、杨叔雅。

田澍中主编的《润城古代诗文选编》共分为9卷，包括：润城卷、上庄卷、中庄卷、下庄卷、屯城卷、上伏卷、下伏卷、北音卷、西坡卷，所编录的阳城诗人共有65位，分别为：润城村的张毓中、张伊、张广基、张为基、张敦仁、张居仁、张近仁、张贻谷、张树佳、张晋、张域、刘坤、延彩、延彤、王右文等15位诗人；上庄村的王国光、王楷符、王豫泰、樊大基等4位诗人；中庄村的曹承惠、曹总参等两位诗人；下庄村的李豸、李毅、李瑞、李贻典、李贻纲、李麟鳌、李蔚南、李蟠根、杨天衢、杨鹏翼、杨荣胤、杨庆云、杨丽云、杨伯鹏、杨叔雅、杨念先、杨兰阶等17位诗人；屯城村的张升、张慎言、张履旋、张泰交等4位诗人；上伏村的于瓒、韩苏、栗继祖、栗树德、李维垣、李焕章、李勤业等7位诗人；下伏村的马世德、杨时化等两位诗人；北音村的延君寿、延汝寿、延英寿、延赏、延常、延棠、延曦午、延彭年、延中权等9位诗人；西坡村的刘作霖、刘昴华、刘灏、曹升秀、曹翰书等5位诗人。

《皇城陈氏诗人遗集》中共刊录的陈姓诗人共有33位，分别为：陈秀、陈天祐、陈昌言、陈廷敬、陈元、陈豫朋、陈壮履、陈观颙、陈随贞、陈师俭、陈廷继、陈廷愫、陈廷扆、陈廷统、陈廷弼、陈廷翰、陈咸受、陈复刚、陈贲懿、陈静渊、陈卫氏、陈象雍、陈景行、陈名俭、陈崇俭、陈传始、陈师夔、陈垣、陈金铭、陈秉灼、陈法登、陈法于、陈沛霖等，此外王炳照也为皇城村人，实际上共收录34位诗人。

《阳城历史名人文存》、《润城古代诗文选编》、《皇城陈氏诗人遗集》等文本中的诗人名录存在部分重合的地方，我们对3部著作的人物按照姓氏分类，发现在明清时期阳城共有诗人159位：

姓氏	人　物	总数
王氏	王国光、王炳照、王右文、王曰俞、王克生、王璋、王瑶台、王豫泰、王適徽、王钟灵、王儒颖、王楷符	12
张氏	张慎言、张泰交、张敦仁、张锦、张广基、张晋、张树佳、张履旋、张毓中、张敬思、张蕴生、张文炳、张矞之、张贻谷、张域、张伊、张为基、张居仁、张近仁、张升	20
白氏	白胤昌、白胤谦、白象颢、白钺、白肇锡	5
陈氏	陈秉灼、陈仲第、陈炳、陈观永、陈嘉谟、陈秀、陈天祐、陈昌言、陈廷敬、陈元、陈豫朋、陈壮履、陈观颙、陈随贞、陈师俭、陈廷继、陈廷愫、陈廷扆、陈廷统、陈廷弼、陈廷翰、陈咸受、陈复刚、陈贲懿、陈静渊、陈卫氏、陈象雍、陈景行、陈名俭、陈崇俭、陈传始、陈师夔、陈垣、陈金铭、陈秉灼、陈法登、陈法于、陈沛霖	38
田氏	田六善、田从典、田珩、田樊、田焌、田懋、田汝为、田观、田秫、田九德	10
郭氏	郭兆麒	1
刘氏	刘灏、刘作霖、刘昂华、刘堃、刘坤	5
延氏	延君寿、延赏、延棠、延曦午、延彭年、延彤、延汝寿、延英寿、延常、延中权	10
李氏	李毅、李豸、李贻典、李勤业、李焕章、李蟠根、李维垣、李瑞、李贻纲、李麟鳌、李蔚南	11
樊氏	樊大基、樊琥	2
卫氏	卫谦益、卫贞、卫昌绩、卫立言、卫浚都、卫捷先	6
栗氏	栗魁周、栗继祖、栗树德	3
宋氏	宋之范、宋孔潢、宋敏潢	3
贾氏	贾之凤、贾为焕、贾容、贾沚、贾瀚芳	5
杨氏	杨时化、杨庆云、杨维清、杨兰阶、杨念先、杨荣序（杨荣胤）、杨昱、杨伯朋、杨叔雅、杨天衢、杨鹏翼、杨丽云	12

（续表）

石氏	石凤台	1
成氏	成端人	1
吴氏	吴起凤	1
乔氏	乔映伍、乔元兆	2
韩氏	韩苏、韩纪元	2
窦氏	窦家善、窦积之	2
马氏	马嵩山、马世德	2
曹氏	曹升秀、曹翰书、曹承惠、曹总参	4
于氏	于瓒	1
24种		159

总共24种姓氏159位诗人，几乎涉及古阳城县沁水流经的大部分区域。当然，我们从对姓氏人物出生地分析不难看出，明清时期的阳城诗人大都集中在樊山以南——沁水和樊水的交汇地带。从我们对明清时期阳城科举事业的分析不难发现，教育文化事业的兴盛既带动和促进了阳城士子的政治前途和社会命运，又在一定程度上直接带动了本地地域文化事业的繁荣。科举、诗歌、家族、血脉之间的相互交融、相互融通，使得沁樊文化圈成为明清时期泽州乃至山西文化的地方名片。王国光、张慎言、陈廷敬等人通过在外为官，既为阳城文化事业的发展注入了新鲜的活力，又为推动和传播阳城文化事业提供了更大的、更为广阔的平台。

（2）邑名招提　游人踏至

正如徐纶在《大周泽州阳城县龙泉禅院记》中记载，“龙泉禅院者，人天集福之所也”，其为诸世间众生招致福佑的地方。龙泉禅院的名望来自于方方面面：

佛性的白兔：我们从历史碑碣记载不难发现，一个充满佛性的白兔开启了海会寺建寺的历史。因为白兔的灵性以及古僧的顿悟，再加上禅理深奥的魅力而使得海会寺从创建之始，就被披上了一层神秘的不可捉摸的外纱。正所谓：“月中白兔老而顽，潜背蟾蜍逃空山。老僧诵经兔前伏，杖锡逐之投崖间。瑟瑟珍珠溅僧面，一眼碧泉垂飞练。月精化水僧不惊，一瓢自酌当风嚥。月明团圞望正中，脱奁秋水摇碧空。精气相感呼吸通，人间乃有广寒宫。月波西流带新水，水亦作势迎山鞘。泛泛琼花十顷田，摩荡忽动波中天。水自澄澜月留魄，上下其间初不隔。捣药老兔功不磨，肯以老泉逛过客。”（延君寿《白兔泉》）

官方的匾额：如果说迷人的白兔为海会寺的创建布满了禅机，那么官方的两次恩赐则彻底竖立了海会寺的历史地位。《大周泽州阳城县龙泉禅院记》和《龙泉禅院田土壁记》两块碑碣，金石铭记了大周和北宋时期海会寺两次蒙圣恩获赐匾额的历史事实，两次蒙恩印证了海会寺在阳城乃至泽州寺庙中的政治地位，同样也成为其躲避历史灾难的护身符。

龙泉禅院

神性的泉水：海会寺经白兔引导依泉而建，泉为水，除具有水的所有物质特性之外，海会寺的泉为龙泉。龙泉为充满禅理之泉，特别是在张慎言《海慧院藐泉慧泉铭》的诗文之中，“藐泉”、“慧泉”的称号加上张慎言本人的个人魅力，使得海会龙泉超出了一般的禅理本身，历经时代变迁而演绎成为一个神秘的文化符号——既充满禅理又暗含功名，既是海会龙湫阳城景观又是九曲流觞诗雅风情之场所。相信，泉水入沁河归海之时必能感受樊南诗人诗歌咏唱的风情。

傲人的双塔：如果此时你地处河南，如果天高云轻，那么你矗立河南边境远眺定能看到海会寺的双塔。佛塔摩天历来受文人膜拜，特别是登临佛塔远眺更是另一番风情，“萧寺浮图百尺余，崔巍直上接清虚。苍烟黯霮迷三界，紫气氤氲隘八区。绝顶

傲人的双塔

忽惊超幻世，凌空疑是驾云车。与君随喜诸天境，扪手层霄意自舒”，雁塔沧桑铭记着海会寺的历史过往，双塔傲立见证着海会寺的佛理禅机。

功名的膜拜：“学而优则仕”历来就是儒生的梦想追求。修身、齐家、治国、平天下更是君子的人生报负，而学为君子是儒生的理想境界。从有确切的记载阳城科举代表人物王国光开始，再到张慎言创立海会别院之后，海会寺特别是海会别院从一定程度上成了科考福地。我们完全可以大胆地推测和深深地相信，明清时期的阳城士子们在参加科举考试之前，必到海会寺祈福以获得先人荫佑。海会寺的香火之中，又多了几分功名利禄的味道。

诗人的鼓吹：海会龙湫，九曲流觞成了诗人们聚会的理由，也为诗人们提供了吟诗作赋的平台。我们从现存关于描写海会寺的作品中不难发现，科举名人也是诗词达人，王国光、张慎言、白胤谦、陈廷敬等阳城进士都留下了大量诗作，并都有关于描写海会寺的诗作。同样，从四逸到七逸或聚会饮酒或诗词歌赋，海会寺之中至今都能嗅到他们的身影。文人雅致就成为宣扬海会寺的最佳名片。禅院墙壁青苔之中，“竹径通幽处，禅房花木深”十个字就曾引得无数诗人跨朝代附和，海会盛况可想而知！

白兔、匾额、泉水、双塔、功名、诗人等诸多因素集中在一起，就构成了海会寺在沁樊文化圈的中心地位。我们从历代描写海会寺的碑碣和诗文作品之中，就能够大致勾画出曾经参观和游览海会寺的历史文化名人：

朝代	姓　名	总计
后周	徐纶、王献可	2
宋	黄廉	1
金	李宴、何虑、杨之休、郑辉、刘延彦、杨天衢、徐守谦、元好问	8
元	苏壤	1

（续表）

明	陈化（知县）、杨继宗、王国光、赵讷、刘承恩、赵大伦、窦杰、蔡勋、张慎言、刘储秀、王朝雍（知州）、李翰、王士廉（知县）、砥柱山人、王三省、李豸、李蓑、唐顺之、于达真（知州）、徐曾、李环洲、赵尔守、王象蒙（知县）、朱埕堦、白所知、徐贞（知县）、杨时化、于瓒、俞时、罗鹿龄、张循吉、李永和	32
清	张域、李继白（知县）、陈国珍（知县）、陈廷敬、张敦仁、翟子云、白胤谦、卫贞、杨素蕴、项龙章（知县）、田从典、田澻、樊初荀、朱樟（知府）、延棠、田汧、吴登岐、郭兆麒、王炳照、李毅、范墉、徐璈（知县）、陈复刚、陈法于、卢廷菜、杨庆云、杨昱、杨伯朋、杨叔雅、窦积之、刘灏、田六善、杨丽云、延君寿、王豫泰、张晋、张为基	37

注：[1]赵讷撰、刘承恩书、赵大伦篆《龙泉寺新建塔记》。
[2]翟子云撰《恩师理法自志碑记》。

从后周至清代，共有81位留下诗作，其中包括：3位泽州府知州（知府）王朝雍、于达真、朱樟；8位阳城知县：陈化、王士廉、王象蒙、徐贞、李继白、陈国珍、项龙章、徐璈；两位明清时期阳城科举代表人物：王国光、陈廷敬；清代阳城代表性诗人：延君寿、王炳照等。可以说，上到泽州府知州，下到阳城著名乡土文化名人，都曾经游览过海会寺并留下诗作。同样，我们完全可以大胆地推测，从海会寺建寺以来，有多少像我们一样的游人（注：笔者曾5次游览海会寺）只是望景凭吊，在游览之后或因没有留下诗作，或因诗作没有得以保存，而消失在历史发展的滚滚红尘之中……

游海会寺怀李怀州于完朴二公

（3）九曲流觞　诗词歌赋

“九曲流觞”起源于诗情雅兴。海会寺之中位于龙涎池的流觞曲水亭，就是明清时期阳城文人饮酒赋诗雅玩之地。

公元353年，王羲之得到去会稽任内史的机会，故地重游老友相聚自然成为必然。天朗气清、惠风和畅的春日，王羲之、谢安、孙绰等一众好友，聚会于茂林修竹掩映之中的兰亭。文人雅士围坐在曲水旁边，饮酒赋诗，畅叙友情，好不痛快。41人得诗37首，名曰《兰亭集》。微醉状态的王羲之“挥毫制序，兴乐而书。用蚕茧纸，鼠须笔，遒美劲健，绝代更无，凡二十八行，三百二十四字”，这就是著名的《兰亭集序》：

永和九年，岁在癸丑，暮春之初，会于会稽山阴之兰亭，修禊事也。群贤毕至，少长咸集。此地有崇山峻岭，茂林修竹；又有清流激湍，映带左右。引以为流觞曲水，列坐其次。虽无丝竹管弦之盛，一觞一咏，亦足以畅叙幽情。是日也，天朗气清，惠风和畅。仰观宇宙之大，俯察品类之盛，所以游目骋怀，足以极视听之娱，信可乐也。

夫人之相与，俯仰一世。或取诸怀抱，悟言一室之内；或因寄所托，放浪形骸之外。虽趣舍万殊，静躁不同，当其欣于所遇，暂得于己，快然自足，曾不知老之将至。及其所之既倦，情随事迁，感慨系之矣。向之所欣，俯仰之间，已为陈迹，犹不能不以之兴怀。况修短随化，终期于尽。古人云：“死生亦大矣。”岂不痛哉！

九曲流觞

每览昔人兴感之由，若合一契，未尝不临文嗟悼，不能喻之于怀。固知一死生为虚诞，齐彭殇为妄作。后之视今，亦犹今之视昔。悲夫！故列叙时人，录其所述。虽世殊事异，所以兴怀，其致一也。

后之览者，亦将有感于斯文。

“流觞曲水，列坐其次”，“一觞一咏”，“畅叙幽情”，文人雅士觞咏雅致之文虽兴于此，而文人赋诗比兴却源远流长。

海会寺之流觞曲水亭即取意于此。

龙泉胜景、曲水流觞、文人墨客、车水马龙……海会寺之过往历史，随文人笔墨而跃然纸上……

从金元开始（甚至以前）至清末，关于海会寺的诗歌词赋层出不穷。我们以《阳城历史名人文存》、《润城古代诗文选编》、《海会寺碑碣诗文选》等文本为基本史料，来整理历代以来关于海会寺的诗词作品：

诗人	作品名称	作品内容	备注
白所知	同张金铭侍御雨苍给谏登海会寺塔	萧寺浮图百尺余，崔巍直上接清虚。 苍烟黯霭迷三界，紫气氤氲隘八区。 绝顶忽惊超幻世，凌空疑是驾云车。 与君随喜诸天境，扪手层霄意自舒。	文选
白胤谦	戊寅秋海慧院呈家伯兄长洲先生	薄游迹每共，意各亲水山。 适返泊园骑，寻蹊过龙泉。 精庐展新构，旷朗怡心颜。 乳窦就决渠，修廊如往还。 其央已开池，翛翛遮檀栾。 碧虹委奔濑，势注绝壑间。 人憩石梁下，头上鸣滦澴。 吁嗟沧凿功，愿力诚未悭。 延步俯空阁，灌莽葱青参。 秋钟吐灵籁，风末随潺湲。 檐户粲且密，一一支撑关。 坐觉鱼鸟新，英英云芊眠。 顾叹区中物，孰者云俱闲。 寓目了群象，清寂非徒然。 惠连忝同调，谢公宁独贤。 三复泊园疏，胜境良因缘。	文存
白胤谦	题龙泉旧读书处	忆昔栖名山，日日赏空翠。 山寒常晏起，听泉夜不寐。 兹来憩兰若，云萝增我愧。 浮生意何得，役役还牵累。 无心天一君，期结千秋契。	文存 文选

（续表）

白胤谦	上方园赠泉上人	朝来金谷游，夜宿祇园树。 秉烛闻暗香，穿林犯香雾。 赏妍聆妙法，观空得真悟。 桃李杂天花，零落不知数。	文选
白胤谦	儿敦亡五十日矣忽梦同游海会寺儿素不谈禅惟契正学诗以志之	梦中还故刹，父子乐相将。 流水穿僧舍，经声满寺廊。 幽明惟一理，儒佛俨同堂。 悟尔三生迹，依稀合坐忘。	文存
陈廷敬	龙泉寺下院	日隐原上村，秋阴起桑柘。 杳杳随烟钟，悠悠远峰下。 境空放梵长，天迥飞云泻。 松门晚色静，碧草净可藉。 风吹篱边花，寒香正盈把。 薄游涉清旷，所历向潇洒。 乐游抵嗜芰，味道如啖蔗。 至人患有身，矧复簪缨假。 息心同冥寥，聊此絷吾马。	文存
陈廷敬	龙泉寺	金银二泉流，乃在星汉间。 泠风不可御，远望空云烟。 忽见秋山池，暎此碧玉环。 神鱼长鬐鬛，色异凡鲔鳣。 日影布石上，鱼跃不在渊。 食叶如树游，吹气成花圜。 洑流绕砌来，吾欲寻其端。 稍怜松殿侧，泉眼明微澜。 西轩俛木杪，巘径闻哀湍。 此泉自遥昔，斯人如逝川。 谁能向杳霭，终掩青萝关。	文存 文选
陈廷敬	过海会院二首	川长塔迥费跻攀，路转溪云杳霭间。 石镜泉鸣寒夜月，翠屏鸟拂晓春山。 上方色界诸天静，双树香林万象闲。 除却山僧与樵叟，松门无客不须关。 浮图金碧照山隈，略□横斜隔浦回。 钟动幽林风叶落，鸟衔空翠雨花来。 引泉不碍孤生竹，扫石长防未破苔。 曲径禅房容易好，高亭还对野塘开。	文存 文选
陈复刚	雪后行龙泉寺道中	背郭招提隐翠微，清流一带四山围。 白杨风响寒鸭起，绿麦光浮野雉飞。 原上土埋何代碣，岩前雪闭几家扉？ 欲寻支遁幽栖地，系马桥头向夕晖。	文存 文选

（续表）

陈法于	龙泉寺	探奇不在远，赏心随所遇。 偶然踏溪沙，寻入云深处。 参差见兰若，一径开觉路。 松风喷龙泉（湫），晴雨散遥树。 入寺礼金身，绀壁积阴雾。 津梁讵已迷，解脱从兹悟。 坐久寂无闻，塔上风铃语。	文存 文选
窦积之	龙泉寺即事	清磬一声响，淙淙急水流。 峰寒初上月，叶落乍惊秋。 竹院开新籁，松门话旧游。 浮生知几度，能此作淹留。	文存
砥柱山人	眦卢阁，次石楼老先生韵	琼树遥开法界宽，春来试入五元观。 金莲殿好香风细，白象堂前景色阑。 盼俯龙泉花有韵，肩摩凤竹月生寒。 凌空真与红尘绝，欲度诸天应未难。	文选
樊初荀	龙泉寺	龙泉岩上寺，杏谷日边霞。 夜瀑晴峦雨，春灯白雪花。 磬浮松月小，关掩岑云赊。 仄径穿林细，轻烟拂树斜。 东风迟暗草，暝色滞飞鸦。 慧远溪前路，樵苏数十家。	文选
范墉	海会寺望雪	疑是佛谈经，天花散不停。 地铺千顷白，山失万重青。 落叶埋僧舍，寒芦没雁汀。 折梅人不见，吟望短长亭。	文选
郭兆麒	海会龙湫	僧房水乱鸣，塔上风铃语。 铃声与水声，起灭从何处? 寄谢区中缘，烟霞淡吾庐。	文选

（续表）

李瀚	李瀚同王士廉游海会寺诗并序	嘉靖甲申孟夏，予归自晋城，道海会，于时阳城尹王君士廉率僚佐暨诸文学来候，即寺之方丈，具盛馔延款，礼仪殷勤，逾再宿始克告别。感而有作，用寄鄙怀。 闻道禅关可乐饥，竭来欣慰昔年思。 泉声入夜听偏好，山色经春看更奇。 松鼓龙髯风万壑，竹摇凤尾雨千枝。 东西南北青云士，载酒频劳劝玉卮。 空王殿阁乱云中，藻栋文榱壮重复。 度地何年僧卓锡，哺雏当昼鹤归松。 天开图画常时在，人走轮蹄几个逢。 我欲遍观奇绝处，劳劳犹自愧尘踪。	文选
李瀚	登龙泉寺毗卢阁，上东道白孔彰先生	邃阁玲珑四望宽，凭君今喜得游观。 黄金漫布三千界，白玉新装十二阑。 子落菩提云影乱，香飘檐匐月光寒。 他年乘兴重来此，还借东风振羽翰。	文选
李瀚	宿海会龙泉寺，赠悟源上人	几年不到岩阿寺，此日重来忆昔游。 瑶圃莺花三月暮，画楼烟雨四时秋。 云过雁塔迎风散，水出龙湫绕院流。 更美老僧能款客，夜窗灯火话绸缪。	文选
李豸	再游龙泉寺	林麓开禅境，青山俯碧轩。 迎风松影乱，激石水声喧。 野鸟争栖树，山僧独掩门。 从容寻旧衲，能得几人存？	选编 文选
李毅	过龙泉塔院	一碧水杨柳，客来忘暑天。 塔阴当午直，雕翅挚风圆。 帘静僧初定，茶香手自煎。 此间堪下榻，不费买山钱。	选编 文选
李蓑	初宿海会寺	灵泉流水夜淙淙，月小松高鹤影双。 石榻觉来秋烛冷，讽经声满碧山窗。 听泉问竹开珠阁，剔藓看碑坐翠微。 碧殿秋来人迹少，天风时动六铢衣。	文选
李蓑	夏日憩海会寺成古诗一首	终日苦扰扰，见僧如见仙。 空山芍药开，朵朵留春妍。 老僧顾我笑，酌酒重阴边。 俗轨犯仙刹，尘面慙灵泉。 优儿四五人，信手挥鸣弦。 凤昔欢歌声，听来咸不怜。 山声晚悄悄，白月当南天。 木末生微飙，终夜来凉烟。 摩顶既不遂，买山良未缘。 半醉谢僧去，无复意谈元。	文选

（续表）

<table>
<tr><td>李宴等</td><td>海会宴集并序（五首）</td><td>宴自淇园受代，来阳城省觐家兄，而适以事趋州，因拉何良知、杨嗣卿、郑德光、刘邦美相过于此。纵观壁间诸公诗，有以“竹径通幽处”为韵首，遂用下五字“禅房花木深”各赋一篇，以纪其来。
——大定五年四月四日　李致美
《得禅字》（何虑）
槐柳阴阴首夏天，闲门块坐正萧然。
忽蒙兰友邀为伴，来访莲宫一问禅。
粉着衣襟穿翠竹，冰生齿颊漱寒泉。
晚来更看前山雨，共借西轩对榻眠。

《得房字》（杨之林）
碧玉千竿荫藓墙，水声山色近禅房。
一轩疏雨僧棋静，满榻清风客梦长。
隔叶几听溪鸟弄，媚盘尤觉野蔬香。
赋诗把酒龙泉上，共扫余花坐晚凉。

《得花字》（李宴）
地僻人行少，溪深路趁斜。
解鞍投翠篠，倚仗问黄沙。
石罅涓流水，林梢卧晚霞。
此心机尽矣，何必染衣花。

《得木字》（郑辉）
吾侪爱山水，乘兴游金谷。
修竹荫寒泉，层岩排古木。
风轩杯暂把，花院棋终局。
晚雨更多情，留人成夜宿。

《得深字》（刘廷彦）
清晨策骞从知音，来谒龙泉溪路深。
一派寒泉通乱石，万竿修竹啭幽禽。
虚檐列坐棋酣战，小径闲行酒旋斟。
珍重老僧延倦客，清谈亹亹涤尘襟。</td><td>文选</td></tr>
<tr><td>刘灏</td><td>荔浦表兄之任五河，同人饯于海会寺，是日，予冒雨先归</td><td>马头回首湿春衣，心宿祇园身已违。
雨好但沾红杏坞，水深谁认钓鱼矶？
坐无车武人同撼，客有延陵日未归。
花事匆匆增别感，心随山瀑一齐飞。</td><td>选编</td></tr>
</table>

（续表）

刘储秀	夏日龙泉寺	正德辛未余与郭子鸣和下第西归，道经兹寺，因分元人韵各为一章，漫书以去，今复于壁间见之，盖一十又八年矣。感念平生，殊增惆怅，爰勒诸石，聊以记行云耳。 清晓过名寺，淹留日欲斜。 年光怜逝水，身事笑团纱。 山迥浮青霭，川平散绮霞。 何时登觉路，且復对灵花。	文选
罗鹿龄	龙泉寺	入谷疑山断，重萝觉路悬。 瀑流分万壑，香径上诸天。 莫怪稀人迹，都由选地偏。 何须风作驭，吾意已超然。	文选
李永和	趋事沁水投憩海会寺	浮生浪迹一黄粱，尘鞅东西几太行。 揽胜忍寻云水窟，怀归空望海天乡。 不辞苔藓披余碣，为爱潺潺独举觞。 倦客徘徊情未已，远山衔月远苍苍。	文选
卢廷棻	春初登海会寺浮图	梯连银汉十三层，脚力犹能似昔登。 山霁远明天外雪，松多低隐佛前灯。 川行驴背人尤小，冰泮龙泉水渐增。 指点芙蓉悬九蕊，乱喧檐铎斗崚嶒。	文选
唐顺之	龙泉寺怀顾南田使君，顾以事不至，复惠酒助看山之兴	琳宫窈窕碧云隈，历尽巉岩更上台。 不见踏花骢马至，虚看送酒白衣来。 山中泉石谁相赏，天末烟云望屡回。 闻道使君能爱客，习池还拟接先杯。	文选
唐顺之	同孟中丞游龙泉寺	宝地风尘绝，琳宫日月偏。 雁来还绕塔，龙去尚留泉。 户里天花落，空中梵乐传。 远师休禁酒，客醉欲逃禅。	文选

（续表）

田六善	龙泉宴集和张子础元韵	古寺临泉岸，长天过麦秋。 参商违旧好，烂漫约同游。 峻塔梢云迥，虚廊转竹幽。 溪光凭栏得，岭色卷帘收。 只有谢安屐，那非庾亮楼。 樽开舒笑口，妓出动歌喉。 太白喧嚣尽，晚红佳丽稠。 微风吹绮箪，皓月上新钩。 支遁谁传法，杜康解忧愁。 高贤推伯仲，盛业续箕裘。 远市谋兼味，华筵列□羞。 人堪追洛社，道欲付沧州。 论笃席频促，情酣辖几投。 朱陈姻并重，鲍管气同求。 倘悟佛三味，应怜已一沤。 心何关出处，学恐负居由。 真理亲摩切，雄文属和酬。 多君名凤沼，愧我对螭头。 玉海罗胸富，银河泻笔流。 酒兵常退垒，诗律倍输筹。 驹影何偏迅，蛩音已遍啾。 又将成契阔，念此意迟留。	文存
田从典	龙泉寺	古寺埋云树，遥瞻塔影微。 溪喧珠迸落，花烂锦重围。 寂历乾坤小，虚明色相归。 诸天一回步，顿与世情违。	文选
田滢	夜宿海会寺（四首）	方丈联床静，禅灯照眼明。 窗虚都不碍，水竹自生情。 隔岸气阴森，深林暗法相。 但闻清池中，游鱼时跌宕。 宝塔几多层，高在诸天侧。 云翳月边来，谁登一拂拭。 泉声响不彻，永夜绕虚亭。 可奈远公性，贪眠唤不醒。	文选
田汧	游海会寺（三首）	宝幢峰下烟霞古，老树犹如欲飞舞。 花气薰成五色云，泉声散作千林雨。 我爱溪山处处幽，良朋招引到来游。 题诗净埽岩头石，把酒还登竹外楼。 空门自与人间别，夜榻焚香自清绝。 兴阑长笑拂衣归，闲却溪山与风月。	文选

（续表）

徐曾	游海会寺怀李怀洲于完朴二公	空林清夜梵，石蹬绕春泉。 疲病因之愈，云霞倏尔便。 龙泉初涌地，雁塔半摩天。 竟夕浑无寐，临风怀二贤。	文选
徐贞	宿龙泉寺（时值微雪）	夜宿留骖此借眠，晓来香梵挹龙泉。 元分细脉飞纤乳，妙转涓流绕玉田。 万叠岚光迷翠色，一泓云影锁朝烟。 徘徊不尽澄清处，拂拭尘缨意惘然。	文选
徐贞	游龙泉寺有感	下马憩龙泉，中怀尝耿耿。 暂解苦烦心，寓目龙泉境。 栋宇自何王，苍烟淡颓屏。 元流分地脉，古塔曳倒影。 柱策步绝岩，恍惚无穷景。 朱甍射夕晖，摇落光芒迥。 大千入毫毛，萧然万壑冷。 宝筏殢迷川，半偈阿谁秉？ 自念苦尘跧，竭来不知警。 玉毫忽可见，猛然发深省。	文选
徐璥	早秋偕诸子集海会院藐山方丈，即事述怀	灵境启清渠，初地旷高瞩。 同野集良俦，朋来聚芳躅。 振絺蹑层阶，挥纨憩净域。 盈科导涓涓，浮觞回曲曲。 乔荫互蔽□，繁英交掩缛。 杰阁厂虚朗，精庐资诵读。 贤卿蓄时望，高风缅清穆。 俯槛眺川原，沃野盈禾稑。 桃绯忆山红，荷擎想绿池。 度地规圆方，筹工趣畚挶。 庶植数亩莲，更茂千竿竹。 众情亦以欣，来游亮同欲。 忆自淹雷封，暑序已更六。 四生廛牧刍，两失愧巫宓。 言念泯众悬，何如寐歌独。 昔宰欣田园，束带苦儿督。 矧乃年及衰，远道惮于役。 倘葆瓠落资，应脱雍尘辐。 挥手将及时，晨装于焉俶。	文选
徐璥	龙泉寺阳邑胜境顷于寺前凿莲池	泉流活活竹猗猗，更濬栽莲数亩池。 他日花开游屐满，可胜江左远人思。	文选

（续表）

徐守谦	海会寺诗并序（五首）	寺主谭公告仆，昔有“竹径通幽处，禅房花木深”次以十韵，留题于壁。尔后风雨所坏，遗失五韵，为终身之叹。于是稽颡再四，命仆复成前五韵。为后人所捧腹云。时 ——泰和乙丑闰八月十有四日 东海徐守谦 竹 宦身几日闲，因来证幽处。 盥漱涤龙泉，睥睨面金谷。 晚风千古清，宿雨万峰沐。 胸次不胜寒，况复饱松竹。 径 渭川千亩阴，斤斧成曲径。 斜桥便脚力，流水增诗兴。 白昼静纹楸，秋风和钟磬。 何当陪莲社，诗酒论奇胜。 通 行尽溪岩见箨龙，石梯高与路相通。 云藏佛骨潜山鬼，草隐秋声话夜虫。 翻袜抉身输衲子，莆花吹雨散天风。 我来借榻松轩宿，须信仙凡梦不同。 幽 俗事纷纷厌宦游，山林劝我早归林。 野花影里禅房静，乱石丛中竹径幽。 雨印莓苔滑蜡屐，云昏香火灿层楼。 晚晴僧话浑无事，茶罢吟余坐听鸠。 处 可爱林泉人，乐此深幽处。 清虚绝六根，俯仰静万虑。 身世总空花，禅心作泥絮。 愿结闲因缘，西风送来去。	文选
项龙章	过海会禅院竟日留宿（三首）	远望疑无径，钟声出翠微。 山高双塔迥，寺僻万峰围。 爽阁风频荐，沉林暑顿归。 折腰惭俗吏，初志雅相违。 仄径才容足，篮舆诘屈过。 凭栏丹树合，入坐白云多。 丛篠抽新箨，渟泓映浅莎。 午钟人吏散，栩栩梦如何。 碧润檐端泻，青萝木末垂。 蝉声风断续，竹影日参差。 飞鸟凌空疾，归云入岫迟。 尘客方暂洗，勿令鹤猿知。	文选

（续表）

项龙章	酷相思 灵泉松月	莫道荒山冷无主，有万个松堪数，况夜夜月明来照汝。月色也、松多处。松色也，泉多处。 山寺日斜风满树，鸟弄酸□如雨，晚樵归唱响云边路。 月去也、泉围住。泉去也、松围住。	文选
杨天衢	海会寺得禅字	屋上青山屋下泉，泉声相杂竹琅然。 人生有限兴无限，海会结缘终有缘。 身外岂知真佛计，忙中聊复定心田。 那堪更着潇潇雨，妆点清虚助客眠。	选编 文选
杨庆云	游海会寺	海会声名地，频来不厌僧。 松蟠千百尺，塔建十三层。 酒倩流觞饮，诗谁署壁能？ 藐山方丈好，钦仰读书曾。	选编文选
杨丽云	访少池于海会院，用子正韵（二首）	甘载作结纳，相知情已深。 君今富桃李，我亦志山林。 处世羞青眼，论文惬素心。 子期定仍在，珍重伯牙琴。 无书君不读，典索与坟邱。 此日贫难救，他时（日）愿可酬。 幸皈仙佛地，一洗俗间愁。 更写（为）《浣花集》，吟哦到白头。	选编 文存
杨伯朋	海会龙湫 （三首）	丛林何地访仙乡，海会嘉名到处扬。 俯对清湫心不竞，因多修竹暑全忘。 满山斑驳聊当画，曲水湾环好似（泛）觞。 胜地游来真不负，为题诗句扫苔墙。 古寺依山俯碧溪，溪声绕遍寺东西。 门临菜圃飞晴蝶，地接桃源唱午鸡。 百级浮屠擎树表，千竿修竹与楼齐。 乍闻杨柳阴浓处，时有流莺恰恰啼。 四周山色映周遭，海会禅林景独超。 九曲龙泉环翠竹，双排雁塔上青霄。 疏林雅淡忘尘虑，垂柳阴浓盖小桥。 尚有诗人方丈在，乔松古杆（干）仰风标。	选编文存 文选
杨叔雅	题七逸游海会寺后（或题《七逸游海会寺诗》后）	胜会追随久，灵椿（春）仰大年。 达观情自适，高旷俗能蠲。 快得生长诀，参将不老禅。 香山兼洛社，输却此林泉。	选编文存 文选

（续表）

杨时化	龙泉纪事	余友金铭数游龙泉，取其“可蠲烦课静，惜好韵未标，霾响空谷，爰率吾党经始疏瀹，分合隐见，略尽泉情”，诗纪其事。时天启癸亥二之日也。 龙泉泉有龙，暵铄会不省。 意当兴雨云，祁祁沾旁境。 不然媚幽栖，千载俪箕颍。 何哉恣狼藉，终古浸荒梗。 徒资老圃惰，蹄涔浅驰骋。 井渫恻吾徒，游历恒耿耿。 赖有张季鹰，菰鲈归来顷。 笑彼买山迂，爰慈欲习静。 良朋互经营，攘剔以作屏。 发蒙为沼渠，次第乱流整。 贺汝泉遂遭，乃当荒翳永。 三叹意在昔，漫没聒鼍黾。 观妙讵云足，曲折亦已炳。 夹波立松筠，中央粉藻荇。 文漪书烦涤，清磬宵寐警。 得闲即过从，流连为娟靓。	选编文选
杨素蕴	甲子春暮游海会寺坐苹山阁	流泉曲曲抱禅关，驻马登临见鹤还。 池上回廊交翠竹，松边高阁对青山。 偏嫌僻地僧能住，可惜幽林客未闲。 若遇虎头历真境，定教图画出人间。	文选
元好问	宿海会寺，同孙讲师明上人赵叔宝、刘巨济夜酌（二首）	佛空光未放，桑下唤难回。 是处皆堪歌，何山不可开。 泉因龙吐出，经自兔衔来。 经问黄沙道，寻僧问劫灰。 青山云水窟，锡杖几时来？ 竹待香严击，松经道者栽。 西江无水吸，震旦忽花开。 三笑图中友，同倾破戒杯。 注：今人对元好问的诗作提出疑问，以为元好问无来阳活动的踪迹，似应为金代承安年间状元李俊民所作。	文选
延君寿	早春游藐山方丈题壁	凉风吹院松鼠堕，水平绿净不可唾。 满庭荒竹影横斜，半日啼莺闻一个。 藐山先生今已亡，藐山方丈嗟荒凉。 土花断碣寻不见，一道飞泉下夕阳。	文存

（续表）

延君寿	樊溪游春至海会寺	凌晨发高兴，策杖踏溪沙。 一水牵萍叶，两崖开杏花。 春云低著柳，积雾晓成霞。 更向前村去，青帘卖酒家。 曲曲随溪转，溪流路欲迷。 好花多傍水，晴雨不沾泥。 远岫浮青黛，人家住绿隄。 碲莺知客到，飞过寺门西。	文存
延君寿	海会寺赠醒然上人二首	此寺一何古，有僧颜若霞。 曾游扁鹊庙，归住法王家。 绿映一潭水，香生众树花。 幽栖吾意足，慕尔好袈裟。 知我不佞佛，升阶漫打钟。 土花埋断碣，清响下长松。 拄杖秋心远，支床午睡浓。 山门防俗客，都倩白云封。	文存
延君寿	海会寺	北地不宜竹，居人识者稀。 谁知白栝里，无数碧鸾飞。 鱼密跳波乱，花明认露晞。 头陀若有约，来制水田衣。	文存
延君寿	九日偕子礼舟生两弟常棠两子登金裹谷复由海会寺至郭峪看菊秀野山房即呈金门	才到山颠又水涯，眼前童冠尽吾家。 争寻谷口迷霜叶，小憩僧房吃苦茶。 落日影横秋树瘦，乱山天远暮云遮。 前村更有陶潜在，却向篱东问菊花。	文存
延君寿	腊月十八日过宿海会寺柬寄金门	人皆餽岁酬佳节，我却辞家过老僧。 认路寒溪三日雪，挂窗朗月一条冰。 橐驼学坐生虚幻，赑屃沈碑有断棱。 莫道禅心枯寂甚，明朝拟去唤陈登。	文存
延君寿	藐山方丈追悼张金铭尚书有序	尚书名慎言，方丈其读书处。《明史》有列传，官南京吏部尚书，福王时乞庆，流寓芜湖。国亡，疽发背，不食死。 百到不复压，松声兼水声。 日蒸花气暖，风埽石台清。 党祸看重炽，芜湖遂此行。 伤心谢枋得，不忍再偷生。	文存
延君寿	途中杂诗八首（之一）	梦归海会院，身是小乘僧。 无法何须说，飞栏独自凭。 饭抛神鸽下，杖掷赤龙腾。 觉后空惆怅，荧荧古驿灯。	文存

（续表）

延君寿	郭峪张子敬潭叔志张捷三翟树佳谭克亭窦积之张宁一邀过海会院属作重修午亭先生东山碑记即席有作	谷云屯晓晴，屹立如堵墙。 一角忽崩坏，露日摇金光。 溪影掷修蛇，岭势连前冈。 行行手策藜，践约寻上方。 檐风下庭隅，响振金锒铛。 稍坐众宾至，临水开壶觞。 中有白须人（谓子敬），挽我为文章。 午亭去人远，提笔歌慷慨。 剩有东山树，高岭排苍苍。 池水跳虾蟆，老竹飞凤凰。 饮茶不尽器，翻觉凉风凉。 落日且归去，清露沾衣裳。	文存
延君寿	过海会院	一水如掷帛，不嫌土岭平。 篁深风戛玉，瓶热火呼笙。 旧塌移沙影，新诗惬野情。 从今来往贯，听我杖声铿。	选编 文存
延君寿	至海会院	老步艰难行杖支，踏沙来到上方时。 春从独赏人多怪，心作初经景乃奇。 卓锡水源探兔窟，扫墙仙迹堕榴皮。 桃花莫更招游客，笔底如今少艳词。	文存
延君寿	白兔泉有序	海会院亦名龙泉寺，余闻之故老云："初结庵之僧，一日诵经，有白兔伏座下，逐之，投厓而没，泉水出焉，因名曰白兔泉。"并记以诗。 月中白兔老而顽，潜背蟾蜍逃空山。 老僧诵经兔前伏，杖锡逐之投崖间。 瑟瑟珍珠溅僧面，一眼碧泉垂飞练。 月精化水僧不惊，一瓢自酌当风嚥。 月明团圞望正中，脱奁秋水摇碧空。 精气相感呼吸通，人间乃有广寒宫。 月波西流带新水，水亦作势迎山觜。 泛泛琼花十顷田，摩荡忽动波中天。 水自澄澜月留魄，上下其间初不隔。 捣药老兔功不磨，肯以老泉逛过客。	文存
延君寿	梦海会院	栝裹一身雪，竹飞千凤翎。（二句梦中作） 句还疑宿构，梦却是初经。 鉴水眉棱古，埽霜涧气青。 谁携笔五色，重作蘶泉铭。	文存

（续表）

延君寿	梦觉寄海会僧了缘	作书手冻却频呵，伏枕魂飘旧院过。 一室之中留砚在，百年所得是愁多。 雪摇灯影连虚屋，风旋冰花响细河。 昨梦渡头船一只，与师同受七轮摩。	文存
延君寿	题蘱山方丈壁	如蟒一泉发寺背，当日疏之穿寺内。 灌池浇花引长沟，出寺学作严家濑。 蘱山先生古丈夫，以蘱名泉坐朝晦。 松声竹声合水声，冬室大温夏清快。 寺僧进来大可笑，年久乃听渠石坏。 一条活水十丈飞，从寺之背放寺外。 寺外二顷膏腴田，驱牛得得耕春烟。 天旱引水灌谷麦，安坐不愁逢凶年。 非谓尔辈不当然，入寺出寺皆此泉。 丰衣足食多金钱，何不俾之称两泉。 临压破坏三间屋，月黑天阴山鬼哭。 我佛拈花笑不言，游人烧茶砍死竹。	文存
延君寿	诸同人饯余于海会院日暮雨作原豫中刘特舟张厚夫扶春德勤先归余与刘雨苍张木庵留宿寺中	老骨羞夸服锦衣，此行原与素心违。 竹阴冷泼离筵酒，溪水绿围旧钓矶。 持骑有人先作别，挑灯同我懒言归。 僧窗听雨非无意，留看山头瀑布飞。	文存
延君寿	从黄沙岭行海会寺道上作	釜底村庄断复连，黄沙岭上接风烟。 惊看红树一沟出，始信秋风到我先。 溪水绿澄僧院塔，柳条寒覆蘱山泉。 他年初服还家日，终学韩公礼大颠。	文存
延君寿	十三日李伯广邀李润之冯振之张扶春王见山杨丽云李见唐张扶九家弟子劼集海会禅院	小雨霏霏薄午风，涧沙坡石径斜通。 荻芦黄作黄云色，梨树红于红日烘。 十辈时髦征国土，一庭荒竹坐衰翁。 家园输与禅堂好，狼藉腥羶恼赞公。	文存
延君寿	辞家诗十首（之一）	海会饯筵开，诗人杂龙虎。 狂吟复大叫，声欲震棂户。 回飙作势来，继之以雪雨。 滕六和风姨，拉杂一庭舞。 沁水李润之，好句不轻吐。 昨日一诗来，心香袅半缕。 梅花陆放翁，（润之诗："篱边酒榼陶征土，江上梅花陆放翁。"）至今谁作主。 愿君早荡舟，片帆飞江浦。	文存

（续表）

延君寿	塔以琉璃为之，工巧绝伦	每逢腊八设经坛，海会僧房地面宽。 登塔不教腰腿痛，十三层护碧阑杆。	选编
延棠	春日读书海会院	草回旧绿柳回青，抛却山居问水汀。 为有爱名心不死，羞言探海路先经。 关情岁月同飞电，得势文章想建瓴。 试看浮图谁手造？十三层透碧玲珑。	选编 文选
于瓒	登龙泉寺塔	浮空高结与云齐，金碧光连曙色迷。 陌路遥看行客小，僧房偶听梵声低。 群峰缭绕攒成壁，流水潺湲曲作溪。 古佛禅关求净土，此中幽寂正栖。	选编 文选
于达真	同滑郡丞渐鸿张明府征吾游海会寺	五马惮宵征，空林法鼓鸣。 平眉供远黛，交臂恋新晴。 一水斜通涧，千山曲抱城。 敢因人吏散，聊寄薛萝情。	文选
俞时	龙泉寺	山高去天近，夜迥听经长。 法星临慧阁，明月过禅堂。 不见赤铜叶，谁分白乳光。 交游得王孟，逸兴切文昌。	文选
王朝雍	游海会寺	三晋知名寺，清游跻上方。 山河连赵魏，宫殿肇隋唐。 风竹怜根尽，龙泉引流长。 飞空人已去，谁复渡慈航。	文选
王三省	五言次韵诗	先大夫守泽郡三载余，行部之暇，每过名山古刹，未尝不留题焉，海会其一也。小子起夏赴京过此，石刻宛然，而九京不可作矣。拂尘而读之，哀痛何如？ 过此思先子，深惭负义方。 年华成潦倒，身世总荒唐。 墨本十年旧，棠阴百里长。 徘徊依古寺，不觉为慈航。	文选
王国光	游龙泉寺，亦名海会，前有金谷	厌闻车马喧，来此心独喜。 树幽鸟不惊，日上僧初起。 金谷兴可寻，龙泉清无比。 抚心忆当时，扰扰宁知己。 周游岁欲暮，一旦御尘鞅。 长辞鸳鹭群，甘与鹿豸傍。 苦海永无波，慈航今已上。 高僧话色空，顿觉襟怀放。	选编文存 文选

（续表）

王国光	自昔读书于此，垂老归田，复此游览，感而赋此，兼赠心昂上人	兰若读书处，今来喜如故。 老僧顾我笑，蹶趋失前步。 光景不肯留，两鬓皆霜素。 草坐亦容身，何苦儒冠误！ 平生山水癖，登览奈迟暮。 纵步倒接离，衰飒宁复顾。 适意抚松筠，忘机狎鸥鹭。 举目皆坦途，不用泣歧路。 昏昏醉梦人，一朝幸觉寤。 颠饮放声歌，天地开襟度。 长揖祈远公，苦海同怀渡。 挥手谢尘寰，西天常希慕。	选编 文选
王国光	再游龙泉寺	深院幽香花正开，骚人岸帻坐空台。 山僧出定头如雪，趺坐蒲团问去来。	文选
王豫泰	藐山方丈题壁	藐山已不作，别院寻方丈。 寒流清我心，松风空尘想。 日落众僧闻，竹高天籁响。 写此烟云姿，顿觉襟怀爽。 我生志微名，亦复乐幽赏。 微名行未遂，邱园聊偃仰。 拂壁认题名，千载神一往。	选编
王豫泰	龙泉寺访李南破不值	绿杨深处叩禅关，避俗先生自往还。 此地有人留敬业，我生无福住青山。 几回鱼跃春塘暖，一片莺啼白昼间。 傍晚徘徊归未得，阇黎钟动出林间。	选编
王豫泰	太原乡试过龙泉寺问宿	迂道云深访梵宫，为名心事太匆匆。 此缘万劫原难到，今日诸天许暂通。 半岭夕阳僧出定，一轮明月客谈空。 碧纱几得笼名姓，石上遗诗愧旧风。	选编
王豫泰	龙泉寺十六罗汉雕像	我昔曾闻苏后湖，家藏十六罗汉图。 山僧夜梦来挂搭，人数正与图中符。 丹青不知出谁手，题识曾得涪翁书。 龙泉塑像今不殊，形状知自古人摹。 一十六人各异态，面貌或泽或清癯。 我闻如来说法狮子座，下有五百尊者同起居。 又闻乞食归来祇树园，常与二百五十人众俱。 今之传者止十六，锡名我欲寻厥初。 欢喜怒嗔随所得，清奇古怪皆其徒。 或参妙谛骑猛虎，或诵心经持明珠。 瞠目或看一指竖，合掌还见双足趺。 就中轩然一长者，颧面棱棱虬髯须。 手托一钵向空咒，天龙蜿蜒来归盂。 五月亢旱雨师遁，焦灼眼见田禾枯。 何不咒龙上天吐云雾，降泽大千同沾濡。 佛云慈悲此其时，髡顶列坐胡为乎？ 问之不答心不愉，愁急呼天欲暴巫。	选编

（续表）

王炳照	过龙泉寺，忆张金铭尚书	生不逢辰换劫年，南都遗事剧堪怜。 风流歇绝《桃花扇》，金粉飘零《燕子笺》。 洎水园亭空虎谷，藐山方丈自龙泉。 钟声梵呗贫婆古，竹柏森森锁暮烟。	文选
王炳照	海会兰若	买夏来深谷，依僧学住山。 竹风清道骨，花雨濯尘颜。 狂或得真病，懒因成大闲。 猿公吾就侣，时一款松关。	文选
王炳照	雨后由西岭至海会寺	雨歇痴云归，夕阳在西岭。 禾黍摇晚风，空翠滴天影。 漱石鸣飞泉，导我入幽境。 微闻钟磬声，香界诸天净。 花龛缭而深，竹房暇以整。 茶瓜坐松门，片月浮图顶。 到此万缘空，陡觉心灯炳。 不因秋色来，热恼一时冷。	文选
王炳照	龙泉道中	一滩高士画，十里野人家。 小雨浓桑叶，清风落柿花。 楼危临涧直，塔迥出林斜。 望望龙泉寺，香灯忆结跏。	文选
卫贞	游海会寺	世人宽白法，土木饬黄金。 不复悟无上，空余说甚深。 台边仍虎气，松下亦龙吟。 寄语菩提子，虚空如是心。 幽绝难为想，吟成欲尽删。 只怜鱼澹宕，空慕鸟绵蛮。 路转层层水，天开叠叠山。 温言劳童仆，莫促老夫还。	文选
吴登岐	游海会寺	招提真胜境，偶过涤尘襟。 塔耸云中笔，溪传石上琴。 拂墙看古篆，披牖入遥岑。 谁坐幽篁里，微参般若心。	文选
赵尔守	养吾王明府同登海会寺浮图	宝塔茗峣接太清，美人携我出寰瀛。 窗开八面西天近，槛接层霄北斗平。 云影光摇河岳动，梵音响彻海云横。 仙风高拥王乔舄，欲拨天关探玉京。	文选

（续表）

赵尔守	再游海会寺	乘兴寻春春欲阑，琳官缥缈万峰攒。 闲消慧日弹棋局，醉倚曹溪把钓竿。 渠引碧流开石窦，风传清韵入松坛。 我来一问浮生事，苦海何年振羽翰。	文选
张慎言	龙泉寺独夜听泉	清泉非一响，高下若相酬。 杂以风将暮，兼之竹欲秋。 坐令诸想净，灯与一龛幽。 耳往声来处，真如容自求。	选编 文存 文选
张慎言	海慧别院将告落	幽磬净苔苑，清琴深竹房。 僧高腊自古，梵放悠且长。 舍此尔安往？从兹泉不芳。 林惭与涧愧，口实曰无妨。	文存
张慎言	海慧院缘起	原非谭性命，但只爱林泉。 林静泉芳矣，心恬意肯焉。 客尘容易歇，调御忽而前。 不说导师好，山川固有权。	文存
张慎言	海慧之胜胜在泉可寒胜在松嘱秀昆向极怪古者卓一龛相向二者	晚得幽崎地，徘徊肯出山？ 迟堪羞偃蹇，忍此弃潺湲。 水木静无语，簪裙多厚颜。 荷衣与蕙制，焚向此中间。 傲古松娆彼，清深兹复泉。 岂伊耽水木？别有领山川。 哲匠玄相对，萧辰感更偏。 踌躇不肯出，苟出亦徒然。	文存
张慎言	海慧院藐泉慧泉铭	何所从来？何所从去？ 僧以讯我，我杳不知其故。 阿堵在人，如水在地。 无去无来，原无同异。 澄渟为潭，俄激作淙。 为我说法，厥舌广长。 广长所说，直提其耳。 寂寞听之，所说何以？ 曰：性水真空，性空真水。 原无同异，渟以作沼，激而为淙，为我说法。	文存
张慎言	海会寺看隔水桃花	林含晓露明初暾，溪蘸青苔萦远村。 度水花怜光久湿，浮烟岸觉涨新痕。 断霞未敛云将雨，薄霭才收月在门。 半日霁阴殊恍惚，细妍逋景索追轮。	文选
张循吉	龙泉寺西岩访普上人	绝巘无人迹，神僧此避喧。 六时常入定，终岁不加餐。 对月时移榻，当春昼掩门。 虎来知听法，阶下迹犹存。	文选

（续表）

张晋	春日游海会寺作	柳色浮金浅，桃花结蕊匀。 暖风吹绮陌，晴雨湿春人。 野水一条活，遥山万叠新。 上方钟磬寂，何处著红尘。	文存
张晋	过龙泉寺追悼醒然上人	未示维摩病，惊垂舍利珠。 我空呼负负，师已证无无。 凄绝溪声冷，荒凉塔影孤。 他年谁志墓，应许谒吾徒。	文存
张为基	藐山方丈，怀张金铭尚书	辟佛推韩子，妄佛为乐天。 辟佛徒纷纷，满眼知谁贤。 咄哉四海大，方丈几万千； 此胡久不朽，得勿有人焉。 尚书禀介节，晚岁遇迍邅。 茄花与委鬼，朝庙真堪怜。 南渡兴党祸，阮马腾腥膻。 有家归不得，故土传狼烟。 一朝疽发背，不食终年余。 当时此读书，抚景常流连。 郁郁三大字，书额银钩悬。 筑屋傍僧舍，非为抛情缘。 譬如称博学，内典何能捐。 世尊不可作，池水空青莲。 我谓学佛者，不若学神仙。 试看藐姑山，彼姝何便娟。 至人解秒用，致身仙佛巅。 洎水复笔墨，语语能通禅。 前哲堪景仰，胜地殊幽偏。 夕阳千金谷，荒竹飞龙泉。 去去证无生，溪风吹飒然。	选编
张为基	龙泉寺夜归	十里樊川水，淙淙载月流。 人归红叶岸，风入白莲秋。 犬吠知何处，钟声近在楼。 当年咏秋禊，曾记竹林游。	选编
朱埕堦	春日游阳城海会寺	宝地幽崖古，登临兴不穷。 烟光金刹际，山色翠微中。 花雨飞晴昼，钟声度晚风。 峰峦低远岫，世界接遥空。 雁塔诸天迥，龙泉百道通。 经行携许掾，说法有支公。 竹籁清天宇，溪光净石丛。 松声开士室，月满梵王宫。 兴逸烟霞赏，情真缁锡同。 遨游不知倦，顿觉素襟中。	文选

（续表）

朱樟	海会寺憩松风水月堂	手翻梵夹认前修，虢虢春泉饶寺流。 细笋未生高阁外，好风先待小池头。 阶怜碧草裙腰绽，花照红鱼镜里游。 雁荡曾劳山水梦，恍如身到大龙湫。	文选

注：[1]备注中的选编，即《润城古代诗文选编》；[2]备注中的文存，即《阳城历史名人文存》；[3]备注中的文选，即《海会寺碑碣诗文选》。

我们以姓氏拼音的先后顺序列出了关于海会寺的诗词作品，这些诗词作品从历史发展线索来看，历经金、元、明、清各个时代；从作品的作者来看，既包括泽州、阳城乃至与阳城有关的历代官吏，又包含阳城本土的历代普通文人墨客；从作品的内容来看，既包括体现海会寺胜景的诗歌佳作，又包含大量游览海会寺的观后遐想，还包含后人对前人在海会寺事迹的仰慕和留恋；从作品的形式来看，五言七言、灵活多样，寄古托今、借物抒情；从作品的收集情况来看，既有现今仍留存于海会寺的碑碣及金石记，又有保存于县志、州志、市志以及地方志的艺文。

流觞曲水

2. 吟诗结社　赋雅风情

海会饯筵开，诗人杂龙虎。狂吟复大叫，声欲震棂户。回飙作势来，继之以雪雨。滕六和风姨，拉杂一庭舞。沁水李润之，好句不轻吐。昨日一诗来，心香袅半缕。梅花陆放翁，至今谁作主。愿君早荡舟，片帆飞江浦。

——延君寿

（1）文坛初兴　海会诗社

“阳城诗人，前明以王疏庵先生为之冠，张藐山、杨沁湄两先生继之。”

——延君寿

①天衢禅韵发其端

阳城文学发端于金元时代，下庄村杨氏始祖杨天衢（注：其后裔杨朋翼、杨荣序、杨庆云、杨丽云、杨叔雅、杨伯朋、杨念先、杨兰阶等皆工诗文）可谓代表。《金元诗》中只收录了一首杨天衢的诗作——《海会寺得禅字》：

序文：（海会）右寺壁石刻郭方书全金诗所载禅字韵阙名，花字韵不录，木字韵作县丞郑辉，深字韵作刘邦彦，又有禅字韵一首。

正文：屋上青山屋下泉，泉声相杂竹琅然。人生有限兴无限，海会结缘终有缘。身外岂知真佛计，忙中聊复定心田。那堪更着潇潇雨，妆点清虚助客眠。

从诗作的序文中，我们不难发现：在杨天衢写作《海会寺得禅字》之前，海会寺右寺石壁上就留存有诗作。“禅”字韵诗句“阙名”，“花”字韵诗句不复存在，“木”字和“深”字韵诗句及作者名称得以保存。这就是呈现在下庄杨家始祖杨天衢面前的情形。

杨天衢，名行周，号天衢，生平不详，乡贡进士，举孝廉。阳城杨氏为金承安元年（1196）由陕西渭南迁于阳城，其后人于明洪武五年（1372）迁于下庄。杨天衢生平活动时间应该在金、元之际，即1196—1260年间。

我们从《泽州府志》、《阳城县志》等史志记载文献上发现，在杨天衢之前李宴等人曾作《海会宴集并序》，序文简要描述了《海会宴集》的形成原因：

宴自淇园受代，来阳城省觐家兄，而适以事趋州，因拉何良知、杨嗣卿、郑德光、刘邦美相过于此。纵观壁间诸公诗，有以“竹径通幽处”为韵首，遂用下五字“禅房花木深”各赋一篇，以纪其来。

主人公李宴从淇园（今河南淇县）接受委托来阳城看望家兄的时候，诚邀好友何良知、杨嗣卿、郑德光、刘邦美相约在海会寺观光聚会。在游览前人留存在海会寺墙壁上诗作的时候，发现以十字韵的前五韵——“竹径通幽处”为韵首作诗的诗句，而后五字“禅房花木深”或可能是因时代久远而遗失或前人不曾以其为韵首作诗而不存。李晏等人就以“禅房花木深”为韵作诗五首：

槐柳阴阴首夏天，闲门块坐正萧然。
忽蒙兰友邀为伴，来访莲宫一问禅。
粉着衣襟穿翠竹，冰生齿颊漱寒泉。
晚来更看前山雨，共借西轩对榻眠。
——何虑《得禅字》

碧玉千竿荫藓墙，水声山色近禅房。
一轩疏雨僧棋静，满榻清风客梦长。
隔叶几听溪鸟弄，媚盘尤觉野蔬香。
赋诗把酒龙泉上，共扫余花坐晚凉。
——杨之林《得房字》

地僻人行少，溪深路趁斜。
解鞍投翠篠，倚仗问黄沙。
石罅涓流水，林梢卧晚霞。
此心机尽矣，何必染衣花。
——李宴《得花字》

吾侪爱山水，乘兴游金谷。
修竹荫寒泉，层岩排古木。
风轩杯暂把，花院棋终局。
晚雨更多情，留人成夜宿。

——郑辉《得木字》

清晨策骞从知音，来谒龙泉溪路深。
一派寒泉通乱石，万竿修竹啭幽禽。
虚檐列坐棋酣战，小径闲行酒旋斟。
珍重老僧延倦客，清谈亹亹涤尘襟。

——刘廷彦《得深字》

我们的主人公李晏（1125—1197），字致美，高平人，为金皇统五年（1145）进士，官至昭义军节度使，以“禅房花木深”为韵的五首诗作的成诗时间大致为金大定七年（1167）。

同样，据《泽州府志》、《阳城县志（同治版）》著录，徐守谦曾作《海会寺诗并序》，在序文中对作诗的背景交代如下：

寺主谭公告仆，昔有“竹径通幽处，禅房花木深”次以十韵，留题于壁。尔后风雨所坏，遗失五韵，为终身之叹。于是稽颡再四，命仆复成前五韵。为后人所捧腹云。

徐守谦到寺院之时，十韵只剩余后五韵。我们从李宴所交代的写作背景知道，在金大定七年（1167）时剩余前五韵而遗失后五韵，故李宴等五人补齐十韵。同样，徐守谦写作的时间为泰和乙丑闰八月十有四日，即泰和五年（1205）。我们再根据杨天衢所交代的写作背景——“禅房花木深”记载情况不全，而徐守谦写作之时“竹径通幽处”五字韵遗失。我们就可以清楚地知道：经过徐守谦、李宴补充完整的“竹径通幽处，禅房花木深”十字韵，到杨天衢来海会寺游览的时候，又出现部分遗失的现象。同样，又由于李宴等人写作的诗句在徐守谦之前，所以李宴等人创作的诗作肯定没有徐守谦创作的诗作保存情况好，故杨天衢游览海会寺的时间大概应在1215年之后，也即又经历十年风雨之后，部分诗作出现遗失。

“竹径通幽处，禅房花木深”为唐代常建《题破山寺后禅院》中的名句：“清晨入古寺， 初日照高林。竹径通幽处，禅房花木深。山光悦鸟性，潭影空人心。万籁此俱寂，但余钟磬音。”常建（708—765），唐代诗人，开元十五年（727）。破山寺即今常熟兴福寺，因寺在破龙涧旁，故又称“破山寺”。我们可以设想《题破山寺后禅院》传入海会寺的情景，或许是云游的僧人，或许是外地来海会寺游览的客人，或许是阳城饱读诗书的历史名人，但是我们可以肯定的一个事实是，海会寺的景象与破山寺的景象竟如此相同，并在唐朝都获得官方御赐匾额。因此，我们可以把海会寺中诗人活动的时间推延到唐代。设想，从唐代开始至清代结束，海会寺诗歌活动情况可谓盛况空前！

龙泉秋景

我们用表格的形式再次记录海会寺完整的“竹径通幽处，禅房花木深”的十字韵：

字韵	诗　作	作　者
竹	宦身几日闲，因来证幽处。盥漱涤龙泉，睥睨面金谷。 晚风千古清，宿雨万峰沐。胸次不胜寒，况复饱松竹。	徐守谦
径	渭川千亩阴，斤斧成曲径。斜桥便脚力，流水增诗兴。 白昼静纹楸，秋风和钟磬。何当陪莲社，诗酒论奇胜。	徐守谦
通	行尽溪岩见箨龙，石梯高与路相通。 云藏佛骨潜山鬼，草隐秋声话夜虫。 翻袜抉身输衲子，莆花吹雨散天风。 我来借榻松轩宿，须信仙凡梦不同。	徐守谦
幽	俗事纷纷厌宦游，山林劝我早归林。 野花影里禅房静，乱石丛中竹径幽。 雨印莓苔滑蜡屐，云昏香火灿层楼。 晚晴僧话浑无事，茶罢吟余坐听鸠。	徐守谦
处	可爱林泉人，乐此深幽处。 清虚绝六根，俯仰静万虑。 身世总空花，禅心作泥絮。 愿结闲因缘，西风送来去。	徐守谦
禅	槐柳阴阴首夏天，闭门块坐正萧然。 忽蒙兰友邀为伴，来访莲宫一问禅。 粉着衣襟穿翠竹，冰生齿颊漱寒泉。 晚来更看前山雨，共借西轩对榻眠。	何　虑
房	碧玉千竿荫藓墙，水声山色近禅房。 一轩疏雨僧棋静，满榻清风客梦长。 隔叶几听溪鸟弄，媚盘尤觉野蔬香。 赋诗把酒龙泉上，共扫余花坐晚凉。	杨之林
花	地僻人行少，溪深路趁斜。 解鞍投翠篠，倚仗问黄沙。 石罅涓流水，林梢卧晚霞。 此心机尽矣，何必染衣花。	李　宴
木	吾侪爱山水，乘兴游金谷。 修竹荫寒泉，层岩排古木。 风轩杯暂把，花院棋终局。 晚雨更多情，留人成夜宿。	郑　辉
深	清晨策骞从知音，来谒龙泉溪路深。 一派寒泉通乱石，万竿修竹啭幽禽。 虚檐列坐棋酣战，小径闲行酒旋斟。 珍重老僧延倦客，清谈亹亹涤尘襟。	刘邦彦

②疏庵率意承其绪

延君寿在《樊南诗抄·序》中说："阳城诗人前明以王疏庵先生为之冠。"

王疏庵即王国光（注：王国光的生平，我们已经在第三章作了较为详细的介绍）。

王国光的诗集名称为《率意稿》（全称《王疏庵率意稿》），诗集内容"上自三百篇，下至汉魏六朝三唐之体裁"。阳城举人赵尔守在《率意稿·序》中对王国光创作诗集的情况作了简要的描述，"翁之盛美，侧闻于词林之日久矣，翁以天成至性，渊海邃学，自隐居成志，以及策名清朝，余数十年中间，而翔南北履峻居夷，与朝绅林叟、近戚远朋，徘徊于甲惯长岩、水轩花屿，随其所寓，辄有题咏"。从序文中我们不难看出，赵尔守对王国光的赞美与崇拜之情，词句中流露出对王国光本人学识与诗歌地位的评价。王国光的诗歌创作贯穿于其一身，无论是与同事交流的官宦生活、与林叟闲暇的对答唱和，还是在游览风景名胜之地，都有随景、随情、随物、随人感悟而形成的诗歌作品，特别是在王国光晚年返回故居之后，更是进入其创作的高峰期，诗歌作品大量涌现。

赵尔守在序文之中，还对王国光诗歌语言进行了简要评价："顾其言，温厚和平，溶畅尔雅，深而不僻，浅而不肤，华而不艳，淡而不枯。"诗歌用语平和而雅，也即俗中带雅；深浅适度，华淡中和，非僻、非肤、非艳、非枯，可见王国光的诗歌用语达到了一定的境界。尤其是对人和对物的描写之中，更是达到"如肖其貌"、"如在山川云物之中"的创作意境。我们品《立秋》就能滋爵其中的意味：

暑雨方过夏，暗中秋又来。
萧条一桐叶，时序起予怀。
澹日荒台转，凉风孤鸟回。
西成独可乐，随意且衔杯。

暑夏初秋相连，酷热之后的稍许凉意，已被桐叶感知。外出走游，凉风、孤鸟构出一番秋至之意境，漂泊之人又到念家之时。生活中之日常感悟，日常中之生活景物，秋意就是在这不经意之间发生。凉意是体表之感受，也许郊外之桐叶、归鸟早已向秋致以了最高的崇拜。我们再读《夜起》：

夜寝不成寐，辗转在床褥。
侍儿递我衣，即起燃华烛。
倒躧敝云履，散发未及束。
朗诵逍遥篇，一荡烦心曲。
须臾鸡乱啼，仓皇才栉沐。
速驾朝建章，微茫闪东旭。
自笑老儒身，劳劳几时足。

夜不能寐，起身夜读，逍遥心意，儒生情怀。一字一句之中，既描写日常生活，又道出作者平日的生活状态——饱读诗书；既描写出自己生活中的随意，又折身出随意之中的不随意——诗书生活。平淡而不枯燥，也许这就是作者日常在外为官生活的真实写照。

王国光的《率意稿》“言而成文，文而中律，谓之诗”，共包括上卷、下卷两个主体部分以及《续刻》部分。诗集上卷体裁包括：五言古诗（10首）、七言古诗（8首）、杂体（2首）、五言律诗（62首）；下卷体裁包括：七言律诗（43首）、五言绝句（1首）、六言绝句（1首）、七言绝句（24首）；续刻8首，总计159首不同类型的诗作。我们以七言绝句为例，来呈现王国光诗句的主旨：

主题内容	诗作名称
送友会友活动	送葛袁州别驾南行以仪封尹迁去
	送地山阎丈之任清丰
	奉和少保方公红梅绝句三首
	暮春别友人
	三月望日卫进士招饮南川
	赵园赴饮时四月初旬
	送唐生归蜀
	卫析麓以名进士一历县尹即归书斋壁间画飞龙作雨下小鱼跃出其二子俱可大望
	白丈二难问余都城留连数日即别计此回三月花辰独不能如昔日会乐富贵留人可叹为赋绝句以送
	挽陈典膳
游览名胜古迹	壬午罢官过赵州
	河台邮亭
	中秋赏月独酌
	衍法寺
	清明日润城登楼
	临涧更宿
	游灵泉寺
	游黄士洞地名丹阳
	瀑布崖
	过邯郸谒吕公祠
日常生活感悟	朝回
	感怀
	病中
	病卧云堆寺

王国光在退居仕途荣归故里之后，在游览海会寺之后留下诗作：《游龙泉寺，亦名海会，前有金谷》、《自昔读书于此，垂老归田，复此游览，感而赋此，兼赠心昂上人》、《再游龙泉寺》三篇作品。

诗作名称	诗作内容
游龙泉寺，亦名海会，前有金谷	厌闻车马喧，来此心独喜。 树幽鸟不惊，日上僧初起。 金谷兴可寻，龙泉清无比。 抚心忆当时，扰扰宁知己。 周游岁欲暮，一旦御尘鞅。 长辞鸳鹭群，甘与鹿豸傍。 苦海永无波，慈航今已上。 高僧话色空，顿觉襟怀放。

（续表）

自昔读书于此，垂老归田，复此游览，感而赋此，兼赠心昂上人	兰若读书处，今来喜如故。 老僧顾我笑，蹶趍失前步。 光景不肯留，两鬓皆霜素。 草坐亦容身，何苦儒冠误！ 平生山水癖，登览奈迟暮。 纵步倒接离，衰飒宁复顾。 适意抚松筠，忘机狎鸥鹭。 举目皆坦途，不用泣岐路。 昏昏醉梦人，一朝幸觉寤。 颠饮放声歌，天地开襟度。 长揖祈远公，苦海同怀渡。 挥手谢尘寰，西天常希慕。
再游龙泉寺	深院幽香花正开，骚人岸帻坐空台。 山僧出定头如雪，趺坐蒲团问去来。

雅趣

王国光诗作内容既表达了自己对海会寺胜境的留恋和向往之情，更为可贵的是其本人“自昔读书于此”，海会寺是王国光少年时期读书修身、考取功名之福地，以至于其在“垂老归田”之日，不忘到故地游览并与海会寺高僧座谈，“高僧话色空，顿觉襟怀放”。王国光通过科举获得功名并实现人生抱负之后，故地重游，自然感慨万千，既对自我的人生历程进行回顾、反思，同样也对没有实现自我全部人生价值而懊悔，“周游岁欲暮，一旦御尘鞅。长辞鸳鹭群，甘与鹿豕傍”，无奈之情跃然纸上。

“昏昏醉梦人，一朝幸觉寤”，人生旅途之中实然的表现就是“昏昏”，因为我们正在旅途之中；“觉寤”往往都在旅途终结之时，这既是人生的无奈，又更是人生精彩之所在。无限之可能，才会为我们带来无限之精彩。海会寺是王国光走向社会大舞台的开端，饱读诗书让其在明王朝的历史舞台上留下了不朽的篇章；同样，海会寺也是王国光晚年反省自己人生仕途的终点，让他在回味自己少年求学生活、感慨人生旅程之际，对人生之感悟更加深入。

一位阳城地方名人，一位在明王朝历史上留下印记的尚书，更重要的是一位在海会寺苦读而实现自身价值的读书人，用自己的人生作为演绎了海会寺的精彩。

海会寺成了王国光精彩人生的最佳禅解。

③藐山沁湄光其大

延君寿在《樊南诗抄·序》中说："阳城诗人前明以王疏庵先生为之冠，张藐山、杨沁湄两先生继之。"

张邈山即张慎言（注：张慎言的生平，我们已经在第三章作了较为详细的介绍）。

陈廷敬在《泊水斋文钞》序文中对张慎言的文学地位做出了评价：

> 吾于藐山张公有慨焉。向所谓文学之科，公其人也。始吾所居三十里溪谷之间，有常评论事伦及吾祖副使容山公公讳天祐，皆最能诗，已开文学之先矣，而莫为之继。藐山先生奋然独兴于数世之后，其所与交游者，虞山钱受之、竟陵钟伯敬，盖当世之文人皆已知之矣。里中则杨黄门沁湄，以其学与先生相周旋，先生曰"吾之畏友"也。其时白公东谷最晚出。于是先生之文益昌，而里中名卿硕人能文之士，彬彬称盛焉。揆厥所由，则先生推挽之功为多，不可诬也。昔之夏教授于西河，言偃崛起于东吴，流风遗韵，有以振往古而导来今，孰谓先生之功为可诬也哉！以公立朝之风概，晚节之昭明，不愧于向所称数公德行、政事、言语者，而断以谓文学，举其盛也。虞山《列朝诗传》称："金铭为人有别趣，诗亦有别调。怀负志节，敦友谊。"又称："国家置之冗散，不得当一臂，由今思之，可为痛惜。"则其所取于先生者，又岂独以其文哉！

张慎言所交之友钱谦益、钟伯敬都为明清之际文学名家。钱谦益（1582—1664），字受之，号牧斋，晚号蒙叟，明万历年间进士，东林党领袖之一，清初诗坛盟主；钟伯敬即钟惺（1574—1624），字伯敬，号退谷，又号退庵，万历年间进士，明代后期竟陵派代表人物（竟陵派又称钟谭派，代表人物钟惺、谭元春）。张慎言在《送钱受之年兄归里》之中，表达了与同朝好友钱谦益之间的依依惜别之情：

绿暗江南薛荔村，奉身归去是君恩。
芙蓉花好开应待，桃李蹊成静不言。
棹拨沧浪人自远，秋高拂水道何尊。
乃占尔梦时相忆，王屋飞云泊水根。

同样，钟惺曾作《张金铭有幽居在虎谷间，胡昌昱言其意影略写之书寄所怀》，来表达与张慎言之间的亲密关系：

别来忘岁月，未暇念升沉。
千里梦魂路，两人泉石心。
买山兼不贵，取经大都深。
何处可藏屋，此中堪入林。
云流先有响，木落尚存阴。
问罢曾游客，重将笔墨寻。

陈廷敬用钱谦益和钟伯敬的文学地位，来反衬张慎言在明代的文学地位，并用钱谦益在《列朝诗传》中对张慎言的评价来再次言证。同样，张慎言在阳城的文化地位和文化影响也不可小觑，陈廷敬认为其如“昔之夏教授于西河，言偃崛起于东吴，流风遗韵，有以振往古而导来今，孰谓先生之功为可诬也哉”！可见，有清一代阳城文学的兴盛根源于张慎言的文学贡献。此外，以陈廷敬的身份象征和历史地位，为《泊水斋文钞》作序同样彰显了张慎言在陈廷敬心中的光辉形象和人格魅力。

张慎言的文学作品主要有：《泊水斋文钞》、《泊水斋诗钞》、《勺水庵诗集》。其中，《泊水斋文钞》共由3卷构成：第一卷包括：疏（3篇）、序（14篇）；第二卷包括：碑记（8篇）、论说（5篇）、杂著（11篇）；第三卷包括：启牍（8篇）、墓表、志铭、祭文（9篇）。《泊水斋诗钞》共由5卷构成：卷一为虎谷诗集（46首），卷二为酒泉诗集（41首），卷三为燕邸诗集（73首），卷四为泊园诗集上（65首），卷五为泊园诗集下（53首）。《勺水庵诗集》共收录作品78首。张慎言的诗歌作品主要收集在《泊水斋诗钞》之中，较为集中反映了作者一生的主要活动场所和生活经历。我们试以《泊水斋诗钞》卷一《虎谷诗集》中的其中4首诗作为例，来呈现张慎言在虎谷的生活状况以及其诗词作品的魅力：

作品名称	作 品 内 容
都下别杨季雨时季雨初第	念君方释褐，而我正归山。 出处谈何易，悲欢语且删。 交情无贵贱，怀抱阅喧闲。 后此烦珍重，膻途畏路间。
同杨季雨诸兄集开明寺	友朋文酒岂徒然，丘壑于人亦有缘。 近我寺能绕水木，与君村接一风烟。 偶然小集无宾主，率尔相招谁后先。 纵判春光容易去，泉声无恙只涓涓。
同马伏九诸兄集开明寺看隔水桃花[1]	林含晓露明初暾，溪醮青苔萦远村。 度水花怜光不湿，浮烟岸觉涨新痕。 断霞未敛云将雨，薄霭才收月在门。 半日霁阴殊恍惚，细研逋景索追论。
同杨沁湄王孝横集樊山最高处分樊字	往时但见白云樊，是日登临秋满原。 山叠层岚非一貌，霞明细水带多村。 暄寒顷刻更单袷，晴雨纷纭异旦昏。 为祝诸君休再醉，诘朝清栉看朝暾。

注：[1]同治版《阳城县志》作《海会寺看隔水桃花》。

杨沁湄即杨时化（1585—1654），字季雨，号沁湄，明万历乙未（1595）进士，与钱谦益、张慎言相唱和。张慎言在诗作之中表达了对杨沁湄科举中第的祝福，以及与杨沁湄等友人在沁樊地区的吟诗交流的场景。张慎言在通过诗作表达集会活动的同时，也通过对集会周围景物的描写，较为深入地展现了友人们之间真实的社会生活。张慎言用诗歌表达了真实、真情的现实生活，字词用语平易近人又非枯燥无味，读来给人一种亲切感、真实感，好似自己就生活于其中，让人无限留恋与回味。

张慎言、刘鸿训、孙居相、孙鼎相、杨朴等为同窗，读书于开明书院（开明寺中），张慎言与杨沁湄为好友。《明史·卷二百五十四·孙居相传》："高平知县乔淳贪虐，为给事中杨时化所劾，坐赃二万有奇。淳家京师，有奥援，乞移法司复讯，且时化请嘱致隙。时化方忧居，通书居相，报书有'国事日非，邪氛益恶'语，为侦事所得，闻于朝，帝大怒，下居相狱，戍边"，可见杨沁湄与孙居相之间的关系也非常密切，彼此之间肯定也存在饮酒作诗之活动。同样，张慎言在《明故承德郎大兴知县赍闻杨公及元配赠安人王氏合葬墓志》中记载，杨朴曾经与张慎言"结社海会院"，而海会院为张慎言读书、讲学之场所，张慎言与杨沁湄都留下有关海会院的诗作：

作　者	诗作名称	诗作内容
张慎言	龙泉寺独夜听泉	清泉非一响，高下若相酬。杂以风将暮，兼之竹欲秋。 坐令诸想净，灯与一龛幽。耳往声来处，真如容自求。
张慎言	海慧别院将告落	幽磬净苔苑，清琴深竹房。僧高腊自古，梵放悠且长。 舍此尔安往？从兹泉不芳。林惭与涧愧，口实曰无妨。
张慎言	海慧院缘起	原非谭性命，但只爱林泉。林静泉芳矣，心恬意肯焉。 客尘容易歇，调御忽而前。不说导师好，山川固有权。
张慎言	海慧之胜胜在泉可寒胜在松嘱秀昆向极怪古者卓一龛相向二者	晚得幽崎地，徘徊肯出山？迟堪羞偃蹇，忍此弃潺湲。 水木静无语，簪裙多厚颜。荷衣与蕙制，焚向此中间。 傲古松饶彼，清深兹复泉。岂伊耽水木？别有领山川。 哲匠玄相对，萧辰感更偏。踌躇不肯出，苟出亦徒然。
张慎言	海慧院藐泉慧泉铭	何所从来？何所从去？僧以讯我，我杳不知其故。 阿堵在人，如水在地。无去无来，原无同异。 澄渟为潭，俄激作淙。为我说法，厥舌广长。 广长所说，直提其耳。寂寞听之，所说何以？ 曰：性水真空，性空真水。 原无同异，渟以作沼，激而为淙，为我说法。

（续表）

张慎言	海会寺 看隔水桃花	林含晓露明初暾，溪蘸青苔萦远村。 度水花怜光久湿，浮烟岸觉涨新痕。 断霞未敛云将雨，薄霭才收月在门。 半日霁阴殊恍惚，细妍遒景索追轮。
杨时化	龙泉纪事	余友金铭数游龙泉，取其“可蠲烦课静，惜好韵未标，霾响空谷，爰率吾党经始疏瀹，分合隐见，略尽泉情”，诗纪其事。时天启癸亥二之日也。 龙泉泉有龙，暵铄会不省。意当兴雨云，祁祁沾旁境。不然媚幽栖，千载俪箕颍。何哉恣狼藉，终古浸荒梗。徒资老圃情，蹄涔浅驰骋。井渫恻吾徒，游历恒耿耿。赖有张季鹰，莼鲈归来顷。笑彼买山迂，爱慈欲习静。良朋互经营，攘剔以作屏。发蒙为沼渠，次第乱流整。贺汝泉遂遭，乃当荒翳永。三叹意在昔，漫没聒鼍黾。观妙讵云足，曲折亦已炳。夹波立松筠，中央粉藻荇。文漪书烦涤，清磬宵寐警。得闲即过从，流连为娟靓。

我们从以上6首诗歌之中，不难发现张慎言经常游览海会寺特别是海会别院。同样，杨时化在《龙泉纪事》之中，也提到“余友金铭数游龙泉”，作为好友游览海会寺的次数也不会在张慎言之下。张慎言除用诗作记述其游览海会寺的经历之外，还撰写过关于海会别院的文章，如：《重修海会院缘疏》、《海慧院貌泉慧泉铭》、《海慧别院种松铭》。海会寺还保存有张域撰写的碑文《〈海会别院种松铭〉跋》。张慎言在《重修海会院缘疏》中充满对海会寺的赞美之词，可见张慎言对于海会寺的一往情深：

吾土有海会禅院者，地可布金，人斯卓锡。邑中荐绅先生后先项背相望，云鹤翔祯，率饮兹八水；桐鸾绚藻，尽栖此双林。（藐山即是云鹤。）

（2）樊南吟社　四逸风骚

“隽三、金门、礼垣与余后起少年，余曾与之结樊南吟社。”

——延君寿

诸公蜡屐樊溪口，日日偕吟复饮酒。醉后归来月上时，不知曾念离人否？

——王豫泰《抵莱阳寄怀延覃甫兼樊南诸友人》

①午亭先生倡新范

陈廷敬（1638—1712），字子端，号说岩，晚号午亭，清顺治十五年（1658）进士。《四库全书·午亭文编》提要对陈廷敬的诗文成就评价为："正值国家文运昌隆之时，而廷敬以渊雅之才，从容簪笔，典司文章，得与海内名流以咏歌鼓吹为职业。故其著述大抵和平深厚，当时咸以大手笔推之。""咏歌鼓吹为职业"，说明陈廷敬善于创作诗歌文章，并代表清康熙年间诗文创作之典范——"燕许大手笔"。（注："燕许"指唐代作家张说和苏颋，张说封燕国公，苏袭封许国公。《新唐书·苏傒涽传》载："自景龙后，与张说以文章显，称望略等，故时号燕许大手笔。"）

龙泉亭

曹禾在《午亭集》序文中对陈廷敬的诗歌成就评价如下：

康熙甲寅九月十三日，禾与德州田雯、谢重辉夜过学士说岩陈先生家。论诗自风骚至近代，无不谈也。征奇发难，且辨且饮，陶然竟醉矣。先生出其诗集，三人者聚坐疾读，有见者、有未见者。余耸然起曰：先生之诗，眉山氏之诗也。今人动诋诃宋诗，不知承唐人之宗者，宋人也；而承杜韩之大宗者，眉山也。人才之生，随时而出，能卓然自名一家者，辞与意不袭乎前人者也。然而有学焉惟其能变。学不足以穷往古，则其言不能以变一时。虽当日亦风流波靡，而必不为后世之宗。唐之初，能变乎六朝者也。少陵上薄风雅，下该沈宋，一变而极正，固俨然集成矣。昌黎以为莫由过之也，遂变而为奇。然而其奇皆法也，其纵横排宕、抑扬顿挫者，有以异乎？是善继夫杜者莫韩若也，而韩乃与杜并峙而不朽。苏之于杜、韩，犹韩之于杜也。宋之诗人无不以杜、韩为宗，其学不能以专及也。眉山氏兼之，乃变而为肆。其言汪洋放恣，离奇杂博，茫乎莫识其津涯。究其指，与杜韩异者鲜矣。此又眉山之善于绍述，而三家者遂卓然相望于天壤之间。先生之于苏，犹苏之于杜、韩也。盖变而为浑，穷比兴之源流，究述作之本旨，凡古之能言者，无不会于心也。春容澹荡，涵演迤逦，语有尽而意不穷。徐而探之，渊然以深也，旨乎其有味也。是先生之诗与眉山不类，然辞必己出， 而出必有本，其本不异也。此三家者之所以特立，而先生之所以善继其后者欤？虽然，为此极难耳。今之立壇坫、树颐颊，以叫号怒詈为学问，必欲驱一世而从我者，盖有两病焉：必唐之为是也，其失在于肤，而其病至于袭；又必欲兼夫古也，其失在于某体必似乎某人，而其病至于一人而不似。夫文人之心，每代加胜，独无如风气何耳！能不为风气之转移，真能转移夫风气者也。且夫风云月露，虫鱼花鸟，山川景物之变态，古之能言者已尽之。能为古人之所不能为，是真能继古人者也。先生之诗，不其然乎！不其然乎！文章于世，不论今古，不论贵贱，惟归于至当。先生之辞无不当也。承杜、韩

中道庄

之宗者，苏也；承苏之宗者，先生也。非袭与似也，有其学而善变者也。田与谢曰："子之言然。以是载诸简首可乎？"先生曰："可"。余遂正容执笔而书曰："翰林学士陈说岩先生之诗，今代之眉山也。"

曹禾，字嘉颂，号峨嵋，康熙进士，诗作与田雯、宋荦齐名，号为诗中十子，著有《峨嵋集》、《未庵诗稿》等传世。

"先生之诗，眉山氏之诗也"，之所以称为"眉山氏之诗"，其主要原因在于"然而有学焉惟其能变"，由"极正"至"奇"至"肆"再至"浑"就体现和演绎了学之"变"，而"变"的最大价值在于成就一代之宗师——陈廷敬。

陈廷敬的诗歌主要集结在《午亭文编》、《午亭山人第二集》之中，其中《午亭文编》五十卷，《午亭山人第二集》三卷。我们试以《午亭山人第二集》卷二中之诗篇《记故园山水古迹》为例，来品味陈廷敬诗歌的独特魅力：

诗作名称	诗 作 内 容
太 行	中条西去北居庸，迴合千峰与万峰。 六国蔓延连五代，茅茨不改古尧封。
中条山	柳谷春深谷更幽，北平人物想风流。 欲令衡华为邱垤，突兀中条见道州。
沁 水	泾渭由来特地明，风迴谷转石波声。 故知一道清流水，流出黄河彻底清。
洞阳山	别久蓬山不记年，洞阳山色故依然。 万松枝上千岩月，人道清都一洞天。
午亭壁	茫茫禹迹忆平成，午壁亭留汉代名。 若问午亭归老处，希城山下是阳城。
王屋山	羊肠缭绕去难凭，王屋虽高尚可登。 白首游山新活计，青鞋几緉一乌藤。

"若问午亭归老处，希城山下是阳城"，陈廷敬在诗歌之中对家乡景物的描写渗透着浓浓的乡情，表达了其对家乡的拳拳眷恋之情。从陈廷敬对家乡景物的诗歌用语来看，它不同于遗民诗人群体所体现的那种离愁之

苦和亡国之恨，更多的是用平和的言语表达温柔敦厚之情，成为有清一代诗人群体的言语表达特征和情感表露方式。

被誉为“清代之眉山”称号而开清代诗歌创作新范的陈廷敬与海会寺有不解之缘。陈廷敬的家乡皇城就在海会寺旁边，其本人也留下关于海会寺的诗作：

诗作名称	诗 作 内 容
龙泉寺下院	日隐原上村，秋阴起桑柘。杳杳随烟钟，悠悠远峰下。境空放梵长，天迥飞云泻。松门晚色静，碧草净可藉。风吹篱边花，寒香正盈把。薄游涉清旷，所历向潇洒。乐游抵嗜芰，味道如啖蔗。至人患有身，矧复簪缨假。息心同冥寥，聊此絷吾马。
龙泉寺	金银二泉流，乃在星汉间。泠风不可御，远望空云烟。忽见秋山池，映此碧玉环。神鱼长鬐鬣，色异凡鲔鳣。日影布石上，鱼跃不在渊。食叶如树游，吹气成花圜。洑流绕砌来，吾欲寻其端。稍怜松殿侧，泉眼明微澜。西轩俛木杪，巉径闻哀湍。此泉自遥昔，斯人如逝川。谁能向杳霭，终掩青萝关。
过海会院二首	川长塔迥费跻攀，路转溪云杳霭间。石镜泉鸣寒夜月，翠屏鸟拂晓春山。上方色界诸天静，双树香林万象闲。除却山僧与樵叟，松门无客不须关。 浮图金碧照山隈，略□横斜隔浦回。钟动幽林风叶落，鸟衔空翠雨花来。引泉不碍孤生竹，扫石长防未破苔。曲径禅房容易好，高亭还对野塘开。

此外，陈廷敬的夫人是王国光的玄孙女，王国光本人曾经在海会别院读书；张慎言是王国光的外孙，王国光与张慎言都有浓郁的海会寺情结，陈廷敬的海会寺情结是与家族之间的学术渊源有密切联系的。同样，陈廷敬的子孙辈也留存有关于海会寺的诗作，更进一步证明和延续了这种家族和学术延承关系：

探奇不在远，赏心随所遇。偶然踏溪沙，寻入云深处。参差见兰若，一径开觉路。松风喷龙泉（湫），晴雨散遥树。入寺礼金身，绀壁积阴雾。津梁讵已迷，解脱从兹悟。坐久寂无闻，塔上风铃语。——陈法于《龙泉寺》

②樊南诗钞汇佳作

"阳城东有樊山，樊水出其下，余居樊水南，故以名集"。

——延君寿《樊南诗钞第一集·序》

延君寿"搜辑得八人，题曰《樊南诗钞一集》，而附隽三与余诗为二集三集"，其后又编辑《樊南诗钞》四卷。再加上李焕章和延常编辑《樊南诗钞附集》、《樊南诗钞别集》，共同辑录樊南诗人的诗歌创作。我们对4个诗集所辑录的作者名称及诗歌篇目，陈列如下：

诗集名称	辑录作者及篇目数量
《樊南诗钞一集》	田珩（46）、郭兆麒（81）、张树佳（11）、樊大基（40）、王炳照（48）、卫谦益（11）、王右文（13）、陈秉灼（26）、陈法于（34）、李毅（32） 共计：10人，342篇
《樊南诗钞》	李豸（1）、陈仲第（1）、王国光（26）、栗魁周（1）、宋之范（1）、陈炳（1）、贾之凤（2）、张慎言（90）、杨时化（9）、白胤昌（2）、石凤台（6）、张毓中（5）、张履旋（2）、王曰俞（1）、白胤谦（5）、王克生（1）、成端人（1）、田六善（25）、卫贞（24）、白象颢（1）、吴起凤（1）、张蕴生（1）、陈廷敬（43）、张泰交（12）、王璋（2）、张文炳（29）、田樊（87）、田焌（2）、张树佳（1）、田珩（5）、樊大基（1）、郭兆麒（9）、贾为焕（1）、王炳照（4）、卫谦益（1）、王右文（1）、陈秉灼（4）、王瑶台（4）、张晋（49）、延赏（11）、李毅（33） 共计：41人，508篇
《樊南诗钞附集》	张慎言（11）、白胤昌（7）、卫贞（1）、田懋（12） 共计：4人，31篇
《樊南诗钞别集》	乔映伍（1）、陈廷弼（1）、韩苏（1）、田从典（1）、白畿（2）、白肇锡（1）、卫昌绩（1）、贾容（1）、陈观永（2）、乔元兆（2）、李维垣（6）、张敬思（1）、刘灏（11）、窦家善（4）、樊琥（9）、陈嘉谟（4）、王豫泰（10）、李贻典（2）、马嵩山（2）、张裔云（1）、贾沚（7）、李勤业（1）、卫立言（2）、延彩（3）、杨昱（3）、延曦午（2） 共计：26人，81篇

注：张慎言虽为樊南诗人，但是从时代来说应该划归于明朝。

以上为辑录在诗集的樊南诗人诗作共962篇，在诗集之中对每位诗人的情况都做了简要介绍，我们试选取部分诗人的个人简历，来大体上反映樊南诗人的诗歌特点和诗歌地位：

田珩，字楚白，诸生，诗宗法唐人，与郭冀一刺史同唱和；

郭兆麒，字冀一，号梅崖，乾隆戊子举人，以少陵为宗；

张树佳，字芝亭，乾隆癸酉拔贡，官夏县、榆社县教谕，身后不名一钱，嗣子隽三贫；

樊大基，字梅轩，布衣，诗有晚唐许丁卯、韩致尧风格；

王炳照，字青甫，号南村，乾隆丁酉拔贡，精通内典，所为诗，从元人入手，晚归沉炼；

王右文，字鲁亭，乾隆乙酉拔贡，延君寿表兄，张礼垣曾与之受业；

陈法于，字金门，午亭相国曾孙，诸生，和延君寿交最善，风雨联床数十年，无片语忤；

李毅，诸生，字松溪，学诗于隽三，曾走京师，为辇下诸巨公所称赏，名噪一时，客死，年三十岁；

……

在以上樊南诗人之中，相对来说诗歌作品最多并具有代表性的诗人为：王炳照和李毅。

王炳照（1743—1798），皇城村人，13岁时“读等身书，能为韵语”，诗集收录在《介雅堂诗钞》。延君寿在《介雅堂诗钞》序文之中对王炳照的生平及诗歌地位进行了评价：

南村少贫贱，屡试高等，拔贡举人，皆为南村喜，是以科名期南村也，而南村卒不一第。南村为诗三十年，迄无知己。人咸谓今日之毕秋帆尚书、袁简斋太史，海内哲匠也，趋之者如矢之赴鹄。以子之才而谒其门，必当有遇，而南村卒不往。南村既不得志于时，益与世疏，往往与田父饮、杂佣保居，人皆以目南村，而南村卒不省。呜呼！使南村早登贤，书捷南宫，逐逐于仕宦之场，必不暇为诗。为诗矣，曳裾侯门，乞怜摇尾，其诗必不工，必不能传于后。……余生晚，识南村最迟。张隽三晋，南村世交也。一日，同余过南村室，各袖诗出正，南村拈须色喜，抚两人肩曰："吾乡后起之彦也。"退，语其门人陈金门法于曰："张子才气疏朗，延生似少钝，然能以学力胜，必传之技也。"……南村诗，少学金元，妩媚多致。晚年乐府读史诸作，直造李义山、杨铁崖之室，应以可传许之。

"人咸谓今日之毕秋帆尚书、袁简斋太史，海内哲匠也，趋之者如矢之赴鹄"，可见王炳照在当时社会的诗歌地位和文化影响。同样，从延君寿、张晋对于王炳照的态度，也可以看到他们对于王炳照诗作及诗歌成就的敬仰之情，其门徒陈法于为陈廷敬后人，陈法于与延君寿等人结成"骚坛四逸"，从而使王炳照的诗歌作风得以保留和弘扬。

李毅（1775—1805），下庄人，李豸之后裔，著有《松溪诗稿》，延君寿将其刊行于世，并撰写序文：

双塔映泉

松溪其先世曾官方伯，家久中落，伟躯七尺，如河朔少年。读书数行下，二十岁从隽三学，五年为诸生，又五年而殁。曾走京师，为陈仲溪、周石芳两少宰，吴玉松侍御所称赏，名噪一时。去年余官长兴，松溪只身渡江而至，凌厉肮脏之气，独迈时流，视前后为诗，雄俊不可羁勒。余与隽三四十岁后，诗始益进，松溪少年乃能卓越若是。孰意天之速竭其精华，正所以速约其死期也哉！

李毅三十而亡，真是天妒英才。30岁之前的诗作，能得到京城文人陈仲溪、周石芳、吴玉松及延君寿、张晋等人的认可，可见其诗歌本身的价值所在。

③骚坛四逸创辉煌

从清代顺治到康熙、雍正三朝的樊南诗人之中，具有代表性的诗人当属“骚坛四逸”——延君寿、张晋、陈法于、张为基。

“骚坛四逸”以延君寿为中心，以张晋、陈法于、张为基等为骨干。延君寿（？—1826），字荔浦，北阴村人。同张晋、陈法于、张为基等人结成“樊南吟社”，并倡导一代文风。延君寿著有《六砚草堂诗集》和《老生常谈》。吴登云在《六砚草堂诗集》的序文之中，对延君寿的诗歌创作活动情况作了简要的陈述：

延荔浦先生名寿，更名君寿，世居阳城北阴村。其先德果亭先生，官福建泉州府同知，有政声。先生幼随侍八闽，得大海波涛拓其胸臆，舞勺岁即崭然露头角。及其壮也，与隽三、张礼垣、陈金门诸先生结吟社，名声噪一时。与隽三交尤挚，倾囊相赠，亲昆季弗如也。……继任浙江长兴，隽三往依之，联吟斗韵，有昌黎、东野之遗风，一时大江南北称诗人者群推阳城张、延焉。顾隽三诗肖唐，先生则近于宋，非故与立异，才气使然耳。生平有六美砚，因自号六砚草堂居士。……后起之秀有若李松溪、王介三、李见唐辈，又全赖先生提携奖进，显名于时。……先生四子，曰赏、曰常、曰棠，皆能诗，少子正望无闻焉。

延君寿在“舞勺岁即崭然露头角”，足见其诗歌之天赋。其与张晋交往甚密，并在浙江长兴之时名噪一时，名誉大江南北，有昌黎、东野之风范，成为阳城樊南诗人学习之榜样。张晋之徒李毅和王豫泰、樊南七老李焕章等，都因得到延君寿的教诲而取得不错的诗歌成就。延君寿四子中的三子在父亲的熏陶和影响之下，都善于进行诗歌创作，特别是延常成为阳城著名诗人团体樊南七老之一。以延君寿父子为代表的樊南诗人，在清代诗歌发展历程中占有一定的历史地位和文化影响。

同样，我们从“骚坛四逸”的诗作名称和内容之中，就能清晰地反映他们之间频繁的诗歌交流创作活动。

作　者	诗　歌　名　称	涉　及　人　物
延君寿	题隽三近作诗稿	张晋
延君寿	寄隽三、礼垣	张晋、张为基
延君寿	到家之次日，晓至西坪浮岚暖翠阁，示儿赏、常、棠有作	延赏、延常、延棠
延君寿	窦积之以新诗见示，即书卷尾	窦家善
延君寿	隽三归自太原	张晋
延君寿	隽三歌行体诗，遗山嗣音也时从太原归里，作短歌赠之	张晋、元好问
延君寿	过郭峪感怀明轩、金门	陈秉灼、陈法于
延君寿	送赏拔贡之太原，兼寄隽三	延赏、张晋
延君寿	李松溪手诗来谒，作长歌即题卷后	李毅
延君寿	析城山铁盆嶂诗，同王介三作	王豫泰
延君寿	送介三偕舟生、常、棠，往观石淙龙池水涨二首	王豫泰、延常、延棠
延君寿	柬礼垣，时初从丰县归里	张为基
延君寿	和隽三寄怀	张晋
延君寿	松溪以诗见贻，用韵和答	李毅
延君寿	长歌行一首哭李松溪，即题其六月所绘松溪图小照	李毅
延君寿	哭赏两首，即题其注《经图卷》首	延赏
延君寿	介三探梅，筱浦花犹未开，诗以调之	王豫泰
延君寿	长歌行挽张隽三	张晋
延君寿	东坪，张隽三所居	张晋
延　赏	柬李松溪太原	李毅
延　赏	读王南村先生《介雅堂诗抄》	王炳照

（续表）

延 赏	送介三、松溪游析城	张晋、李毅
延 赏	病愈简樊虎溪	樊虎
刘 灏	荔浦表兄之任五河，同人饯于海会寺，是日，予冒雨先归	延君寿
张为基	金错刀歌为陈金门作	陈法于
张为基	送家隽三入都	张晋
张为基	冬夜与金门、隽三同饮荔浦西坪阁	陈法于、张晋、延君寿
张敦仁	同沁川叔夜话时予将西归	张为基
张敦仁	和王鲁亭《城西晚步忆张宛中》	王右文
张敦仁	别舅氏后，登观涛听月之楼	樊大基
张敦仁	隽三弟自闽中归，道过九江，赋此送别	张晋
张敦仁	题刘松岚吊武虚谷诗后	刘松岚
张敦仁	寄怀刘十六坤即送其归里	刘坤
张敦仁	寄呈舅氏两首	樊大基
张敦仁	寄王明经右文四首	王右文
张敦仁	呈了缘大师二十韵（海会寺和尚）	了缘大师
张 晋	李松溪入都，久无消息，诗以讯之	李毅
张 晋	哭松溪	李毅
张 晋	题松溪小照	李毅
张 晋	哭舅氏	陈秉灼（舅父）
张 晋	哭李瑞	李瑞
张 晋	赠王豫泰	王豫泰
张 晋	闻荔浦明府为松溪刻遗诗二百篇，附短歌一章，他日当众附众生集后	延君寿
张 晋	雨后侍达庵舅氏城北看杏花，小憩招庆寺，归途率赋	陈秉灼
张 晋	戏题刘简田坤小照	刘坤
王炳照	题门人陈金门秀野山房，次东坡《独乐园》韵	陈法于
陈秉灼	赠金门	陈法于
陈法于	柬张礼垣	张为基

（续表）

陈法于	寄怀张隽三泉州	张晋
陈法于	范纪年招集梅园，同樊南吟社诸子	樊南诸子
陈法于	六砚草堂歌为延荔浦赋	延君寿
陈法于	长歌行送荔浦入都	延君寿
刘　坤	张隽三至自福建即送归里	张晋
王右文	归自陕右，荔浦表弟邀余授徒西坪有作	延君寿
李　毅	题隽三师携孙种树图	张晋
樊大基	如陶筵上接见张古愚、王青甫、刘简田报书，并寄寿文及见怀诗章，因赋长歌纪之	张敦仁、王炳照
樊大基	夜坐阅古愚甥近诗	张敦仁
王豫泰	长歌行送延荔浦先生选谒都门	延君寿
王豫泰	抵莱阳寄怀延覃甫兼樊南诸友人	延赏
王豫泰	抵莱阳呈延荔浦先生	延君寿
王豫泰	题张隽三先生《意庵行窝》	张晋
王豫泰	戊辰八月莱阳抱病归里，留别张隽三、延荔浦两先生，留幕中诸同人	延君寿、延赏
王豫泰	与延覃甫同之莱阳，至历下闻荔浦先生罢官	延君寿、延赏
王豫泰	太原归晤李松溪	李毅
王豫泰	秋日西坪访延荔浦先生留宿	延君寿
王豫泰	怀李松溪太原	李毅
王豫泰	九月二日得松溪书	李毅

注：[1]王豫泰，字介山，号见山，上庄人，受业于张晋。
[2]李毅，李豸后裔，号松溪，下庄人，受业于张晋。

我们从上述图表中不难发现，“骚坛四逸”成员之间以及他们与樊南诸位诗人之间，都有较为频繁的诗歌交往和相互的诗歌创作活动。并且他们之间还存在亲情、友情、师徒、家族之间的复杂的人际关系（如延君寿与张晋交往密切，李毅、王豫泰为张晋的徒弟，并受到延君寿的影响，陈秉灼又是张晋的舅父，张晋与王炳照交往密切，陈法于为王炳照之徒），进一步加深了樊南诗人彼此之间的密切联系和亲密关系。

以“骚坛四逸”为中心的樊南诗人，大都留存有关于游览和描写海会寺的诗句，并与海会寺结下了不解之禅缘：

作　者	诗作名称	诗　作　内　容
延君寿	早春游藐山方丈题壁	凉风吹院松鼠堕，水平绿净不可唾。 满庭荒竹影横斜，半日啼莺闻一个。 藐山先生今已亡，藐山方丈嗟荒凉。 土花断碣寻不见，一道飞泉下夕阳。
延君寿	樊溪游春至海会寺	凌晨发高兴，策杖踏溪沙。 一水牵萍叶，两崖开杏花。 春云低著柳，积雾晓成霞。 更向前村去，青帘卖酒家。 曲曲随溪转，溪流路欲迷。 好花多傍水，晴雨不沾泥。 远岫浮青黛，人家住绿隄。 啼莺知客到，飞过寺门西。
延君寿	海会寺赠醒然上人二首	此寺一何古，有僧颜若霞。 曾游扁鹊庙，归住法王家。 绿映一潭水，香生众树花。 幽栖吾意足，慕尔好袈裟。 知我不佞佛，升阶漫打钟。 土花埋断碣，清响下长松。 拄杖秋心远，支床午睡浓。 山门防俗客，都倩白云封。
延君寿	海会寺	北地不宜竹，居人识者稀。 谁知白栝里，无数碧鸾飞。 鱼密跳波乱，花明认露晞。 头陀若有约，来制水田衣。
延君寿	九日偕子礼舟生两弟常棠两子登金裹谷复由海会寺至郭峪看菊秀野山房即呈金门	才到山颠又水涯，眼前童冠尽吾家。 争寻谷口迷霜叶，小憩僧房吃苦茶。 落日影横秋树瘦，乱山天远暮云遮。 前村更有陶潜在，却向篱东问菊花。
延君寿	腊月十八日过宿海会寺柬寄金门	人皆餽岁酬佳节，我却辞家过老僧。 认路寒溪三日雪，挂窗朗月一条冰。 橐驼学坐生虚幻，赑屃沈碑有断棱。 莫道禅心枯寂甚，明朝拟去唤陈登。
延君寿	藐山方丈追悼张金铭尚书有序	尚书名慎言，方丈其读书处。《明史》有列传，官南京吏部尚书，福王时乞庆，流寓芜湖。国亡，疽发背，不食死。 百到不复压，松声兼水声。 日蒸花气暖，风埽石台清。 党祸看重炽，芜湖遂此行。 伤心谢枋得，不忍再偷生。

（续表）

延君寿	途中杂诗八首（之一）	梦归海会院，身是小乘僧。 无法何须说，飞栏独自凭。 饭抛神鸽下，杖掷赤龙腾。 觉后空惆怅，荧荧古驿灯。
延君寿	郭峪张子敬潭叔志张捷三翟树佳谭克亭寔积之张宁一邀过海会院属作重修午亭先生东山碑记即席有作	谷云屯晓晴，屹立如堵墙。 一角忽崩坏，露日摇金光。 溪影掷修蛇，岭势连前冈。 行行手策藜，践约寻上方。 檐风下庭隅，响振金锒铛。 稍坐众宾至，临水开壶觞。 中有白须人（谓子敬），挽我为文章。 午亭去人远，提笔歌慷慨。 剩有东山树，高岭排苍苍。 池水跳虾蟆，老竹飞凤凰。 饮茶不尽器，翻觉凉风凉。 落日且归去，清露沾衣裳。
延君寿	过海会院	一水如掷帛，不嫌土岭平。 篁深风戛玉，瓶热火呼笙。 旧塌移沙影，新诗惬野情。 从今来往贯，听我杖声铿。
延君寿	至海会院	老步艰难行杖支，踏沙来到上方时。 春从独赏人多怪，心作初经景乃奇。 卓锡水源探兔窟，扫墙仙迹堕榴皮。 桃花莫更招游客，笔底如今少艳词。
延君寿	白兔泉有序	海会院亦名龙泉寺，余闻之故老云：“初结庵之僧，一日诵经，有白兔伏座下，逐之，投厓而没，泉水出焉，因名曰白兔泉。”并记以诗。 月中白兔老而顽，潜背蟾蜍逃空山。 老僧诵经兔前伏，杖锡逐之投崖间。 瑟瑟珍珠溅僧面，一眼碧泉垂飞练。 月精化水僧不惊，一瓢自酌当风嚥。 月明团圞望正中，脱奁秋水摇碧空。 精气相感呼吸通，人间乃有广寒宫。 月波西流带新水，水亦作势迎山觜。 泛泛琼花十顷田，摩荡忽动波中天。 水自澄澜月留魄，上下其间初不隔。 捣药老兔功不磨，肯以老泉逛过客。
延君寿	梦海会院	栝裹一身雪，竹飞千凤翎。二句梦中作。句还疑宿构，梦却是初经。鉴水眉棱古，埽霜涧气青。谁携笔五色，重作藐泉铭。

（续表）

延君寿	梦觉寄海会僧了缘	作书手冻却频呵，伏枕魂飘旧院过。 一室之中留砚在，百年所得是愁多。 雪摇灯影连虚屋，风旋冰花响细河。 昨梦渡头船一只，与师同受七轮摩。
延君寿	题藐山方丈壁	如蟒一泉发寺背，当日疏之穿寺内。 灌池浇花引长沟，出寺学作严家濑。 藐山先生古丈夫，以藐名泉坐朝晦。 松声竹声合水声，冬室大温夏清快。 寺僧进来大可笑，年久乃听渠石坏。 一条活水十丈飞，从寺之背放寺外。 寺外二顷膏腴田，驱牛得得耕春烟。 天旱引水灌谷麦，安坐不愁逢凶年。 非谓尔辈不当然，入寺出寺皆此泉。 丰衣足食多金钱，何不俾之称两泉。 临崖破坏三间屋，月黑天阴山鬼哭。 我佛拈花笑不言，游人烧茶砍死竹。
延君寿	诸同人饯余于海会院日暮雨作原豫中刘特舟张厚夫扶春德勤先归余与刘雨苍张木庵留宿寺中	老骨羞夸服锦衣，此行原与素心违。 竹阴冷泼离筵酒，溪水绿围旧钓矶。 持骑有人先作别，挑灯同我懒言归。 僧窗听雨非无意，留看山头瀑布飞。
延君寿	从黄沙岭行海会寺道上作	釜底村庄断复连，黄沙岭上接风烟。 惊看红树一沟出，始信秋风到我先。 溪水绿澄僧院塔，柳条寒覆藐山泉。 他年初服还家日，终学韩公礼大颠。
延君寿	十三日李伯广邀李润之冯振之张扶春王见山杨丽云李见唐张扶九家弟子劼集海会禅院	小雨霏霏薄午风，涧沙坡石径斜通。 荻芦黄作黄云色，梨树红于红日烘。 十辈时髦征国土，一庭荒竹坐衰翁。 家园输与禅堂好，狼藉腥膻恼赞公。
延君寿	辞家诗十首（之一）	海会饯筵开，诗人杂龙虎。 狂吟复大叫，声欲震棂户。 回飙作势来，继之以雪雨。 滕六和风姨，拉杂一庭舞。 沁水李润之，好句不轻吐。 昨日一诗来，心香袅半缕。 梅花陆放翁，润之诗：“篱边酒榼陶征土，江上梅花陆放翁。”至今谁作主。愿君早荡舟，片帆飞江浦。

（续表）

延君寿	塔以琉璃为之，工巧绝伦	每逢腊八设经坛，海会僧房地面宽。 登塔不教腰腿痛，十三层护碧阑杆。
陈法于	龙泉寺	探奇不在远，赏心随所遇。 偶然踏溪沙，寻入云深处。 参差见兰若，一径开觉路。 松风喷龙泉（湫），晴雨散遥树。 入寺礼金身，绀壁积阴雾。 津梁讵已迷，解脱从兹悟。 坐久寂无闻，塔上风铃语。
张　晋	春日游海会寺作	柳色浮金浅，桃花结蕊匀。 暖风吹绮陌，晴雨湿春人。 野水一条活，遥山万叠新。 上方钟磬寂，何处著红尘。
张　晋	过龙泉寺追悼醒然上人	未示维摩病，惊垂舍利珠。 我空呼负负，师已证无无。 凄绝溪声冷，荒凉塔影孤。 他年谁志墓，应许谒吾徒。
张为基	藐山方丈，怀张金铭尚书	辟佛推韩子，妄佛为乐天。 辟佛徒纷纷，满眼知谁贤。 咄哉四海大，方丈几万千； 此胡久不朽，得勿有人焉。 尚书禀介节，晚岁遇迍邅。 茄花与委鬼，朝庙真堪怜。 南渡兴党祸，阮马腾腥膻。 有家归不得，故土传狼烟。 一朝疽发背，不食终年余。 当时此读书，抚景常流连。 郁郁三大字，书额银钩悬。 筑屋傍僧舍，非为抛情缘。 譬如称博学，内典何能捐。 世尊不可作，池水空青莲。 我谓学佛者，不若学神仙。 试看藐姑山，彼姝何便娟。 至人解秒用，致身仙佛巅。 洎水复笔墨，语语能通禅。 前哲堪景仰，胜地殊幽偏。 夕阳千金谷，荒竹飞龙泉。 去去证无生，溪风吹飒然。
张为基	龙泉寺夜归	十里樊川水，淙淙载月流。 人归红叶岸，风入白莲秋。 犬吠知何处，钟声近在楼。 当年咏秋禊，曾记竹林游。

“骚坛四逸”关于海会寺的诗作共有25首，其中延君寿20首、张晋2首、陈法于1首、张为基2首。从诗作内容来看，既有关于游览和描写海会寺美景的诗歌名篇，也有悼念和追思海会寺名人的名篇佳作；既有反映樊南诗人在海会寺进行诗歌创作活动的诗作，也有留宿海会寺深夜了禅感悟禅理的诗作。从诗作的作者来看，以“骚坛四逸”为代表的樊南诗人，继承和弘扬了海会寺留存的诗歌文化传统和学术文化渊源，特别是张为基“当时此读书，抚景常流连”的诗句，更加折射了海会寺在阳城文人心目之中的文化中心地位。

（3）七逸诗社　幽古绝唱

“挂锡名山养性天，爱国骚客结诗缘”

——“樊南七逸”（下庄·南神庙）

①七逸承续四逸风范

四逸、七逸同为阳城诗人，彼此之间前后衔接、文脉相连。

延棠在《杨釜山近于白巷之南神庙，建七老会，既为之图各题句其上。庙有古柏，数百年物。因为祝古柏诗，以为七老祝焉》中，记述了七逸诗社的创立暨活动情况：

寿骨崚嶒讵可摹，多年古柏比根株。更无一树能争长，赖此数君差不孤。泼墨兴随诗酒话，当筵声谢管弦粗。添来翠色三千尺，便是人间八老图（注：南神庙僧人本立加入之后，七老变为八老）。作为七老之一的李焕章对“七老会”的创立唱和如下：

海会龙湫

七老诗

（杨釜山建老人会，李识之颜为樊南七劳，因作）

情之所钟惟我辈，一年几日得高会。
老矣恒苦鬓毛斑，何妨放浪形骸外。
虽无卢骆有王杨，继之者为延与张。
曹耶韩耶足高致，屈指亦到狂奴狂。
一瞬元黄几甲人，论岁各有日之始。
此际合开汤饼筵，人生不过行乐耳。
择胜安用子由亭，亦非学作香山行。
虎谷龙泉游且遍，似是好闹非好名。
有肉更思副以酒，兴酣一吸忘老丑。
无行不与仗为徒，有约底用偕以走。
到处勾留数游踪，触物写景情则同。
墨痕酒痕浓间淡，意想不到风尘中。
吾乡诗名昔可数，只今无人说继武。
老兵直作中郎看，此意未必无小补。
酴醾花事岂应了，婪尾余春亦自好。
树木原宜计岁年，余生那得供烦恼。
作歌自捋白髭须，朋侪坐听相胡庐。
更将小李将军笔，倩写樊南七老图。

诗句之中所提到的“王杨”、“延与张”、“曹耶韩耶”再加上本诗的作者，他们共同组成樊南七老——墨逸：润城王萃元，字卯庵；闲逸：下庄杨庆云，字釜山；心逸：北音延常，字石似；樵逸：润城张贻谷，字子有；柳逸：中庄曹承惠，字化南；书逸：郭峪韩纪元，字倬山；涧逸：上佛李焕章，字见唐。后来加上莲逸，南神庙僧本立，而号称樊南八逸。“无行不与仗为徒”可见七老之老，“虎谷龙泉游且遍”可知七老之迹，

“兴酣一吸忘老丑”可想七老之浪，“作歌自捋白髭须”可赏七老之才，“倩写樊南七老图”可观七老之貌。老、迹、浪、才、貌，共同构成樊南七老之生活原貌。

我们从与樊南七老相关的诗歌之中罗列出部分诗歌标题，以此来更加客观地呈现他们之间密切的诗歌创作活动：

作 者	诗 歌 名 称	涉 及 人 物
杨庆云	九月十二日同见唐往小城访卯庵	李焕章、王萃元
杨庆云	老友王卯庵、李见唐、张子有、韩倬山同赋盆中蜡梅，别后以诗酹之	王萃元、李焕章、张贻古、韩纪元
杨庆云	初九日风雪中喜见唐过我	李焕章
杨庆云	见唐六十寿日，以诗祝之	李焕章
杨庆云	六月二十二日子上佛见唐馆中午归	李焕章
杨庆云	怀友人王卯庵	王萃元
杨庆云	九月一日访李见唐上佛晚归作	李焕章
杨庆云	诸同人南庙宴集，和李见唐元韵	樊南七老
杨叔雅	恭题七逸老人图	樊南七老
杨叔雅	题七逸游海会寺后	樊南七老
杨叔雅	七月十二日张樵逸先生邀宴紫台岭	张贻谷
延 常	六月六日	杨庆云
延 棠	既成七老图诗，深以不与斯会，为憾事，再为此诗呈寄会中诸友	樊南七老
延 棠	杨釜山近于白巷之南神庙，建七老会，既为之图各题句其上。庙有古柏，数百年物。因为祝古柏诗，以为七老祝焉	樊南七老
延彭年	七逸老人会于碧梧山馆，余惭地主之谊，谨长句二十六韵，以志向往	樊南七老
李焕章	釜山三兄先生馈蕉，俚句呈谢即祈哂正	杨庆云
李焕章	小春十又一日雪霁，南神庙慈生上人邀过午斋，同诸友人作	樊南七老
李焕章	戊午正月三日，杨釜山邀，同诸友人宴就闲斋作	樊南七老
李焕章	就闲斋午宴和釜山原韵	杨庆云
李焕章	十月廿七日晚过就闲斋呈釜山先生	杨庆云
李焕章	小春廿一日，釜山先生邀过就闲斋	杨庆云

（续表）

李焕章	初度日，卯庵、釜山、石似、化南、云樵、倬山过我，时辛酉正月十九日	樊南七老
李焕章	秋日杨釜山邀集南神庙，同诸友人次东坡先生《延生观》韵	樊南七老
李焕章	醉中有感即寄釜山	杨庆云
李焕章	中秋夜张云樵邀同诸友人尊文馆赏月有作	樊南七老
李焕章	同杨釜山南神庙访慈上人	杨庆云
李焕章	八月十五日午宴杨釜山就闲斋	杨庆云
李焕章	正月十八日杨釜山留饮，同王卯庵、李仙李扬、以南、季鳣兄弟分韵率赋	杨庆云、王萃元
李焕章	釜山游虎谷未遂诗以约之	杨庆云
曹承惠	釜山夫妇共臻上寿祝	杨庆云
曹承惠	仙坪七逸会	樊南七老
曹承惠	恭和釜山先生《丁巳南庙秋丁诗》，即步原韵	杨庆云
曹承惠	三月十四日祝釜山先生七十正寿	杨庆云
曹承惠	移九月九日逸社第三会于闰中秋	樊南七老
曹承惠	正月三日即席和釜山先生原韵	杨庆云
曹承惠	寄怀杨釜山先生暨王卯庵、李鉴塘诸老友	杨庆云、王萃元、李焕章
曹承惠	就闲斋七逸会	樊南七老
曹承惠	釜山杨三兄先生大人荣举乡饮	杨庆云
张近仁	友人杨釜山夫妇于今岁季和祝期颐，釜山遍招诸老友	杨庆云
张贻谷	和李见唐南庙燕集原韵	李焕章
张贻谷	就闲斋午宴和釜山原韵	杨庆云
张贻谷	甲寅冬日过就闲斋，呈赠釜山学兄大人	杨庆云
张贻谷	新正六日，釜山三兄席上复得一律，并呈教正	杨庆云
张贻谷	闰八月十五日，逸社第三会，诗呈同社诸老兄台正	樊南七老
张贻谷	闰中秋诗四首，呈逸社诸老兄教正并请赐和	樊南七老
王萃元	就闲斋午宴和釜山原韵	杨庆云
王萃元	常庄馆中寄友人杨釜山、李鉴塘	杨庆云、李焕章

“樊南七老”以南神庙、海会寺、西坪、东坪、就闲斋等虎谷龙泉之地为中心，以农历节日、成员生日、诗歌原韵等为主题，展开了频繁的诗歌结社活动并创作了大量的具有浓郁地方色彩的诗歌。我们不难发现，杨庆云夫妇期颐之际曾广招好友诗歌庆祝，从众位诗人的附和诗歌创作篇目来看，就闲斋中可谓诗人云集、热闹非凡。

同样，樊南七老与樊南四逸之间也存在地域亲情之间的紧密联系。首先，他们都处于同一地域，一方水土一方人，樊山、樊溪、沁水共同养育了包括樊南四逸与樊南七老在内的所有樊南诗人。其次，他们之间还存在亲密的师徒、家族、亲情关系。延君寿与延常为父子关系，他们之间的血肉亲情不必言说，家族之间的学术传承更是无与伦比；陈秉灼为张晋的舅父，陈法于与陈秉灼同宗，都为阳城陈家；李焕章、杨庆云、杨丽云都受过延君寿的培养和熏陶，同样杨天衢是阳城诗文活动的始祖，王国光、张慎言、陈廷敬等都在不同程度上受其影响；韩纪元为皇城人，陈家的诗文活动以及王炳照的诗歌魅力，必然为其走上诗歌创作之路提供了宝贵的文化因子。我们可以毫不夸张地说，他们作为樊南诗人的杰出代表本身就是地域文化的文化影射，樊南丰富的文化资源和诗人群体是他们诗歌创作的力量源泉和榜样激励。他们是阳城诗文活动的代表，更是阳城山水走向全国的文化宗师。

②樊南之阳落魄吟唱

> 领落樊川逸社人，称觞逐次为君寿。
>
> ——曹承惠《三月十四日祝釜山先生七十正寿》

以延君寿为代表的樊南七老，既不同于以王国光、张慎言为代表的风光无限的阳城明朝诗人，也不同于以陈廷敬为开端的、处于清王朝鼎盛时期（康熙、雍正时期）的“骚坛四逸”。伴随着阳城科举在道光、咸丰年间的衰落，以阳城最后一名进士曹翰书为终结，阳城文人在清王朝历史文化发展进程中的地位随中国历史文化运命一同步入衰亡的轨道。樊南七老除延君寿之外，大多为穷困潦倒的布衣诗人，大都过着“典尽春衣付米钱，一家生怕说灾年”的贫苦日子。国家命运的变迁、个人物质条件的匮乏却没有征服他们内心圣洁的心灵，对艺术的追求及对诗歌创作的酷爱成为他们诗歌创作的力量源泉和精神支柱。这也使得他们的诗歌之中平添了许多感人的更加贴近生活本真的元素，这些元素既是苦难生活所赐予的无奈，又是诗人们对无奈的抗争和呐喊：“釜山大笑拍我肩，人生何必说熬煎？同尘和光且随缘，此心勿使忧患牵”，“直写胸中辞，釜山定我许，任从旁人或嘲或笑指而目之为迂腐”（延常）。

典尽春衣付米钱，一家生怕说灾年。
煮残豆叶供晨馔，梦踏雷车救旱田。
肯信鹍鹏程九万，尚思溟渤击三千。
浮生笑煞蜗牛斗，可胜蝇床自在眠。

——延君寿《晨起得诗》

延君寿曾经为官，退官归里生活竟如此不堪，更何况没有取得任何功名没有从政为官的其他人。但是传统文人乐观、豁达的胸襟必不为生活的困境所折服！

我们以杨庆云《自题就闲斋壁》为例，来再次回味和品嚼阳城樊南诗人“修德就闲”的儒雅情怀：

[序文]

余性不能闲，然每闻“闲中得趣”之语，窃慕焉，而不得其解。近于砚田少暇，阅华封人“修德就闲”之句，始悟所谓“就闲”者，非闲散之谓，乃脱去俗累之谓也。遂指吾之砚田叹曰：“此即吾之就闲者也”。因为诗以咏之，且以名吾斋。诸老友见而和之，以志其事，并书诸额，亦登吾诗于右。时戊申七月望日。

[正文]

着意寻闲去，寻闲未必闲。方知闲得趣，即在不闲间。益智惟开卷，怡情且看山。近来消遣处，世事总无关。

爱闲宜晚境，非敢恣相羊。偶觉性情淡，旋增意趣长。草痕萦杖履，花气浃壶觞。拟约朋侪满，清谈到夕阳。

杨庆云的就闲斋真正成为樊南七老清谈的理想场所：

爽性豪情不一俱，吟成捻断几茎须。
不如唤起王摩诘，画出闲斋七逸图。

——曹承惠《就闲斋七逸会》

五、凤高五属　名列三城

河东人物气劲豪，泽州学者如牛毛。
大家子弟弄文墨，其次亦复跨弓刀。
去年较射九百人，五十八人同赐袍。
今年两科取进士，落钩连引十三鳌。
迩来习俗益趋善，家家门户争相高。
驱儿市上买书读，宁使田间禾不薅。
我因行县饱闻见，访问终日忘勤劳。
太平父老知此否？语汝圣世今难遭。
欲令王民尽知教，先自乡里燕群髦。
占云将相本无种，从今着意鞭儿曹。

——（宋）黄廉

龙泉海会文化

1.泽州五属　濩泽风骚

学者如牛毛，自古数濩泽。连年取青紫，易于地芥拾。争将逸驾攀，遂向塞路辟。挥之无倚门，从者皆入室。肃肃俎豆风，洋洋弦歌邑。几时复论秀？四海望偃伯。术能向者谁？世无秋风客。

——（金）李俊民《庙学落成》

（1）泽高陵沁　兴学重教

出门寻山水，放辔一驰马。爱此书院村，伫策观其下。名儒乡校传，春风流四野。乡校七十余，至今存者寡。惟此独擅名，遗踪诚非假。白水相萦回，万斛明珠泻。环山开鼓铸，洪□□□□。时闻弦诵声，士气犹潇洒。至今八百年，口碑载民社。我亦读书人，向慕心藏写。俎豆尸而祝，吊古怀大雅。

——（清）朱三才《书院村传为程子乡校旧迹》

据《读史方舆纪要·山西五》记载：“《禹贡》冀州地。春秋属晋，战国属韩，后属赵。秦属上党郡。汉为上党、河东二郡地。后汉及魏、晋因之。后魏置建州魏收《志》：慕容永分上党置建兴郡，真君九年省，和平五年复置。永安中，罢郡置建州，治高都城，领高都、长平、安平三郡。北齐亦为建州及长平、高都二郡。后周并为高平郡。隋废郡，改建州为泽州因濩泽水为名。炀帝又改州为长平郡。唐初，复置建州，寻改盖州。贞观初，又改泽州《旧唐书》：武德初，置盖州，领高平等县；又置泽州，领濩泽等县。三年，置建州，领晋城等县。六年，废建州，以盖州治晋城县。贞观初，又废盖州，以泽州治晋城。是也。天宝初，曰高平郡。乾元初，复为泽州。宋仍为泽州亦曰高平郡。金曰南泽州以别于北京之泽州也，寻复故元光二年，又升为忠昌军节度。元属平阳路。明初以州治晋城县省入。洪武九年，改隶山西布政司编户一百六十七里，领县四。今仍为泽州。”从上述历史文献记载，我们不难看出泽州府自建制以来的历史沿革以及所属领的郡县。明朝，泽州府属领的属县为：高平、阳城、陵川、沁水；清朝为凤台、高平、阳城、陵川、沁水。我们以泽州庙学记文为例，来简要呈现明清时期泽州府兴学重教的历史情况。

在孔庙未修之前，在学宫里就有祭祀先师先圣的礼仪。《周礼·春官》记载："始入学，必释菜礼先师者。"《礼记·文王世子》记载："凡学，春官释奠于其先圣先师，秋冬亦如之。"孔子殁后的第二年（公元前478年），他当年的居室即被弟子们奉为"庙"，并将孔子生前的"衣、冠、琴、车、书"奉于其中，岁岁奉祀。孔子子孙"世以家学相承，自为师友"，在孔庙里学习礼乐文化。学在庙中，庙中有学，"庙学合一"初显端倪。汉武帝采纳董仲舒的建议实行"罢黜百家，独尊儒术"的文化政策，把儒家学说奉为正统。在京都长安城南兴建太学，置五经博士，以儒家经学作为学校教育的基本内容，孔子的地位自此日增。唐高祖武德二年（619）诏令地方政府开办的官学各立周公庙、孔子庙一所，四时致祭。贞观二年（628），停祭周公，专立孔庙，以孔子为先圣，颜回为先师。贞观四年（630），又"诏州县学皆作孔子庙"。从此各州县多于学宫旁建立孔庙，"庙学合一"遂成定制，历代相袭。至明清时，全国孔庙多达一千五百六十多处。"庙学合一"，以儒家学说安邦立国，为历代王朝所倡导，成为古代社会的一项重大教育制度。

我们从现存的历史文献之中，看到泽州五属都有关于庙学的历史记载：《夫子庙堂记》（唐·程浩）、《庙学落成》（金·李俊民）、《重修庙学记》（金·李俊民）、《高平县米山宣圣庙记》（元·宋翼）、《高平石末村宣圣庙记》（元·景国祯）、《阳城创修庙学记》（明·宋讷）、《重修庙学记》（明·薛瑄）、《沁水县庙学重修记》（明·杨一清）、《泽州重修庙学记》（明·张鹏）、《重修高平县庙学记》（明·郭鋆）、《建宁里重修文庙碑》（明·郭东）、《陵川县新迁庙学记》（明·顾显仁）、《泽州重修庙学记》（明·张养蒙）、《重修天井关孔子庙记》（明·贺盛瑞）、《重修庙学记》（清·皇国璨）、《重修泽州文庙序》（清·官于宣）、《重修阳城文庙碑记》（清·田六善）、《重修沁水县文庙记》（清·赵凤诏）、《重修文昌祠记》（清·乔于洞）《重修文庙碑记》（清・施敬胜）、《高平建北村补修创建文庙内外一切胜迹碑记》（清・孙嗣光）、《石村修文庙记》（清・司昌龄）、《新制文庙乐器碑记》（清・程德炯）、《重修沁水县文庙记》（清・窦铤）、《上佛村重修大庙创建文庙碑记》（清・张诗铭）、《阳城县重修庙学记》（清・徐璈）、《勾要西里重修文庙碑记》（民国・李元英）。通过对以上文献资料分析，我们不难发现泽州、阳城、高平、沁水、陵川5县在明清两代都有关于庙学创建及重修的记文，表明泽州五属对儒学教育的重视以及儒学教育的发展盛况。同样，正是由于各项对儒学教育的充分重视，导致来泽州参加考试的生员逐年增长，泽州府不得不重修濩泽考试院以应对逐年增多的考生。生员人数的增长，从一定程度上折射了泽州地区儒学教育的兴盛。

泽州除兴修文庙重视儒学之外，与孔子还有一段不解之缘——“孔子回车”之地。位于泽州县晋庙铺镇天井关村是著名的“孔子回车”之地，据今天井关一带相传：

春秋时，赵简子邀请鲁国教育家孔子到晋国讲学，孔子由卫至晋，经天井关（当时属卫）、星轺驿（今拦车），路遇数儿嬉戏，中有一儿不戏，孔子就问他说：“独汝不戏，何也？”小儿说：“下及门中，必有门争，劳而无功，岂为好事，故乃不戏。”遂低下头去拾了些瓦片垒了一圈城墙。孔子责备他说：“你垒城怎么不避开我的车呢？”小儿回答说：“自古及今，为当车避于城，不当城避于车。”孔子让车夫停下车来，自己下车与小儿理论一番，被小儿折服。驱车向前两公里，又见道旁核桃树上有黄鼠拱立，似作揖状，遂叹此境知礼已甚，旋车而返，留下车辙深寸许。

《泽州府志》（雍正版）记载“孔子回车”事迹如下：

> 邑南四十里天井关石路，车辙迹回环百余步，深数寸许。传孔子适晋，闻赵简子杀贤人鸣犊、舜华，至此回车，后人因之立庙。

正如“孔子回车”的传说与府志记载各不相同一样，后世关于“孔子回车”也有众多的学术争议。但是，天井关在“孔子回车”建有文庙，却是不能回避的历史事实：

文庙最初于东汉年间建于关帝庙的东侧。据《泽州府志》和《凤台县志》载，为东汉建宁二年（169）孔子第十九代孙孔昱“追思圣祖有临河之叹而返辔归陬”所立，后多次重修；历代名称除天井关夫子庙外，还称“宣圣庙”、“先师孔子回车庙”、“回车岭文庙”、“回车庙”、“回辙庙”、“回辙书院”等。乾隆四十九年（1784），重修于刚进村口的老虎谷堆的东南侧。泽州知府姚学瑛见“殿宇倾颓”、“当孔道之冲”，倡导择地迁建于“冈阜来脉”“回环合抱”之中，背西面东，“以收群山众壑之胜，以建万载巩固之基，足尊至圣，而昭景仰矣”。1943年，天井关文庙毁于侵华日军之炬，目前仅留遗址。文庙坐西朝东，面向孔子的故乡，朝圣朝拜之意展露无遗。

同样，历代文人墨客也留下了许多关于天井关“孔子回车”处夫子庙的诗文佳作：

“世传夫子至此还辕，人因建庙。壁记有唐驾部郎中程浩所撰碑，宋直龙图阁崔德符等所题柱，金则有西溪姚俊升录寄隐者王胜之之所跋”。

——《重修天井关夫子庙纪略》

作者	作品名称	类型	备注
陈尧佐	札子石刻	碑记题刻	大中祥符八年（1015）
刘德盛	天井关孔子庙碑		大德四年（1300）
姚起时	重修天井关文庙碑		康熙四十九年（1710）
	重修天井关夫子庙纪略		大德四年立（1300）
候　潞	宣圣庙重增本息记		元统二年立（1334）
白处善	重修夫子回车辙庙记		至正三年（1343）
	重修天井关孔子庙记		
	回车庙碑记		康熙二十年立（1681）
孔衍醘	天井关回辙书院札		康熙五十年（1711）
姚学瑛	移建天井关孔子庙记		乾隆四十九年（1784）
德　音	修葺天井关文庙碑记		道光六年（1826）

（续表）

李孝纯	夫子庙哀恒山公长口（句）	诗词文赋	金
崔　口	题天井关夫子回辙迹		宋
彭　鸾	题天井关夫子回辙迹		明
张　昌	题天井关夫子回辙迹		明
董其昌	辙迹篇		明
朱　樟	天井关谒回车庙		清
席敬事	过回车庙		清
姚鼎燕	回车辙		清
赵　介	孔子回车辙		清

“孔子回车”到文庙建立及历代修缮、理学宗师的文化治理、历代官府的兴学重教，为泽州五属文化教育事业的发展提供了诸多机遇。孔子回车的文化象征意义，理学宗师的文化信仰，使得泽州五属的文化教育发展在金元之后取得了显著的进步。

（2）金元伊始　崭露头角

> 事过中原问去因，状元名号七前人。独夸虎榜先士多，并占鳌利用宾。一邑金元乘际会，百年乡国叹殊伦。闲寻祠庙空山下，若个连茹接凤麟。
>
> ——（清）姚德亮《过七状元祠有感》

泽州五属的教育在历代前辈的支持和帮助之下，学宫、社学、义学、书院等教育机构纷纷得以建立。教育机构的建立为泽州教育发展提供了必要的机构保障，泽州的教育从唐代开始逐步得以发展，并在金元之后在山西科举教育的舞台上成为一支重要的力量。

我们首先来看泽州五属学宫、社学、义学和书院的具体发展情况：

县名	机构名称	发展情况
泽州府	学宫	泽州府学宫在府治东南，宋至和乙未（1055），知州吴中自城西南隅徙建于此。金贞祐丙子（1216），知州高少中重修。元毁于兵，州牧段直增葺。明洪武己酉（1369），知州李详重建。此后，顺治、雍正、康熙、乾隆、嘉庆、同治等年间都有重新修缮活动。
	社学	宋程颢为晋城县令，于城北建社学一区，今尚名书院村。
	义学	义学共有3处，皆清光绪五年（1879）新设，犁川镇、冶底村、栏车镇位义学所在地。
	书院	体仁书院（明道书院）、怀仁书院、晋城书院、敬惜字纸局等。其中体仁书院为明万历间知州王所用创建，后易名为明道书院；怀仁书院为乾隆四十七年（1782）知县林荔创建，光绪七年（1881）在其旧基址上设立晋城书院；敬惜字纸局为光绪二年（1876）知府卓熙泰捐资创建。
	天井关文庙	东汉建宁二年（169），孔子十九世孙孔昱创建。县内还有五门文庙、巴公原文庙、高都镇文庙、大阳镇文庙、周村镇文庙、七岭店文庙、四义村文庙、来村文庙、李村文庙、三家店文庙等。
高平县	学宫	学宫在县治东南，金时毁于兵。元至正八年（1348），邑令刘好德重建。明正德九年（1514）邑令龚进，嘉靖二十七年（1548）傅思明，万历四年（1576）刘腾霄、十九年（1591）张居仁、三十年（1602）王省身、三十五年（1607）刘应召等相继增修；清康熙五十三年（1775），雍正六年（1728）、十三年（1735），道光十八年（1838）等也相继增修。
	社学	始于宋晋城令明道先生。元大定中，县令郭质修举五十九里；明弘治八年（1495），县令杨子器恢复，在县者增其四，在村者三十六（1608）。万历三十六年，知县杨应中复修举之；康熙时，知县梅建建七处社学；乾隆时，知县傅德宜增其一于程子祠。
	义学	清同治四年（1865），义学仅存节义坊一区。同治六年（1867），复增立义学107区。
	书院	晋城书院、宗程书院等。其中，晋城书院为明弘治邑令杨子器建，名曰正蒙社学。嘉靖十四年（1535），县丞孙应奎葺而新之，曰晋城书院；宗程书院为清康熙三十七年（1698）知县梅建建。

（续表）

阳城县	学　宫	宋元时期，即有庙学，在城东南隅化源坊。明洪武四年（1371），知县李芾重建；明成化年间，邑令史书修葺；万历间，张应诏重修。清顺治十五年（1658），署县泽州同知戴天德、邑令陈国珍加修；康熙二十七年（1688），邑令项龙章重建；道光年间，知县徐璥重加修葺。
	义　学	清康熙四十八年（1709）知县朱绍濂建。
	书　院	泮宫书院、映奎书院、同文书院、仰山书院等。其中：泮宫书院为元代至正十二年（1352），县尹赵绳创建；映奎书院为明万历二十四年（1596）县令王良臣创建；清顺治年间，知县都甫易名为聚奎书院；康熙年间，改名三贤祠，后又改为文昌庙。
陵川县	学　宫	旧在城东南隅，金天会间县令魏致隆、主簿赵大允迁城外东南隅。元大德年间，邑令安增修。明洪武初，县丞宋从善重修。明天顺三年（1459）、成化年间、嘉靖四十四年（1565）、万历二十九年（1601）、万历三十九年（1611）、天启七年（1627）都有修缮。清顺治十三年（1656）、康熙十年（1671）、康熙四十年（1701）、雍正十年（1732）、十二年（1734）、乾隆元年（1736）、乾隆三年（1738）、乾隆三十一年（1766）、乾隆三十八年（1773）、嘉庆元年（1796）都有知县重修学宫的文字记载。
	社　学	社学在北关厢。
	义　学	清顺治十三年（1656），知县黄国璨建；乾隆四年（1739），邑令雷正复修葺。
	书　院	棣华堂书院、望洛书院等。其中：棣华堂书院为元至正年间，达鲁花赤蒙完普化因郝氏棣华堂故基建书院。望洛书院为清康熙十四年（1675）知县孙必振创建于学宫西庑后，日久颓圮；乾隆十四年（1675），知县陈封舜创建于三元巷东北，题名为望洛书院。后历经修缮，地址也屡有变迁。
沁水县	学　宫	在城西门外。金正隆二年（1157），县令李建。元至正年间，知县常允修。元末兵毁。明洪武三年（1370），县丞陈德重建。永乐三年（1405）知县张聪；正统四年（1439）姚琏，景泰三年（1452）张升继修。弘治五年（1492）、嘉靖年间、万历年间、康熙五十七年（1718）、雍正十二年（1734）、乾隆十三年（1748）、嘉庆五年（1800）、道光二十三年（1843）、二十九年（1849）的知县都有修建。
	社　学	社学在县城北街。
	义　学	义学在县城北街，知县王用义创建。
	书　院	凤原书院、碧峰书院等。

我们从图表上的资料不难发现，虽然泽州、高平、阳城、陵川、沁水五县在唐甚至以前（比如泽州府天井关文庙）就已经出现具有教育功能的各种教育性质的机构，但是从宋、金、元之后对学宫、社学、义学、书院等机构的修缮活动，开始出现在各种历史文献之中，表明宋之后泽州地区

对教育文化事业的重视。官方对教育建筑的修缮为教育文化事业的发展提供了重要的机构保障，而在当时通过参加科举而获得仕途出路，是读书人读书的主要目的和主要出路。在这段历史时期，尤其是宋、金时期陵川就出现了著名的科举七状元史话，特别是金世宗、金章宗时期陵川的科举教育更是盛极一时，为泽州教育的典型代表。

七状元祠：东川旁有山，曰状元峰。祠建山下。按吉祥院碑：宋崔有孚十五岁乡贡第一，二十五岁状元及第。苏村墓表：金武明甫，贞元中状元及第；明甫犹子武天佑，承安五年状元及第；天佑弟天和，泰和中状元及第。仕林庄墓表：赵安时字全老，号东冈，正隆间状元及第，官至中顺大夫、南京路兵马都总官、上骑都尉、天水县开国子，食邑五百户，赐紫金鱼袋；安时弟安荣，状元及第。又，晋宁路李俊民，状元及第，尝避兵邑之嵩山。故建七状元祠于东川。[（雍正）《山西通志》卷五十九《古迹》]

崔有孚、武明甫、武天佑、武天和、赵安时、赵安荣、李俊民等人就是声名远洋的“陵川七状元”。据《陵川县志》记载：

崔有孚：解元。景祐中状元。有传。——（光绪）《陵川县志·卷十九·选举》

四凤坊：金状元武明甫、武天佑、武天和，进士武俊臣。——（光绪）《陵川县志·卷七·坊表》

三状元第坊：金章宗御书。赐武明甫、武天佑、武天和。——（光绪）《陵川县志·卷七·坊表》

赵安时：贞元间状元。有传。——（光绪）《陵川县志·卷十九·选举》

赵安荣：安时弟。天眷中状元。有传。——（光绪）《陵川县志·卷十九·选举》

李俊民：号鹤鸣老人。唐韩王元嘉后。家于泽州，得河南程氏之学。金承安中进士第一，应奉翰林文字。——（光绪）《陵川县志·卷二十三·寓贤》

我们从《陵川县志》之中能找到7位状元的历史记载，虽然时人对崔有孚、武天和、李俊民是否为状元存在学术争议。但是，在《陵川县志》之中，确实存在崔有孚、武天和为状元的历史记载。至于李俊民是否为状元，则依据《金史·选举志》、《续通考》记载：承安四年诏：词赋、经义科御试同日，各试本业，依旧分立甲次；词赋第一名为状元，经义魁次之，恩例与词赋第二人同；余分为两甲，中下人并在词赋之下。先是一科有两状元，至是改其制。李俊民为承安五年（1200）以经义举进士第一，恰逢承安四年（1199）改制，所以从国家制度层面来说应该不能称作为状元，但是如果按照旧制来说，李俊民就是状元。如果我们再看李俊民本人的社会影响，依据民俗第一名就是状元，所以陵川风俗习惯就把其称作为状元。

在“陵川七状元”之中，武氏家族因出过“三状元一进士”而蜚声三晋。

武氏一门三状元即武明甫及其侄子武天佑、武天和，及明甫之堂弟、进士武俊臣，时人号曰“四凤”，祖籍陵川东关三元巷，即东关村的“后东关”。

东关村当时有两道街，也即两个巷。前街，即直通城东门内街的巷叫“儒学巷”，因东关村东南隅建有“文庙”而得名。后东关这条巷，即“儒学巷”北，面西城河的巷叫“三元巷”，这里就是武氏三状元先祖及他们出生、读书及走上仕途的祖籍家乡。

武明甫（1131—1211），字无疑，号太复，系辽代武白之后裔。为官后，被加封为光禄大夫、太子太保、户部尚书、太原郡侯，去世后被金帝赐谥为文端。武天佑为武明甫的侄子，字繁祉，号灵承，金章宗承安三年（1198）词赋科状元。武天和，字繁禧，号犹龙，系武天佑之胞弟，金章宗泰和三年（1203）登经义科状元及第。据《陵川县志》记载：吴文端公及第时，梦家中梅花盛开，清香袭人；侄天佑及第时，梦如前；至天和及第，又如前梦。适报至，文端公喜作口号曰：“科第蝉联父子间，龙颔谁道取珠艰！年来频献梅花梦，最上一枝谁敢攀？”一门三状元，武氏家族可谓风光无限！正所谓：“扶舆淑气萃当年，三占鳌头万古传。”

如果说梦中梅花为三状元及第之托梦，那么武俊臣高中进士是否可以看作为敢攀梅枝的武氏家族后来人呢？据不完全统计，从唐代至清代，武氏家族或是中进士入翰林，或是任县令，或是作教谕等，有官衔人数达48人之多。

正是，故土养育武姓人，盛唐至今源流长！

（3）明清之世　阳城尤盛

> 阳城居析城太行间，地灵人秀，科贡之贤，若原公杰，位至尚书，而血食三省；若杨公继宗，官至都宪，而列于名臣。非特为三晋之良，实一世之英也。其他栋宲榱桷之材，未易枚举，亦云盛矣！
>
> ——（明）马理《阳城科贡题明记》

正是由于宋、金、元以来的兴学重教，明、清两代泽州科举中举士子呈逐年上升趋势，并形成了众多家学渊源、弦歌不绝的读书世家。同样，对于身处世代经学传家的家族后人们来说，凭借家族深厚的前期积淀而形成的科举文化资本，就成为他们继续探杏折桂的重要家族文化资源。科举折桂与家族各方面的发展形成了良性互动，使门第与科名渐趋合流。泽州众多读书世家的兴盛就是最好的言证。

我们以《山西历代进士题名录》为样本，来呈现明清时期泽州的进士提名情况：

地区	明代	清代	总计
太原府	158	228	386
汾州府	99	123	222
平定州	65	126	191
辽州	52	58	110
代州	63	82	145
保德	6	14	20
宁武府	9	5	14
大同府	59	30	89
溯平府	15	25	40
潞安府	86	52	138
沁州	21	35	56
泽州府	146	136	282
平阳府	164	192	356
霍州	14	35	49
隰州	2	0	2

（续表）

绛州	68	76	144
解州	103	130	233
蒲州	124	117	241
总计	1254	1464	2718

从统计数字我们不难发现泽州在明清时期进士总数为282人，其中：太原府明清时期进士人数为386人，平阳府为356人，泽州进士人数居于第三位。同样，在泽州府进士人数之中，凤台为83人、高平为51人、阳城为91人、陵川为16人、沁水为43人。陵川在宋、金、元时期的进士人数为61人，明清时期却只有16人；阳城在宋、金、元时期的进士人数仅为21人，明清时期达到91人。故此，阳城在明清时期的进士人数位于泽州乃至山西全省的前列。

我们再来看明清时期阳城进士的地域分布：

姓名	及第时间	籍贯	备注	姓名	及第时间	籍贯	备注
王粹	明洪武十八年			张尔素	清顺治三年		
韩俞	明洪武十八年			乔映伍	清顺治三年		
原杰	明正统十年	下交		王克生	清顺治三年		
杨继宗	明天顺元年	匠礼	32	王润身	清顺治三年	上庄	
王雯	明天顺元年		38	卫贞元	清顺治三年	东关	
李经	明成化五年		27	王兰彰	清顺治三年	上庄	
田铎	明成化十四年			段上彩	清顺治三年		
宋鉴	明成化十四年			赵仕俊	清顺治三年		
张黻	明成化二十六年			田六善	清顺治三年	城内	
王弦	明弘治十二年			杨荣序	清顺治三年	下庄	32
原轩	明弘治十五年	下交		吴起凤	清顺治十二年		
张好爵	明正德九年			乔楠	清顺治十六年		
张好古	明嘉靖二年			田七善	清顺治十六年	城内	
李豸	明嘉靖二十年	下庄		张于廷	清顺治十六年		
王国光	明嘉靖二十三年	上庄	32	陈廷敬	清顺治十五年	皇城	
张升	明嘉靖二十九年	屯城		陈元	清顺治十六年	皇城	
卫心	明嘉靖二十九年	东关		张拱宸	清顺治十六年		
栗魁周	明嘉靖三十八年	东峪		张齐仲	清康熙六年		
杨枢	明嘉靖三十八年	下庄		田弘祖	清康熙六年	华源里	
李可久	明嘉靖四十一年	下庄		李煜	清康熙十八年		
王淑陵	明嘉靖四十四年	上庄		张泰交	清康熙二十一年	屯城	31
杨植	明万历五年	下庄		白鑯	清康熙二十七年	东关	
卫一凤	明万历八年	东关		王璋	清康熙二十七年		
杨时化	明万历八年	下佛	34	田从典	清康熙二十七年	华源里	
白所知	明万历十一年	城内		陈豫朋	清康熙三十三年	皇城	

（续表）

田立家	明万历十四年	华源里		陈壮履	清康熙三十三年	皇城	
王家础	明万历二十年	王村		田沆	清康熙三十三年	华源里	
贾之凤	明万历二十六年			卫昌绩	清康熙四十五年	东关	
李养蒙	明万历二十九年	下庄		陈观颙	清康熙四十五年	皇城	
李春茂	明万历三十二年	下庄		王敬修	清康熙四十八年		
杨新期	明万历三十五年	匠礼		田嘉谷	清康熙五十一年		
张慎言	明万历三十八年	屯城	33	陈随贞	清康熙四十八年	皇城	
张鹏云	明万历四十四年			卫学瑗	清康熙六十年		
石凤台	明天启五年	城内		陈师俭	清雍正五年	皇城	
王征俊	明天启五年	上庄		曹恒吉	清雍正八年	中庄	
卫廷宪	明崇祯十年	东关		王云麟	清乾隆十年		
陈昌言	明崇祯七年	皇城		田玉成	清乾隆二十二年	东关	
李蕃	明崇祯十三年	下庄		卫锦	清乾隆三十四年		
王曰俞	明崇祯十六年			贾为焕	清乾隆三十七年		
白胤谦	明崇祯十六年			张敦仁	清乾隆四十三年	润城	24
张瑃	明崇祯十六年	润城	20	王瑶台	清乾隆六十年	城内	
朱廷璿	明崇祯十六年			田体清	清嘉庆十三年	城内	
樊望	明崇祯十六年			刘湜	清嘉庆十四年	润城	
陈天祐	明嘉靖二十三年			田秝	清道光十五年		
杨鹏翼	明崇祯十三年	下庄	37	延彩	清道光二十四年	润城	
张鋡	明崇祯十六年			卫东阳	清道光二十五年		
				王遹昭	清道光十六年	城内	
				张林	清道光十八年	润城	
				石交泰	清嘉庆二十二年		
				侯玳	清道光三十年		
				曹翰书	清咸丰二年	西坡	28

我们依据《阳城县志》、《泽州府志》、《晋城市教育志》、《山西通志》、《山西进士》、《山西历代进士题名录》等文献资料，汇总出明清时期阳城进士名录。其中，处于沁樊文化圈的进士共30人：润城张氏进士：张瑃、张敦仁、张林；屯城张氏进士：张升、张慎言、张泰交；皇城陈氏进士：陈天祐、陈昌言、陈廷敬、陈元、陈豫朋、陈壮履、陈观颙、陈随贞、陈师俭；上庄王氏进士：王国光、王淑陵、王征俊；下庄李氏进士：李豸、李可久、李养蒙、李春茂、李蕃；下庄杨氏进士：杨枢、杨植、杨鹏翼；中庄进士：曹恒吉；下佛进士：杨时化；西坡进士：曹瀚书；王村进士：王家础。同样，以王国光为代表的阳城明代进士和以陈廷敬为代表的阳城清代进士，他们或曾在海会寺读书，或存留关于海会寺的诗赋，或曾游览过海会寺，等等，都与海会寺曾经的过往结下不解之缘。或者也可以说，阳城进士在明清历史舞台上治国平天下的官宦历程，既为彰显

沁樊文化提供了更大的舞台，又为更多的阳城士子通过科举走向全国提供了精神支柱。以海会别院为代表的文化平台和以进士为代表的科举文化形象之间的良性互动，共同谱写了一曲明清时期阳城教育文化事业的辉煌篇章。

2. 韩城桐城阳城齐名

阳城、韩城、桐城等同为历史文化名城，明清之时（尤其在有清一代）在教育文化事业方面都取得了较高的成就。清康熙、雍正年间，阳城与韩城、桐城三城齐名，对于阳城来说既是一种美誉，又在一定程度上肯定了其历史文化地位。我们对韩城、桐城的历史沿革、兴学重教、科举文化、家族文化等方面的情况进行研究，为我们更加客观地审视阳城乃至海会寺的历史文化地位，提供了必要的历史参照和文化平台。

（1）韩城：朝半陕　陕半韩

奕奕梁山神禹功，龙门三汲拟攸同。烟霞长护韩侯冢，风木犹悲太史宫。杵臼程婴时义士，苏卿张昇世孤忠。更嘉双节陈家女，总在扶舆淑气中。

——（明）邓山《韩原咏古》

韩原佳丽，不少永嘉；我非康乐，笔不流华。采而辑之，敢讳厥瑕；如焕名城，以俟大家。

——（明）苏进《韩原杂咏》

韩城是黄河文化的重要发祥地之一。夏商时期，韩城属雍州之地。西周为韩侯国封地，“韩，侯、伯之国也”；春秋先为晋地后属秦；战国属魏，后属秦。秦汉时称“夏阳”。隋开皇十八年（598）改称韩城县，虽在天祐二年（905）曾更名为韩原县，但均时间不长，复改名为韩城，而后一直沿用至今。

韩城素有文史之乡之称，“溥彼韩城”典出《诗经》。《史记》记载：“孔子既没，子夏居西河教授，为魏文侯师”，从而由“西河”的归属来得出孔子高徒子夏曾在韩城设教的历史。据《礼记·檀弓》“子夏退而老于西河之上”，郑玄注：“西河，龙门至华阴之地”；《史记·魏世家》记载：“襄王五年，予秦河西之地。”同样，唐代开元年间的《史记索隐》记载：“西河，在河东郡之西界，盖近龙门。刘氏云：‘今同州河西县（今韩城）有子夏石室学堂也。’”虽历代学者关于“西河”具体位置存在争论，但是大都认为子夏曾经到过韩城。韩城现今留存的关于子夏设教故事，一直在民间流传，“西河宗师卜子夏，广授生徒行文风”；现今韩城河渎村、西泽村、下干谷村的卜姓都称自己为子夏后裔，并且设有卜夫子子夏祠。子夏是否曾经在韩城设教不是我们所关注的重要话题，但是子夏作为孔子高徒其文化象征意义不同凡响。

如果说子夏是否在韩城设教尚存在学术争论的话，那么韩城被称作为历史名人司马迁的故乡，则是获得世人的公认的。司马迁为韩城巍东乡高门原人，“迁生龙门，耕牧河山之阳”（太史公自序），历时约18年，“究天人之际，通古今之变，成一家之言”，完成“史家之绝唱，无韵之离骚”——《史记》，被国人尊之为“史圣”。司马迁在完成《史记》之后，抄录了一个副本留在京师，把正本送到韩城，这就是所谓“藏之名山，副在京师”。班固在《汉书》中对司马迁评价如下：“又其是非颇缪于圣人，论大道而先黄、老而后六经，序游侠则退处士而进奸雄，述货殖则崇势利而羞贱贫，此其所蔽也。然自刘向、扬雄博极群书，皆称迁有良史之材，服其善序事理，辨而不华，质而不俚，其文直，其事核，不虚美，不隐恶，故谓之实录。”司马迁作为史官之“实录”精神为后代所赞赏，正所谓：“子长少不羁，发轫遍丘壑。晚遭李陵祸，愤悱思远托。高辞振幽光，直笔诛隐恶。驰骋数千载，贯穿百家作。至今青简上，文采炳金雘。高才忽小疵，难用常情度。譬彼海运鹏，岂复顾矰缴。区区班叔皮，未易议疏略。”

子夏、司马迁之文化形象和文化熏陶，为韩城文化事业的发展奠定了坚实的基础。以文庙兴建为标志的教育机构，在韩城古老的土地之上蔚然兴起。据《韩城县志》记载："学宫初，参错民居迫隘，金大正年间邑民杨富厚以五十金易院二区而广西南，程爱以地五亩扩东北。"《明一统志》记载："韩城县学于洪武四年（1371）在旧址修建。"文庙所在学巷东西牌坊至今所保留的匾额"德配天地"（东）、"道冠古今"（西），记录和见证了文庙的历史过往，同样也是对韩城古学子们"德"与"道"的最高要求。而文庙西南角的状元楼，则是对韩城状元——王杰的最大褒奖。《韩城文庙　西部的孔庙》（《山西日报》，2000-6-29）认为，"陕西韩城文庙被称为中国西部最大的孔庙，也是全国第三大孔庙。其规模仅次于山东曲阜和北京国子监的孔庙"，"是14世纪以来，中国西部保存最完整的文庙古建筑群"。我们从文庙现存的规模和地位，就不难了解韩城教育发展的盛况。同样，更不难理解韩城盛传的科举佳话："两朝状元，三朝宰相，四代世家，父子御史，父子知州，祖孙巡抚，兄弟侍郎，南北尚书，一母三进士、一举一贡生。"

韩城浓郁的文化氛围、尊师重教的社会风俗，直接促成明清时期韩城科举中式者人数的倍增。据统计明清两代科举中式者共1396人，其中进士119人，举人550人，贡生727人。人称"解状盛区"，又赞"户尽可封"，"朝半陕，陕半韩"的民谚就是民间对韩城科举事业繁荣的最好言证。最著名的是"一母三进士，一举一贡生"的解家五兄弟，其中三进士为：解经邦、经雅、经传；一举一贡为：解经达、经铉。清代三元皆备，状元1人、会元3人、解元11人，其中：状元1人为王杰，会元3人为李允枫、解全斌、王鸿飞，解元11人为刘鸿磐、薛衍州、孙龙行、卫学诗、刘近勇、冯英杰、魏华国、程大鹏、阮开基、高步月、韩庆云。随着明清时期韩城科举中式人数的增多，韩城大宗族逐步也演变成为科举望族。据《韩城县乡土志》记载，韩城境内的大宗族为：薛氏、高氏、王氏、吉氏、张氏、解氏、党氏、卫氏等家族，并多系外地迁来（以山西为最多），其中：薛氏原籍山西汾阴（今河津）、高氏原籍陕西延长县、王氏原籍山西洪洞县等。

韩城历史名人除享有“史笔昭世”美誉的司马迁之外，还有诸如明代南京户部尚书张士佩、宰相薛国观，清代贵州巡抚刘荫枢、状元宰相王杰等。其中：张士佩为明嘉靖进士，“户部尚书张士佩，刻除严党世震惊。集列《四库》八十卷，一代真儒著颇丰”，主持编纂了现存最早的《韩城县志》；刘荫枢在任期间与夫人教民耕织、兴办教育，被当地百姓奉为“刘爷爷”和“刘婆婆”，“贵州巡抚刘荫枢，教化苗裔恤黎庶。晚年自号秉烛子，兴教筑桥岂小补。题游匡庐抒胸臆，神龙跃空笔飞舞”；王杰为清乾隆状元，“正色立朝敢直言，尽职竭忠四十载”，辞官归里之时，嘉庆帝赞其“直道一身立廊庙，清风两袖回韩城”。此外，还有“天下解元孙龙竹，诗文并茂九州闻。讲业晋士吕守谦，《四书皮谈》、《知非吟》”；“工诗善赋解可贞，纂修省志遗泽深。讲学龙门书院里，诗人名稿世所珍”等。

韩城大家族在明末清初为了防止农民起义军的骚扰，各村落纷纷筑寨修堡以求自保。党家古村就是韩城明清古堡寨建筑的代表——“小北京”中之“小韩城”。明成化年间，党、贾两姓联姻，合伙经商，生意兴隆，成为地方巨商富族，而开始大规模修建院落、“建筑格局元明清”。其中，泌阳堡就是为防御外患而在村中修建的一个主要建筑。泌阳堡建于清咸丰元年（1851），当时正值太平天国运动时期，兵荒马乱，时局动荡，筑堡自卫就成为最明智的选择。我们透过现今党家村留存的门楣家训，依然能够嗅到韩城明清时期古文化的味道。韩城已故学者党丕经先生把收集到的五百多例居民的门楣题字分为五大类：第一类：显耀类，如“大夫第”、“进士第”、“黄堂弟”等；第二类：箴铭类，如“忠信”、“务为仁”等；第三类：祝颂类，多摘自《诗经》、《书经》、《易经》等，如“奠厥居”、“利攸往”、“长发其祥”等；第四类：标榜类，如“耕读第”、“淡庐”等；第五类，没有统一标准，但也与社会生活相关的题字。除门楣题字之外，还有诸如“动莫若敬、居莫若俭、德莫若让、事莫若咨”、“言有教、动有法、昼有为、宵有得”等家训。门楣题字和家训较为真实地记录和反映了党家古村人的文化修养和精神生活，同样也是明清时期韩城人民社会生活的一个历史缩影。

正所谓："是以文化名城，苍苍古邑。古道长安迎远朋，示我周行毓秀行。庙宇沧桑村舍老，金城石街念明清。四合宅院，门媚镌刻书香门第；百年老店，酒旗传承太白遗风。圆觉金塔，俯瞰老城几处金甍玉璧；古刹晨钟，漫点韩原千载暮雨晨风。赵氏孤儿，三义坟茔；芝川古渡，帆扬舟横，韩信木罂，汉武河东，进京闯王，八路东征，千军万马气如虹。梁带周墓烟雨纷，瑰宝民居党家村。更有文庙深深，德行天下，道冠古今。元代建筑星罗，国宝珍存如云。于是前秦王符坚临而有山河之赞叹，唐初四杰王勃兴而有登龙门楼之赋文。"（张申《韩城赋》）

（2）桐城：文章甲天下　冠盖满京华

> 桐城居深山之中，地方百余里，一面滨江，而群山环之，山亘连千余里。与楚之蕲、黄，豫之光、固，以及江淮间诸州县，壤地相接，犬牙错处，虽山川阻深，而人民之所走集，皆为四达之衢。
>
> ——戴名世《孑遗录》

> 城里街衢曲巷，夜半诵声不绝；乡间竹林茅舍，清晨弦歌琅琅。
>
> ——《桐城耆旧传》

"抵天柱而枕龙眠，牵大江而引枞川"，大别山分隔了长江与淮河，也隔断了江淮地区西部的陆路联系，使得地处大别山东麓、山脉与平原交界的桐城县，成为沟通中原地区和长江中游及以南地区的陆路交通要道上的节点。夏商时期，桐城属扬州之域。周置桐国，"因地易桐"而名。汉初为枞阳县，后又改称舒县。隋开皇十八年（598）改为同安县，隶同安郡。唐初袭隋制，至德二年（757），因安禄山叛唐，全国除去郡县名称中的"安"字，遂改同安郡为盛唐郡、同安县改为桐城县，此为桐城县之行政得名之始。

位于"吴头楚尾"的桐城县，使得桐城文化具有多元文化交融过渡的地域特征——融合楚文化、吴越文化及中原文化。“西北环山，民厚而朴，代有学者；东南滨水，历出闻人，风俗质素”，虽地处一县之中，桐城西北与东南就呈现出不同的文化地域特征，但是“家崇礼让，人习诗文，风俗醇厚，号为礼仪之邦”却是桐城一以贯之的文化性格。桐城文化教育事业的兴盛和繁荣，是同我国宋明之际经济文化中心的南移紧密结合在一起的。“吾桐城诸著姓大抵元明间始迁，唐宋旧族今存者实鲜”（《吴汝纶全集》），外来人口的涌入以及不同地域文化之间的交流与融合，使得桐城县在明代中后期进入人才高峰期，并在有清一代长盛不衰。“明初迁入安庆地区的，是来自文化水准更高的徽州和江西籍移民。移民本身虽然没有产生突出的文化人物，却在二三百年后的明末清初造就了安庆地区的杰出人才。如方维仪（1585—1668）、方以智（1611—1617）等。到清代更是人才辈出，如方苞、方东树、姚范、姚鼐、姚莹、张英、张廷玉、戴名世、马其昶、吴汝纶等都是全国知名的。尽管其中的方氏、姚氏出于明以前的土著，但这些学者赖以产生的环境却主要是外来移民造成的。”（葛剑雄语）葛先生虽然谈到的是安庆地区，但是所列举的人物却无一不是桐城文化的代表人物。明清时期桐城的文化大家族大都为移民，如阮氏、钱氏、赵氏、胡氏、姚氏、方氏、戴氏、汪氏、黄氏、齐氏、何氏、朱氏、刘氏、倪氏、徐氏、王氏、陈氏、余氏、马氏、吴氏、项氏、左氏等家族姓氏。可见，明清时期桐城文化的兴起是有其深厚的文化根源。

桐城在明清时期的文化发展带动了教育的发展，文化与教育之间的良性互动为科举事业奠定了坚实的基础。明清时期，桐城的县学、义学、社学、书院等教育机构都取得了较大的发展，我们以桐城著名的桐乡书院为例，来呈现明清时期桐城教育发展状况。道光二十年（1840），孔城当地诸生文聚奎、戴钧衡、程恩绶等人倡议在孔城筹建书院；道光二十一年（1841）秋，桐乡书院正式招生开课。清桐城派学者方东树有诗赞之：“胶庠（炎欠）起汉桐乡，淳朴山川自一方。峻宇遥峰通一气，秋阳螟色暖周堂。今来偶共壶觞聚，后会难凭筋力强。信识斯人多俊杰，不因兴没待文王。”创始人戴钧衡所撰写的《桐乡书院四议》，对桐乡书院的择山长、祀乡贤、课经学、藏书籍等环节分别进行了论述，较为充分地阐述了戴钧衡本人的办学宗旨和办学思想。《桐乡书院四议》对书院管理的规范性和系统性，清朝廷曾谕令全国效法，并载入《皇朝正典类纂》。正是得益于书院创办人严格管理，桐乡书院的弟子在县试和府试中都取得了较好的成绩。

至道光三十年（1850），戴钧衡等人为彰显书院事功，在京城请通政大夫罗惇衍撰写《桐乡书院记》，文曰：

曩岁丁未，予督学安徽桐城，训导马国宾以新刊《桐乡书院课艺》进。阅其文，雅正有法，观其序例，知训导所以教士者，务根祗而崇正学，欣然誉之。既复以《桐乡书院志》进而请为之记，诺之而未暇以为。庚戌春，门下士戴生钧衡来都，复以为请。生即创建桐乡书院人也。公余阅志，知桐乡为桐城治北一隅之地，烟火数万家，而其人乃能好义兴学，崇礼道，培风化。任其事者，矢以实心，不数年，而文教蒸蒸斐然可观，如是乡校之有益于人才，非明验哉！今天下府、州、厅、县，盖莫不有书院矣，课士者，但以时文帖体诗赋，而以经史课者，百不二、三见焉。课经史者，又第搜罗笺注，否臧人物，求能与诸生讲明圣贤之道，考镜治乱之本，实践返己之修，以务成明体达用之学，则千不二、三闻焉。桐城向多儒者，望溪、姬传诸先生流风未远。今又得贤训导为之师，宜乎！其教士，与士之所以学者，与世俗异也。吾又观志载，戴生《择山长》、《祀乡贤》、《课经》、《藏书》四议，知生务正学自勉以勉乡人者，与训导意合。予犹恐知此文者，独训导与戴生或戴生同志一、二人已耳。游斯校者，未必能人人信从而慕悦之也。乃为言以张之。书授戴生，归语训导，坚持此意，以导斯乡之士也。

《桐乡书院记》碑刻至今留存在桐乡书院，其已成为桐城人景仰先贤、讴歌桐城文化教育的生动写照。同样，它更是对桐城历史文化过往和教育成就的金石铭记。

桐城在明清时期在科举考试方面取得了巨大的成就。据马其昶在《桐城耆旧传》中记载："吾邑科目，昉唐曹梦征及宋李伯时兄弟。至明而大盛。自永乐甲申刘莹弟进士，讫崇祯癸未，凡八十人。入我朝，太常首以一甲二名及第。至今二百六十年，又一百五十三人。其举于乡者，明一百五十六人，我朝六百二十八人。"桐城科举自唐朝曹梦征开始至元代共有进士10人：曹松（唐代），李公麟、李公寅、李公权、张汉卿、阮晋卿、朱翌（宋代），刘让、刘详、徐良佐（元代）；明代共有进士80人，清代共有进士153人，明清两代共233人。我们以康熙六年（1721）张楷主修的《安庆府志·卷八·学校志·选举》为依据，来立体呈现桐城科举进士人数在安庆地区的历史位序。据府志记载：从明代直到康熙五十七年（1718）戊戌科，安庆共出进士228人（含系出安庆而不在安庆出生者18人），其中桐城114人、怀宁65人、潜山17人、太湖11人、宿松11人、望江10人。可见，桐城县从明代至康熙年间中举人数在安庆所辖六邑之中最高，为其他五邑科举中式人数之和，从一定程度上体现了其在安庆地区的历史文化地位。

桐城科举文化事业发达进一步促成了科举望族的兴盛。在明清桐城进士榜上，方氏以31人排在第一位，张氏以28人排在第二位，姚氏与吴氏并列第三均为21人，依次为叶氏、马氏、孙氏为12人、9人、8人。其中，排名第二的张氏家族可称为桐城科举最望族，"自祖至曾孙十二人先后列侍从，跻鼎贵。玉堂谱里，世系蝉联，门阀之清华，殆可空前绝后而已"（陈康祺《郎潜纪闻初笔二笔三笔》）。"这不仅是因为这个家庭中涌现出诸如明代张淳、张秉文，清代张英、张廷玉等一代济世之名宿，而且张氏家族中先后膺取科举功名、入仕为宦者人数之多也是世所少见。"（《历代张氏望族》）我们从张英一脉七代就可窥其一斑，子廷瓒、廷玉、廷璐、廷瑑，孙若霭、若谭、若需、若澄，曾孙曾敞，玄孙元宰，六代孙聪贤，七代孙绍华，一脉七代十二人，桐城科举第一望族名至实归。

桐城士子们通过科举而入仕，并在明清两代的政治文化舞台上留下了自己的身影。在政治方面：钱如京（明代刑部尚书）、何如宠（太子太傅兼吏部尚书、中极殿大学士）、叶灿（礼部尚书）、左光斗（东林党领袖）、张秉贞（清代兵部尚书）、张英（文化殿大学士兼礼部尚书）、张廷玉（保和殿大学士、军机大臣）等。在文化方面：桐城派代表人物：戴名世、方苞、姚范、叶酉、姚鼐、姚莹、吴汝纶；百科全书式学者：方以智、胡宗绪；理学名家：方大镇、方孔照；著名诗人：方拱乾、方亨咸；汉学家：马宗琏、马瑞辰；著名画家：姚文燮、江皋、张若霭、姚元之等。桐城士子们用自己的才华和奉献，既塑造和维护了明清进士群体的整体形象，也展现和传播并进一步发展了桐城文化。他们是桐城人民的骄傲，同样他们更是桐城文化走向全国的文化象征。桐城文化正是在一代代桐城历史文化名人的发展和传播下，才不断发展壮大并在明清时期的历史文化舞台上留下自我的足迹。

桐城派就是桐城士子在明清历史文化舞台上的文化形象的代表。桐城派因其代表人物“桐城三祖”——方苞、刘大、姚鼐等均为阳城人，所以后世把以他们为代表的作家群统称为桐城派。桐城派崛起于清康熙年间，衰落于民国初年，前后绵延共二百余年，先后归聚作家一千二百余人，留下了两千余种传世之作，令世人发出“维圣清治迈逾前古千百，独士能为古文者未广。昔有方侍郎，今有刘先生，天下文章，其出于桐城乎”（《刘海峰先生八十寿序》）的惊赞！桐城派古文肇始于方苞，姚鼐则是集大成者；如果说方苞可谓桐城派的立论之祖，那么姚鼐可谓立派之祖。姚鼐之后，梅曾亮、管同、方东树、姚莹等“姚门四杰”对姚鼐及桐城派的理论广加宣传，“桐城家法，自此乃立，流风余韵，南极湘桂，北被燕赵”，盛极一时。晚清时期，自称“粗解文章，由姚先生启之”的曾国藩，以雄直驱迈之气势，矫正桐城派纤弱之弊。经曾门四弟子张裕钊、吴汝纶、薛福成、黎庶昌的大力宣扬，桐城派在咸丰、同治年间声势愈炽。至戊戌变法前夕，桐城派余波仍在继续，主要代表人物有严复、林淑等。正所谓“有清一代的古文，前前后后殆无不与桐城派无关系。……由清代的文学史言，由清代的文学批评言，都不能不以桐城派为中心”（郭绍虞语），桐城派在清代文学史发展上的历史地位可见一斑。

桐城派的吴汝纶先生不仅是桐城文化的一代宗师——旧学鸿儒，而且因留学日本撰写《东游丛录》堪称中国近代教育先驱。吴汝纶（1840—1903）为清末桐城派首要人物，1865年中进士，被曾国藩视为“异才”，并与张裕钊、薛福成、黎庶昌一起被称为“曾门四弟子”。1902年经张百熙推荐，吴汝纶被任命为京师大学堂总教习。同年五月，吴汝纶获准赴日本考察学务并写成《东游丛录》一书，并于同年回乡创办安徽省第一所新式学堂桐城县学堂。《东游丛录》被誉为我国“清末教育改革的指南”，共分为文部听讲、日记摘抄、学校图表和函札笔谈4个部分，涉及学校教育语言统一、探索兼修汉学西学方法、建立学校教育制度、注重女子教育等方面的教育话题。虽然在吴汝纶从日本归国之前壬寅学制业已上奏，但是吴汝纶从日本归国的第二天，罗振玉、张謇等便登门拜访，讨论教育问题。从一定程度上来说，《东游丛录》为清末国人更好地了解日本教育提供了便利，同样也为清末教育改革提供了重要的文献参考资料。

桐城县因在明清时期所取得的历史文化成就而被载入史册，桐城文化、桐城教育、桐城科举、桐城文人之间的良性互动，共同谱写了桐城在明清时期的辉煌篇章。

（3）阳城：沁樊奥壤　古堡荫泽

夕阳西下，沁水河畔，悠长的古堡身影，向我们述说着阳城这片古老土地上的历史烟云……

——笔者

阳城之所以能够在明清时期与韩城、桐城齐名，就是因为其在特定历史阶段所取得的历史贡献。通过对韩城和桐城的历史过往的梳理，我们不难发现它们之间的文化共同点：首先，移民的融入为当地经济文化事业的发展注入了活力。我们通过历史写作不难发现，在阳城、韩城与桐城所形成的科举望族都是外来籍而非土著。阳城的王家、陈家、张家等，韩城的薛家、解家、高家、王家等，桐城的姚家、张家、方家等科举望族，都是明代移民所形成的。其次，经济、文化、教育、科举之间的良性互动是形成地域文化的重要保证。地域文化是地方历史发展的历史浓缩，是体现和代表地方特征的重要力量。明清时期，阳城、韩城、桐城在经济、文化、教育、科举之间的良性互动，形成了一股促进地域文化不断向前发展的重要力量。三城的士子们通过自身的努力，借助科举考试的平台，较为成功地实现了修、齐、治、平的人生抱负。他们或为官，或做经师，或为文学家，或为诗人，等等，在更高、更为宽广的舞台上向他人展示自己的文化才能的同时，也传播和交流了祖籍地域文化；当他们荣归故里之时，他们的文化经验就成为当地文化发展的重要文化来源。他们或著书，或讲学，用他们自己的方式表达对故乡的热爱，无形之中就成为地方文化的象征物和膜拜物。他们又成为年轻一带膜拜和超越的文化偶像，这样无数次的互动和交流，就造就了当地的文化特征和文化性格。再次，名门望族的形成是促进地域文化不断向前发展的重要保障。望族既是移民的结果又是科举的产物。移民促进了文化交流和文化互动，科举从一定程度上促使文化交流和互动所形成的文化结晶向正方向移动。科举文化与社会生活之间的高度契合，让生活在乡村社会生活之中的人们感受到更多的就是文化的正能量。虽然，我们会在一定的文化背景批判传统文化对传统人的文化桎梏，但是，我们更应该去尊重和理解传统人对自己生活方式的选择和坚守。作为现代人，我们就是我们自己的传统；批判传统，是否我们就一定不会陷入自我的传统，这更需要我们深思！最后，地域文化的发展历程与国家命运紧密相连。我们通过对阳城、韩城和桐城文化发展历程的梳理，不难发现地域文化与国家文化之间存在密切的关系。如果我们一味地突出文化的地域性而忽视其文化共性，就会从一定程度上抹杀国家文化对地域文化发展的支撑作用。清代的兴盛是形成阳城文化、韩城文化、桐城文化的文化前提，同样三城文化也丰富和补充了国家文化。

明清时期的阳城文化已经随着历史融入了阳城的每一寸土地，熏陶并造就了阳城人的文化性格，表露在每个阳城人社会生活的方方面面。阳城人在今天生活中所呈现的一切，无不是受其文化因素影响的结果。当历史成为过往、文化融入生活之时，我们很难具体而真实地展现曾经的文化影响。也许只有矗立在沁水河畔的古堡，用它自己桀骜不驯的性格向我们讲述曾经的历史；也许只有当我们静下心来，用手触摸历史的时候，我们才能真实地感受文化的力量。让我们再一次走进古堡，通过寻找古堡牌匾所蕴含的文化因子，来再次感受沁樊奥壤的文化力量，来再次解密沁樊文化所产生的历史影响。

我们以屯城古堡牌匾为例，来呈现古堡留给我们的文化余荫：

郑氏、张氏、陈氏为屯城古村的三大家族，其中最著名最有影响的是明末重臣张慎言为代表的张氏家族。张氏家族五世之内三位进士，隔代一个：五世张升、张升孙慎言、慎言侄孙泰交。同样，据皇城陈氏家谱记载：陈廷敬长子谦吉于康熙年间辞官归里，曾“寄居屯城南门里沁园”。屯城“郑半街、张半街、陈一角”的民谣即来源于此。至今，屯城留存的匾额里依然能感受到进士们所遗留的文化信息：

门匾名称	典故来源
聪思其居	《诗经·唐风·蟋蟀》：“无已大康，聪思其居。”
孝友雍睦	“孝友”自《诗经·小雅·六月》：“侯谁在矣，张仲孝友”；“雍睦”出自《后汉纪·桓帝纪》：“古之君臣，必观其所易，而闲其所难，故上下恬然，莫不雍睦”。
岂弟求福	《诗经·大雅·旱麓》：“弟君子，求福不回。”
安且吉兮	《诗经·唐风·无衣》：“岂曰无衣，七兮，不如子之衣，安且吉兮。”
聿修厥德	《诗经·大雅·文王》：“无念尔祖，聿修厥德”
孝友	《诗经·小雅·六月》：“侯谁在矣，张仲孝友。”
式好	《诗经·小雅·斯干》：“兄及弟矣，式相好矣。”
闲有家	《易经》：“闲有家，悔亡。”
积庆	《周易·坤卦》：“积善之家，必有余庆。”
视履考祥	《易经·履卦·上九》：“视履考祥，其旋元吉。”
修思永	《尚书·皋陶谟》：“慎厥思，修思永”
恭俭惟德	《尚书·周官》：“恭俭惟德，无载尔伪。”

（续表）

作德日休	《尚书·周官》："作德，心逸日休；作伪，心劳日拙。"
树德务滋	《尚书·泰誓下》："树德务滋，除恶务本。"
所其无逸	《尚书》："呜呼！君子所其无逸。"
安止惟康	《尚书·虞书》："安汝止，惟几惟康。"
惟怀永图	《尚书·太甲上》："慎乃俭德，惟怀永图。"
言诗立礼	《论语·泰伯》："兴于诗，立于礼，成于乐。"
乐山居	《论语·雍也》："知者乐水，仁者乐山。"
忠恕	《论语·里仁》："夫子之道，忠恕耳已矣。"
静远	《淮南子·主术训》："是故非澹薄无以明德，非宁静无以致远。"
安处善	《汉书·董仲舒传》："安处善，然后乐循理；乐循理，然后谓之君子。"

大雄宝殿·僧人

科举和文化事业的繁荣，是明清时期阳城、韩城、桐城的共同特征，也是三城之所以齐名的真正原因。在“学而优则仕”的文化氛围之中，阳城、韩城、桐城的学子们和家族们无疑是成功的，而这种文化氛围又在无限度地放大着这种成功，这就是明清时期的历史文化生活。明清时期阳城的沁樊文化圈无疑就是对这种文化的最好和最佳诠释。山水交融、古堡矗立的文化圈，为阳城士子们成长和成才提供了必要的文化保障；父辈们的文化影响以及家族的文化遗传，为阳城士子们取得更大的成就奠定了文化平台和文化力量。我们已经罗列和再现了沁樊文化圈的文化成就和文化贡献，同样我们也把聚焦点——海会寺及海会别院置于沁樊文化平台之上，即：海会寺及海会别院为处于沁樊文化圈之中的学子们提供学习场所的同时，变身成为明清时期沁樊文化的精神膜拜地和文化象征物。

结语：三杨余唱　乡土风骚

如果说杨家始祖杨天衢拉开了古阳城文化事业的序幕，那么杨兰阶则是古阳城文化事业的闭幕者。他既见证了杨氏家族文化传承的兴盛和衰败，又开启了新时期杨氏家族文化事业的新篇章。杨氏家族文化的兴衰既是单个家族的历史往事和风云变迁，又是古阳城文化事业发展的文化缩影和历史见证。《阳城金石记》就是最好的明证。

——笔者

润城镇下庄杨氏于金承安元年（1196）由关中弘农（一说渭南）迁入阳城上伏，子与孙曾居于王村，至明洪武五年（1372）正月二十一日又迁居下庄。元明时代，杨家有诗文流传者两位，始祖杨天衢、明末清初杨鹏翼（进士，著有《圃亭诗集》）。清代，杨家诗名大震，家传《濩泽杨氏世德吟编》。

《濩泽杨氏世德吟编·序文》记载，“阳城白巷里在沁之湄，俗呼曰庄，有上、中、下之分，山水清嘉，生其间者，多伊郁善感之士”，“而诗书世泽之长，则以杨氏为称首”，可见杨家在阳城文化发展史上的历史地位。杨家后人杨兰阶收集、整理前人遗著，并由郭象升提名为《濩泽杨氏世德吟编》。杨兰阶在《濩泽杨氏世德吟编·先集叙略》中对收入诗集中的6部作品情况进行了简要介绍：

《半嵋诗草》，阶先十世祖撰。公讳荣胤，避清世宗讳，改荣序，字半嵋，号又生。诗无专集，延荔浦先生搜得散册，贾芦村广文补其残缺，而荔浦序之，兹即据以入录。

《釜山诗草》，阶先曾伯祖撰。公讳庆云，号釜山，又号闲逸。兹录延少池、李见唐两先生选定，外加入《六旬初度》以下十五首。

《双薜荔斋小草》，阶先曾祖撰。公讳昱，一名丽云，字丽云。荔浦辟别墅于所居西坪，延公课其子侄。“双薜荔”斋名疑即西坪书舍也。前三十五首据先祖钞本，馀则从公手稿录出者。

《蛙天蠡海集诗草》，阶先祖撰。公讳伯朋，字正吾。生平所作诗、古文及笔记，统名《蛙天蠡海集》，凡数十册，大半为门人假去，其余散佚尚多。兹谨就家藏数册录出者。

《伴石山人诗草》，阶先叔祖撰。公讳叔雅，字以南，因号伴石山人。诗文向不存稿，兹从镌石题榜搜得七首，后一首见《蛙天蠡海集》中，因并录之。

《佩弦子诗草》，阶先严撰。公讳念先，字矩曾，号佩弦子。性谦退，诗文恒不自信，因鲜存稿。惟阳城新续志及骈散二体《乡土志》为邑宰所延纂，尚有定本，《乡土志》已录副待梓。兹录诗十首，其第一首得诸画帧，后九首皆宣统辛亥在邑城作，阶待侧所敬录者。

从杨天瞿、杨鹏翼开始，杨荣序、杨庆云、杨丽云、杨伯朋、杨叔雅、杨念先，再到杨兰阶，下庄杨家历经明、清两代社会变迁而文脉绵延，杨家先祖们用诗作记录和见证了封建社会的兴衰更迭，并从一个个家族个体的视角刻画了具有地域文化的阳城社会生活。特别是杨念先所编著的《阳城县乡土志》，更是从历史、政绩录、兵事录、耆旧录、户口、人类、氏族、宗教、实业、地理、物产、商务等方面，简要描述了阳城县的乡土民俗风情，为后人更加直观地了解和认识阳城提供了可资借鉴的范例文本。同样，骈体版《阳城县乡土志》作为阳城县第一本专门为小学堂的小学生编撰的乡土教材，在我国乡土教材开发、编制和应用的教材史上具有十分重要的历史地位。从三、百、千到乡土教材，它既代表了小学教材文本的历史嬗变，又体现了我国学校教育制度的历史变迁。

如果说《阳城县乡土志》是从书斋的碳墨文字之中，描述阳城历史文化的风雨情怀，那么《阳城金石记》则是从镌刻的金石文字之中，向我们述说阳城不变的历史金石印迹：

《阳城金石记》序文中指出，“金石之学，自宋贤始，而盛于有清”，“语其大，则凡证经训，核史迹；语其细，则凡先民之妙墨，地方之轶事，胥可见焉”。可见，金石之学在清代学术研究的重要地位。《阳城金石记》上迄魏齐、下迄清代，用目录的形式收录了东魏（1篇）、北齐（1篇）、隋（1篇）、唐（9篇）、后晋（1篇）、后汉（2篇）、后周（1篇）、宋（18篇）、金（38篇）、元（41篇）、明（88篇）、清代

（64篇）留存于阳城的金石记文，共265篇关于阳城历史文化的金石碑记，其中涉及海会寺的共有23篇：

朝代	题目
后周	龙泉禅院前后记
宋	龙泉禅院四至合同
	龙泉禅院土田壁记
	海会寺新篁记
	黄叔敖许端卿游海会寺题名
金	李晏等游海会寺诗碣
	海会禅院重修法堂记
	龙泉司四面造像
明	重修龙泉寺记
	李瀚同阳城王令士廉游海会寺诗刻
	龙泉寺重修宝塔佛殿记
	王国光赠心昂上人诗碑
	关中张元善游海会寺诗碑
	环洲李苳甫海会寺诗刻
	王国光游海会院诗碑
	赵尔守海会寺诗刻
	海会寺常住创修斋堂记
	沈王衡漳居士龙泉寺诗碑
	宛邱徐贞夜宿龙泉寺诗碑
清	白胤谦过龙泉寺旧读书处诗碑
	邑令郸下李继白龙泉寺诗碑
	龙泉寺徐璈诗刻
	张域海会别院种松铭

通过金石记载，我们不难看出：从后周至清代，海会寺中名人活动的历史身影与文字碑刻，为我们进一步更加深入地走进海会寺历史活动现场，提供了必不可少的金石记忆。

更为有缘的情况是：杨兰阶曾为山西省立教育学院斋务主任。山西省立教育学院创办于1925年8月。1929年7月，遵国民政府教育部新学制案规定，将高等师范部改为独立学院，并遵照国民政府颁布之大学组织法第三节第五条规定，定名为山西省立教育学院。1930年2月20日，奉教育部令，准予备案，赵丕廉为院长，郭象升为文科学长，杨兰阶为斋务主任。1936年，教育学院学生全部毕业，并入山西大学文学院，杨兰阶遂成为山西大学的职员。笔者现所就职的学院前身就是山西省立教育学院，杨兰阶先生就是学院的前辈，那时候曾经任职于山西省立教育学院的史国雅先生，因其在学院发展过程中的重要贡献，现今学院学术活动的名称就定为“国雅讲堂”。想想，大约在90年前，学院的前辈们为了山西教育事业的发展贡献出了自己毕生的精华。作为学院的后来人，更加需要沿着前辈们所开拓的方向继续不断前进，为学院百年以后的美好明天贡献自己的青春。再想想，当自己开始沁樊文化之旅的时候，冥冥之中有一只无形的手，牵引着自己的思绪走向学院的前辈。这是一种缘分，更是一种厚厚的责任……

杨家先祖杨天衢先生，现仅存诗作《海会寺得禅字》，杨家后人杨兰阶先生以金石为介，让我们重温了海会寺的历史镌刻过往——海会寺既是阳城历史文化发展的见证者也是重要的参与者，它同历代的文人墨客们一起勾画了阳城美好的历史过往，谱写了绚丽而壮观的沁樊文化。作为后人，自己偶然也是必然中成为山西大学教育科学学院中的一员，因自己的幸运走进了“沁河风韵”之中，而结识了自己的教育前辈杨兰阶先生，这种神往只有在夜深人静的时候，才能回味其中的奥妙和美好……

塔・碑碣・禅院

附件一：

海会寺主体历史建筑遗存调查表

序号	院落	门匾	建造年代	层数	基本描述及价值特色	保存情况
1	正院	天王殿		三间	供奉东南西北四大天王，殿前有精美的琉璃九龙壁，壁后有王国光撰写的硕大方形碑刻。院东北角为钟楼，西北角为鼓楼。天王殿两侧分别有门楼通后院，后院规模庞大，中轴线上依次为药师殿、毗卢阁、大雄殿。	创建于天顺二年（1458），1959年建阳城二中时拆毁，现在原址修建。
2	正院	药师殿		三间	殿内供奉“东方三圣”——药师佛、日光菩萨、月光菩萨，并有十二神将和夜叉塑像。殿东西墙外有十数通碑，均为创建寺院之碑记。	原为宋金建筑，后建阳城师范时拆毁，现在原址修建。
3	正院	毗卢阁		两层	殿阁是两层方形木构建筑，重叠密檐，外看似三层楼阁，是佛塔传入我国的早期形式。阁内供奉法身佛毗卢遮那佛。	重建于万历十年（1582），后建阳城师范时拆毁，现在原址修建。
4	正院	大雄殿	明成化十五年（1479）重建	五间	单檐悬山顶琉璃屋脊，殿内有横三世佛塑像——正中为释迦牟尼佛，左为阿弥陀佛，右为药师佛。“大雄殿”三个字为明代有“天下第一清官”美誉之称的佥都御史杨继宗书写。殿前有宽大月台，院东从北至南为面阔五间的两层经房、面阔三间的关帝庙、面阔三间的十王殿；西面相对应的依次为经房、卧佛殿、观音殿。	
5	别院	六贤堂			两侧悬有木刻对联：“日月两轮天地眼，读书万卷圣贤心。”	
6	别院	张居处		三间	门额题“藐山方丈”四字，为张慎言幼年读书及讲学之地。明清两代，来此读书、交游、吟诗的儒生从未间断，成为沁樊地区重要的文化象征院落和交流中心。	

（续表）

7	塔院	舍利塔		10级	亦称砖塔（位于塔院前院），六角十级，高近30米，为后梁龙德二年（922）寺院顺憨大师圆寂后，由寺内众僧所建造。塔外砖壁布满佛龛，因此人们称为千佛塔。	
8		琉璃塔		13级	亦称如来塔（位于塔院后院），明嘉靖四十年（1561），因舍利塔开始倾斜，为夯实地基，镇护砖塔，由李思孝捐资修建。塔为八角十三级，高五十余米，塔身主体用砖石叠砌，塔檐皆为砖雕仿木结构，琉璃施檐，飞角上悬以铜铃。下三层围筑八角墙，墙头设垛口，不设窗洞，俗称黑三层。塔门朝南，设有门亭，上刻一联："金镶玉柱擎霄汉，宝砌瑶台当碧天。"塔心中空，各层有石级盘旋至顶，塔身第十层处支出平座，上置8根擎檐柱，柱间尽施琉璃围栏，成为高塔上一层悬空楼阁，被专家称为"上党名塔之冠"，中国古塔专家张驭寰在《中国文物报》称其为"北方的楼阁式宝塔中的唯一佳例"。	
9	园林	石牌楼			撰写"龙泉禅院"四个大字。石阶之下有一个面阔三间的亭廊，亭廊前建有面积近百平方米的长方形放生池。	
10		海会龙湫			龙泉水泽丰盈，经暗道流入十角井石雕龙口，直泻井中，是为"海会龙湫"，为阳城旧八景之一。	
11		曲水流觞			流觞曲水亭建在龙涎池中，亭下铺石为原物，上刻状如花骨朵图案的弯绕回旋的流觞细窄渠道，为旧时文人聚会仿东晋兰亭曲水流觞、饮酒赋诗雅玩之用。	
12		方丈院			"四大八小"的标准四合院，为旧时建筑，古朴典雅；园西南有新建卷棚顶简庐五间，与正院天王殿平行，此处原为接官厅，接官厅北有流觞曲水亭和龙涎池。	

附件二：

海会寺碑碣遗存调查表

序号	镌刻年代	现存位置	基本内容描述	保存情况
1	隆庆五年（1571）	琉璃塔附近	龙泉司新建塔记	良好
2		舍利塔附近	碑文内容为介绍舍利塔的情况	残缺
3	乾隆四十五年（1780）	藐山方丈书房旁	重修海会寺塔院记	良好
4	成化十六年（1480）	龙泉亭附近	重修龙泉寺记	残缺
5	隆庆二年（1568）	正门影碑后面	龙泉寺重修宝塔佛殿记	良好
6	嘉庆二十三年（1818）	药师殿右侧一	本寺僧湛云号印方助修药师佛殿捐钱贰拾叁万	良好
7	嘉靖年间	药师殿右侧二	重修正殿碑记	较好
8	康熙四十一年（1702）	药师殿右侧三	海会寺补修殿阁及举废诸工记	较好
9	天启元年（1621）	药师殿右侧四	碑文主要内容为维修海会寺公德碑	残缺
10	万历十年（1582）	药师殿右侧五	龙泉寺重修毗卢阁暨十王殿记	较好
11	光绪六年（1880）	药师殿右侧碑廊一	恩师理法自志碑记	残缺
12		药师殿右侧碑廊二	记述与舍利塔有关的事项	残缺
13	嘉庆二十三年（1818）	药师殿右侧碑廊三	碑文主要内容为重修庙宇事宜	残缺
14	乾隆四年（1739）	药师殿右侧碑廊四	重修关帝殿	残缺
15		药师殿右侧碑廊五	碑文内容不详	残缺
16		药师殿右侧碑廊六	碑文内容不详	残缺
17		药师殿右侧碑廊七	碑文内容不详	残缺
18		药师殿右侧碑廊八	碑头	残缺
19		药师殿右侧碑廊九	八菱形的立体石碑	残缺

（续表）

20		药师殿右侧碑廊十	碑文可见嘉靖乙丑字样，内容不详	残缺
21		药师殿右侧碑廊十一	施供禅碑记	残缺
22	道光十五年（1835）	药师殿右侧碑廊十二	碑文内容不详	残缺
23		药师殿右侧碑廊十三	碑文内容为施舍财物	残缺
24		药师殿右侧碑廊十四	碑文内容为阳城龙泉寺的相关事项	残缺
25	道光二十年（1840）	药师殿右侧碑廊十五	诗文：早秋偕诸子集海会院藐山方丈，即事述怀（徐璈）	较好
26	万历二十年（1592）	药师殿右侧碑廊十六	修补佛殿月基壁记	残缺
27	康熙三十七年（1698）	药师殿右侧碑廊十七	碑文内容不详	残缺
28		药师殿右侧碑廊十八	本寺僧上镜下一施地捐	残缺
29	崇祯四年（1631）	药师殿右侧碑廊十九	碑文内容主要记载新修经卷之事	较好
30		药师殿右侧碑廊二十	十方拾财施主	残缺
31	咸丰八年（1858）	药师殿左侧一	龙泉寺重塑佛像并泊画两廊碑记	良好
32	顺治十五年（1658）	药师殿左侧二	禁止海会院后开窑碑记	较好
33	弘治七年（1494）	药师殿左侧三	龙泉寺三僧记	较好
34	康熙三十四年（1695）	药师殿左侧四	海会禅院蠲免杂派德政碑	良好
35	弘治六年（1493）	药师殿左侧五	龙泉寺安禅阅经记	较好
36	乾隆五十八年（1793）	药师殿左侧碑廊一	龙泉里九甲郭谷王户设甲地碑记	较好
37	光绪二十三年（1897）	药师殿左侧碑廊二	邑侯青天陈大老爷永禁窑记	良好
38	康熙三十八年（1699）	药师殿左侧碑廊三	重修水陆殿记	较好
39		药师殿左侧碑廊四	诗文：夏日憩海会寺成古诗一首（李蓑）	较好
40		药师殿左侧碑廊五	整块碑文主要记载描写海会寺的诗文，较为完整的诗文为：趋事沁水投憩海会寺（李永和）	残缺

（续表）

41	顺治十二年（1655）	药师殿左侧碑廊六	顺治七年（1650）重修塔院记	较好
42	万历二十八年（1600）	药师殿左侧碑廊七	诗文：春日游阳城海会寺（朱埕堦）	较好
43	隆庆四年（1570）	药师殿左侧碑廊八	诗文：自昔读书于此，垂老归田，复此游览，感而赋此，兼增心昂上人（王国光）	较好
44		药师殿左侧碑廊九	碑文内容不详	残缺
45		药师殿左侧碑廊十	毗卢阁记	残缺
46	泰和五年（1205）	药师殿左侧碑廊十一	诗文：海会寺诗并序（徐谦）	较好
47	弘治九年（1496）	药师殿左侧碑廊十二	新版宝泉寺地土壁记	较好
48	光绪十三年（1887）	药师殿左侧碑廊十三	补修大佛殿毗卢阁药师殿祠堂壁记	较好
49		药师殿左侧碑廊十四	碑文内容不详	残缺
50	万历三十四年（1606）	药师殿左侧碑廊十五	海会寺常住创建斋堂并补修墙宇记	较好
51		药师殿左侧碑廊十六	碑文内容大体为记述施舍情况	残缺
52		药师殿左侧碑廊十七	海会寺圆寂和尚碑记	较好
53	乾隆十八年（1753）	药师殿左侧碑廊十八	补修大殿施财碑记	较好
54	光绪九年（1883）	药师殿左侧碑廊十九	重修水陆殿补修毗卢阁东楼西房殿碑记	较好
55	正统十年（1445）	毗卢阁左侧碑廊一	重修水陆大殿记	较好
56		毗卢阁左侧碑廊二	碑文主要内容为补修海会寺的情况	较好
57	康熙五十六年（1717）	毗卢阁左侧碑廊三	碑文主要内容为住持真明补修海会寺的情况	残缺
58		毗卢阁左侧碑廊四	诗文：龙泉寺	较好
59	嘉靖庚寅（1530）	毗卢阁左侧碑廊五	诗文：宿海会龙泉寺，赠悟源上人（李瀚）	较好
60	元丰八年（1085）	毗卢阁左侧碑廊六	碑文内容不详	较好
61		毗卢阁左侧碑廊七	诗文：游龙泉寺有感（徐贞）	较好
62		毗卢阁左侧碑廊八	诗文内容不详	较好

（续表）

<table>
<tr><td>63</td><td></td><td>毗卢阁左侧碑廊九</td><td>字迹模糊，基本毁坏</td><td>残缺</td></tr>
<tr><td>64</td><td>嘉靖七年（1528）</td><td>毗卢阁左侧碑廊十</td><td>诗文：游海会寺（王朝雍）</td><td>较好</td></tr>
<tr><td>65</td><td></td><td>毗卢阁左侧碑廊十一</td><td>诗文碑，基本毁坏</td><td>残缺</td></tr>
<tr><td>66</td><td>天启壬戌（1622）</td><td>毗卢阁左侧碑廊十二</td><td>重修海会寺费用记载</td><td>残缺</td></tr>
<tr><td>67</td><td>弘治十四年（1501）</td><td>毗卢阁左侧碑廊十三</td><td>修缮碑</td><td>残缺</td></tr>
<tr><td>68</td><td>崇祯庚午（1630）</td><td>毗卢阁左侧碑廊十四</td><td>补修工成的情况记载</td><td>残缺</td></tr>
<tr><td>69</td><td></td><td>毗卢阁左侧碑廊十五</td><td>无字碑</td><td></td></tr>
<tr><td>70</td><td>嘉庆九年（1804）</td><td>毗卢阁左侧碑廊十六</td><td>龙泉里分仓置地碑记</td><td>较好</td></tr>
<tr><td>71</td><td>隆庆三年（1569）</td><td>毗卢阁左侧碑廊十七</td><td>新修龙泉寺池记</td><td>残缺</td></tr>
<tr><td>72</td><td rowspan="2"></td><td>毗卢阁左侧碑廊十八</td><td rowspan="2">在新中国成立前后海会寺办造纸厂期间，因造纸的需要而将两块较大的石碑破坏，变成为现存的两块圆形中间有孔的残损石碑：18残留诗文：王国光诗作《再游龙泉寺》，19残留诗文：王国光诗作《龙泉寺前有金谷吾邑名招提也》</td><td rowspan="2">残缺</td></tr>
<tr><td>73</td><td>毗卢阁左侧碑廊十九</td></tr>
<tr><td>74</td><td>万历五年（1577）</td><td>毗卢阁左侧碑廊二十</td><td>诗文：同滑郡丞渐鸿张明府征吾游海会寺（于达真）</td><td>较好</td></tr>
<tr><td>75</td><td>万历四十七年（1619）</td><td>毗卢阁左侧碑廊二十一</td><td>修大雄殿历程</td><td>较好</td></tr>
<tr><td>76</td><td></td><td>毗卢阁左侧碑廊二十二</td><td>残碑，基本不能辨识</td><td>残缺</td></tr>
<tr><td>77</td><td>万历庚子（1600）</td><td>毗卢阁左侧碑廊二十三</td><td>诗文：游海会寺怀李怀洲于完朴二公（徐曾），宿海会寺怀刘明府（沁水王□）</td><td>较好</td></tr>
</table>

附件三：

《阳城县志》（同治十三年刊本）中的海会寺诗文目录

作 者	诗 文 名 称	备注
徐 伦	龙泉禅院记	
王献可	阳城县龙泉禅院记后序	
黄 廉	海会寺新簧记	
苏 瓘	海会寺重修法堂记	
陈 宽	重修龙泉寺记	
李宴等	海会宴集并序（五首）	
杨天衢	海会寺得禅字	
徐守谦	海会寺诗并序	
元好问	宿海会寺同孙讲师明上人赵叔宝刘巨济夜酌	
李 翰	宿海会龙泉寺赠悟源上人	
	登龙泉寺毗卢阁，上东道白孔彰先生	
唐顺之	龙泉寺怀顾南田使君，顾以事不至，复惠酒助看山之兴	
	同孟中丞游龙泉寺	
王国光	龙泉寺前有金谷吾邑名招提也	
	再游龙泉	
李 豸	再游龙泉寺	
罗鹿龄	龙泉寺	
张循吉	龙泉寺西岩访普上人	
李 蓑	初宿龙泉寺	
	夏日憩海会寺成古诗一首	
董其昌	龙泉行	
张慎言	龙泉寺独夜听泉	
	海会寺看隔水桃花	
刘储秀	夏日龙泉寺有序	
王朝雍	游海会寺	
徐 曾	游海会寺怀李怀洲于完朴二公	
居 士	春日游阳城海会寺（沁水·衡漳居士）	★
李永和	趍事沁水投憩海会寺	

（续表）

赵尔守	养吾王明府同登海会寺浮图	
	再游海会寺	
徐 贞	宿龙泉寺（时值微雪）	
	游龙泉寺有感	
杨素蕴	甲子春暮游海会寺坐草山阁	
于 瓒	登龙泉寺塔	
俞 时	龙泉寺	
杨时化	龙泉纪事	
白胤谦	过龙泉旧读书处	
田从典	龙泉寺	
卫 贞	游海会寺	
项龙章	过海会禅院竟日留宿（三首）	
田 汧	游龙泉寺	
田 澻	夜宿海会寺	
樊初荀	龙泉寺	
朱 樟	海会寺憩松风水月堂	
吴登歧	游龙泉寺	
郭兆麒	海慧龙湫	
王炳照	过龙泉寺忆张金铭尚书	
	海会兰若	
徐 璥	早秋偕诸子集海会寺巍山方丈即事述怀	
范 墉	海会寺望雪	
李 毅	过龙泉寺塔院	
延 棠	春日读书海慧院	
卢廷菜	春初登海会寺浮图	

注：★沁水·衡彰居士，为沈简王朱模（明太祖朱元璋第二十一子）第六子、沁水王朱佶煴七世孙——朱埕堦。隆庆元年（1567）嗣爵沁水王，工诗，多布衣之交，著《衡漳集》、《沧海披沙集》。

附件四：

明清时期其他文献中有关海会寺的诗文

1.祁寯藻

阳城县龙泉禅院记拓本题后，寄吾宗季闻刺史

龙泉院碑建自周，阳城故属今泽州。
憋公导源法乳众，徐王两记书亦遒。
当时庆陵初嗣祚，诏毁梵刹驱僧流。
是院偶存缘幸会，至今碑拓如新修。
吾宗季子遗张仲，依斋逝矣经五秋。
披册感怀匪片石，念慈时事伤朋俦。
侧闻濩泽已安戢，官军罢遣民劳休。
作诗径报海阳牧，故山毡腊仍堪求。

祁寯藻（1793—1866），字叔颖，号春圃、息翁，寿阳人，嘉庆十九年（1814）进士，三代帝师。

2.张立本

经海会寺

偶随春草步招提，静若无僧落日低。
除却泉声与塔影，更无一物可留题。

张立本，张又华子，增贡生，清乾嘉时期高平人，著有《爱日堂初稿》、《听松草》、《续听松草》、《趋庭诗稿》、《新息旅草》等诗集。

参考文献

1.［清］杨善庆修，田懋撰.阳城县志（清乾隆二十年刻本）.中国地方志集成·山西府县志辑.南京：凤凰出版社，2005.

2.［清］赖昌期修，谭澐等撰.阳城县志（清同治二十年刻本）.中国地方志集成·山西府县志辑.南京：凤凰出版社，2005.

3.阳城县志编纂委员会.阳城县志.北京：海潮出版社，1994.

4.王连绪主编.阳城教育志.晋城：山西省阳城教育志编纂组，1987.

5.《晋城市教育志》编纂委员会.晋城市教育志.太原：山西人民出版社，2008.

6.［清］朱樟纂修.泽州府志（清雍正十三年刊本）.台北：台湾学生书局，1968.

7.［清］王轩等撰.山西通志（清光绪十八年刊本）.中华书局点校本.上海：中华书局，1990.

8.［清］张廷玉.明史.上海：中华书局，1974.

9.［清］夏燮.明通鉴.上海：中华书局，1959.

10.赵尔巽.清史稿.上海：中华书局，1977.

11.王小圣编注.海会寺碑碣诗文选.太原：山西人民出版社，2002.

12.田澍中主编.润城古代诗文选编.太原：山西人民出版社，2002.

13.李豫主编. 阳城历史名人文存.太原：三晋出版社，2010.

14.皇城相府管理处.皇城陈氏诗人遗集.1998.

15.政协山西省阳城县文史资料研究委员会编.阳城文史资料.阳城县印刷厂.

16.刘伯伦编著.阳城历史文化丛书（第一辑）.太原：三晋出版社，

2010.

17.中共固隆乡委员会固隆乡人民政府编.濩泽之源.太原：山西人民出版社，2011.

18.薛林平等.上庄古村.北京：中国建筑工业出版社，2009.

19.李秋香，陈志华.郭峪村.石家庄：河北教育出版社，2004.

20.刘捷等.润城古镇.北京：中国建筑工业出版社，2011.

21.中国历史文化名村・屯城.第六批申报资料. 2013.

22.《上伏村志》编委会. 上伏村志.晋城：晋城市印刷厂，1995.

23.田澍中，贾承健著.明月清风：沁河流域明清时代人文景观・润城卷. 太原：山西古籍出版社，2007.

24.薛林平等.湘峪古村.北京：中国建筑工业出版社，2014.

25.王之元编纂.沁河文献搜求.太原：山西人民出版社，2006.

26.《阳城县地名志》编纂委员会.阳城县地名志.1992.

27.薛荣哲主编.泽州古代文化荟萃.北京：经济日报出版社，1989.

28.李新平，张学社著.乡间皇城.太原：山西古籍出版社，2004.

29.田澍中著.润城雄风.太原：山西高校联合出版社，1994.

30.柳志刚主编. 悠悠泊水. 太原：山西人民出版社，2006.

31.［清］钱谦益. 列朝诗集. 上海：三联书店（三联书店影印版），1989.

32.山西省文献委员会编. 山右丛书初编. 太原：山西人民出版社，1986.

33.姚奠中. 山西历代诗人诗选. 太原：山西人民出版社，2005.